유능한 교사의 첫 출발!

보육실습

우정순 · 한성희 · 김영옥 · 차승환 · 전영희 · 이향숙

태영출판사

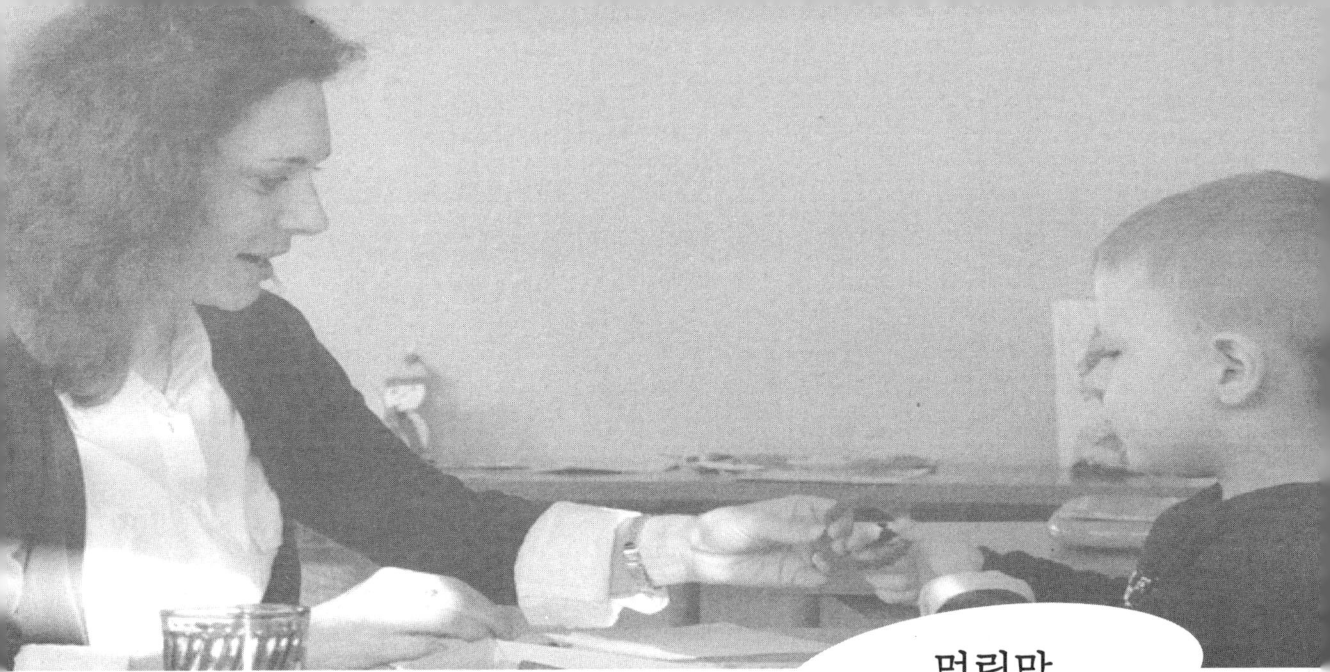

머리말

미래사회의 주역이 될 영유아들을 보호하고 교육하는 보육의 중요성은 아무리 강조해도 지나침이 없을 것이다.

영유아를 보육하는 주체인 교사들에게 영유아를 이해하고 어린이집 현장을 이해하는 과정은 바람직한 교사가 되는데 필수적으로 요구되는 경험이라 할 수 있다. 따라서 영유아를 위한 보육교사가 되기 위해 교육받고 훈련받는 예비교사들은 교사에게 필요한 여러 자질과 능력을 양성기관에서는 이론적 지식을 통해서, 그리고 현장에서의 실습을 통해 습득해야 한다.

보육실습 과목을 통해 이러한 내용을 접하면서 보육교사에게 요구되는 지식과 기술, 태도를 배울 수 있도록 본서를 집필해 보았다.

본서는 총 9장으로 구성되어 있다.

1장은 보육 실습의 기초, 2장은 보육실습의 준비와 계획, 3장은 실습지도의 실제, 4장은 실습지도의 일과운영의 실제, 5장은 영유아 발달의 이해, 6장은 영아 일상생활과 영역별 지도와 상호작용, 7장은 유아의 영역발달 지도와 상호작용,

8장은 관찰, 9장은 평가로 논해 보았다. 위의 내용은 우정순, 한성희, 김영옥, 차승환, 전영희, 이향숙이 협력하여 집필하였다.

본서가 나오기까지 자료를 제공해 주신 여러 기관들과 저자들 그리고 출판을 맡아 주신 태영출판사 관계자 여러분들께 감사의 말씀을 전하며…

2015. 6.

저자일동

차 례

제1장

보육실습의 기초

1. 보육실습의 개념
2. 보육실습의 법적 기준과 관리

1. 보육실습의 개념

1) 보육실습의 목적

보육실습은 '보육교사를 희망하는 학생이 대학의 지도교수와 실습기관 지도교사의 지도를 받으며 실제 현장에서 교사로서의 역할을 경험해 보는 교육활동'으로 정의할 수 있으며, 교사양성 교육과정의 한 요소로 예비교사들이 교사로서 갖추어야 할 지식, 기술, 태도 등을 실제 교육현장에서 직 · 간접적 경험을 통해 배우는 모든 과정을 의미한다.

이 과정을 그림으로 도식화하면 다음과 같다.

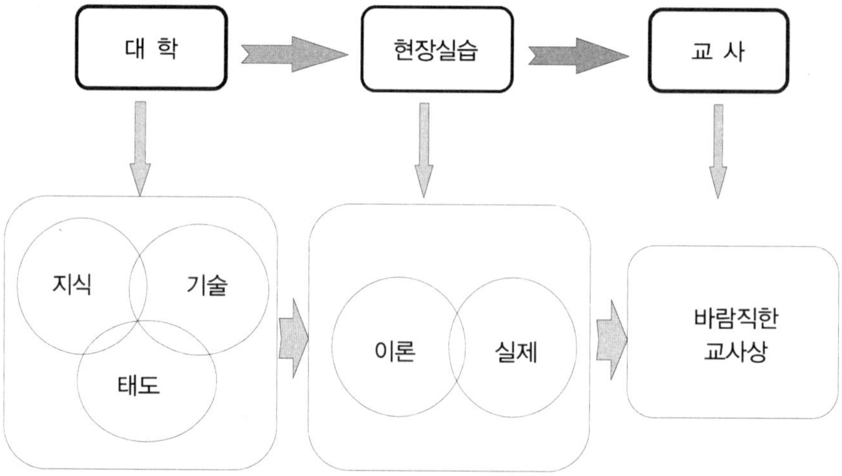

[그림 1-1] 교사양성과정과 실습과정
(김경희 · 한성희 · 김혜금, 2010)

보육실습은 실제적 목적과 형식적 목적으로 나누어 볼 수 있는데 실제적 목적은 다음과 같다.

(1) 보육실습의 실제적 목적

- 보육철학 및 보육이론을 체험적으로 이해한다.
- 교수-학습 방법을 배우고 익힌다.
- 교육현실을 이해하고, 이론과 현장의 접목을 바르게 인식한다.
- 교사로서의 자신을 이해하고, 교사로서의 자질을 함양한다.
- 영유아를 바르게 이해하여 교사로서 영유아의 전인적 발달을 도모할 수 있는 능력을 기른다.

(2) 보육실습의 형식적 목적

보육실습의 형식적 목적은 관련법에 제시된 교사 자격을 취득하는 것이다. 보육실습의 목적은 한 마디로 “영유아를 위한 바람직한 교사가 되기 위하여”라고 지칭할 수 있으며 이러한 목적을 달성하기 위해 예비교사들이 성실히 실습에 임하는데 그 의의가 있다.

2) 보육실습의 유형

보육실습은 이론과 현장의 일시적이고 단편적인 연결이 아니라 지속적인 지도와 평가를 통해서 교사로서의 역할 정립이 이루어지는 과정이다.

과거에는 보육실습을 4주의 정규실습만으로 실시하였으나, 4주의 실습기간으로는 영유아 교육현장의 다양한 활동을 파악하는데 어려움이 있어 교육의 효율성을 높이지 못하는 문제점이 있었다. 따라서 2000년대에 들어서면서 많은 교사양성기관에서 실습을 사전실습, 정규실습, 추후실습으로 확장하여 단계적으로 실시하고 있는 추세이다. 이에 따라 여러 유형의 실습을 실시하는 시기도 전공과목을 시작하는 학기부터 졸업하기 전 학기까지로 다양하며, 교사양성기관에서도 보다 많은 시간을 다양한 형태의 보육실습으로 할당하고 있다.

사전실습과 추후실습이 준비와 보충의 의미를 지닌다면, 정규실습은 실무를 체계적으로 습득할 수 있는 보다 구체적인 경험의 시간이라고 볼 수 있다.

(1) 사전실습

사전실습(pre student-teaching)은 보육실습의 한 과정으로 정규실습 이전에 일시적으로 실시되는 과정이다. 예비교사들이 현장에서 직접 영유아들과 접촉함으로써 어린이집을 관찰하거나 영유아 교육현장을 대략적으로 경험할 수 있는 실습과정을 지칭한다.

사전실습 기간은 예비교사들에게 있어서 정규실습을 위한 준비기간인 동시에 교육현장에의 첫 입성이라는 의미를 가진다.

대학에서 이론적 지식을 배웠다 하더라도 현장경험이 없는 예비교사들에게 처음부터 교육활동에 직접 참여하도록 하는 것은 바람직하지 않다. 이에 다음과 같은 형태의 사전실습 과정을 경험하게 할 수 있다.

먼저 정규실습을 시작하기 이전에 사전실습을 위한 독립된 과목을 개설하여 1주에 1~2회 예비교사들이 현장에 나가는 경우와 비정기적으로 각 과목에서 과목에 연결된 사전실습 활동을 하는 경우가 있다. 그 내용은 관찰에서 참여까지 다양한 경험으로 구성할 수 있다.

사전실습에서 중요하게 다루어져야 하는 실습내용은 관찰이나 참여를 통한 정규실습의 준비라고 볼 수 있으며, 의무성을 갖고 있지는 않다.

(2) 정규실습

정규실습(regular student-teaching)은 국가에서 인정하는 교원자격을 인정받기 위해서 꼭 이수해야 하는 필수과정으로서, 실습생이 실습지도 교사와 실습지도 교수의 지도하에 약 4주 동안 영유아들을 대상으로 현장 교사로서의 역할과 직무

수행을 경험해 볼 수 있는 과정을 의미한다. 정규실습은 직접 교사의 역할을 수행해 보고 점진적으로 교사 역할 경험을 증진시키면서 다양한 교사의 경험을 쌓을 수 있는 과정으로써 현장실습 전체 과정 중 가장 핵심이 되는 과정으로 볼 수 있다.

정규실습 기간 동안 지도교사는 실습생의 활동 계획안을 검토하여 수정해 줌으로써 실제 수업에서 발생할 오류를 줄여 주어야 한다. 그리고 실습생의 수업진행을 돕고 수업이 끝난 후 평가해 줌으로써 지도방법의 기술과 운영능력을 길러 줄 수 있다. 또한 실습생에게 단순히 수업지도에 대한 단편적 지식뿐 아니라 교사로서 갖추어야 할 태도, 기술, 대인관계 등에 관한 모델링을 제시해 주는 역할도 하게 된다. 정규실습은 보육프로그램 진행과 영유아의 수준을 이해하기 위한 다양한 종류의 관찰, 교육현장에서 영유아와 함께 생활하며 간접적으로 실제지도를 경험하는 참여, 교육의 제반 영역에의 학습지도자로서 나서게 되는 실제지도의 과정을 거치며 진행할 수 있다.

(3) 추후실습

추후실습(post student-teaching)은 정규실습 이후에 실시하는 현장경험으로 주 1~2회 실습현장에서 실시되는 과정으로 사후실습이라고도 한다. 추후실습은 주로 수업 진행의 보조자 역할을 수행하거나 부분적으로 수업을 진행해 보는 형태로 실시된다. 추후실습은 현장이나 실습생의 필요와 여건에 따라 실시되며 의무성을 갖고 있지는 않다.

추후실습이 갖는 기능적 의미를 다음과 같이 살펴볼 수 있다.

- 추후실습은 정규실습에서 부족했던 부분을 보충하고 보완하는 기능을 한다.
- 추후실습은 실습과정에서 예비교사들에게 교사로서 실제경험의 폭을 넓혀 준다.
- 추후실습은 예비교사들의 학급운영 활동시 보다 능동적으로 참여할 수 있는 과정이다.

2. 보육실습의 법적 기준과 관리

1) 보육실습 기준

보육실습은 보육교사 자격증(2급 또는 3급)을 취득하고자 하는 학생이 필수적으로 이수해야 하는 교과목이다. 보육실습 교과목은 현장실습과 이론수업으로 구성되어야 하며 2014학년도부터 3학점으로 운영하고자 한다.

영유아보육법 시행규칙(개정 2012. 8. 17) 제12조 제1항 관련 [별표 4]에 따라 보육실습기관 및 보육실습 지도교사, 보육실습 시기 및 실습인정 시간, 실습의 평가에 대한 기준이 명시되어 있다.

이러한 시행규칙의 내용은 2013년 3월 1일부터 시행되었다.

(1) 보육실습기관

법적으로 인가받은 정원 15인 이상의 어린이집이다. 그리고 교육과정과 방과후 과정을 운영하는 유치원이다.

(2) 보육실습 지도교사

보육실습은 보육교사 1급 또는 유치원정교사 1급 자격을 가진 교사가 지도해야 하며, 실습지도 교사 1명당 보육실습생을 3명 이내로 지도해야 한다.

(3) 보육실습 교과목 및 학점기준

보육실습은 '보육실습' 교과목으로 이수하는 것이 원칙이다. 보육실습 교과목에서 다루어야 할 내용은 보육실습 준비과정, 보육실습을 위한 기초 및 지도 내용, 보육실습 실시(4주), 보육실습 평가 등으로 구성할 수 있다. '보육실습' 교과목은 평가점수가 80점(B학점) 이상인 경우에만 보육실습을 이수한 것으로 인정된다. 2014년 3월 1일부터는 보육실습 교과목을 3학점으로 이수해야 한다.

(4) 보육실습 이수시기 및 기간

보육실습은 '보육실습' 교과목이 개설된 학기 중(직전 및 직후 방학 포함)에 반드시 실시해야 한다. 보육실습은 4주, 160시간 이상 연속으로(월요일~ 금요일) 해야 하며 1일 8시간 동안 하는 것이 원칙이다. 이때 평일 오전 9시부터 오후 7시 사이의 보육실습기관 운영 중에 실습을 하여야만 실습시간으로 인정된다.

한국방송통신대학, 원격대학(교), 야간대학(교)의 경우에만 한 해 두 번으로 나누어 보육실습을 실시할 수 있다.

2) 보육실습 관리

(1) 보육실습생 등록과 관리

2013년 3월 1일 부터는 '어린이집지원시스템'을 통해 보육실습생 등록 및 관리가 이루어지며, 보육실습생 등록 및 수정은 실습종료일 이후 2개월 이내에만 가능하다.

◉ 보육실습생 등록방법

어린이집지원시스템 → 〔자격관리〕 → 〔보육실습생 관리〕 → 〔등록〕버튼 클릭(실습기관 및 실습이수자 기본사항, 실습기간 등 입력) → 〔저장〕보육실습생 정보 저장 완료

※ 실습이수자 기본사항 및 실습기간 등을 입력 완료해야만 실습지도교사 관련사항 입력 가능

◉ 실습지도교사 등록방법

지도교사 성명과 자격종류(자동연동)를 선택 후 자격번호 입력 → 〔저장〕보육실습생 및 지도교사 정보 저장 완료

※ 보육실습을 지도한 학생이 1명 이상일 경우〔추가〕 버튼 클릭

(2) 보육실습확인서 작성 및 제출

◉ **보육실습확인서 제출방법**

어린이집지원시스템 → 〔자격관리〕 → 〔보육실습생관리〕 → 대상자 조회 후〔선택〕 → 〔제출〕버튼 클릭(메시지 창 확인) → 〔확인〕버튼 클릭 (제출완료)

※ 주의 : 야간대학, 한국방송통신대학, 원격대학에서 2회로 나누어서 실습한 경우에는 보육실습생 등록 및 제출을 각각 해야 함. 제출된 내용은 자격취득을 위한 정보로 전송되므로 제출 이후에는 수정 불가

◉ **보육실습확인서 제출여부**

어린이집지원시스템 → 〔자격관리〕 → 〔보육실습생관리〕 → 보육실습생 관리화면에서 제출완료된 보육실습생 정보는 제출여부〔미제출〕→〔제출〕로 변경됨.

(한국보육진흥원, 2013)

제2장

보육실습의 준비와 계획

1. 실습 준비
2. 실습생의 자세와 역할의 이해
3. 지도교사의 자세와 역할의 이해
4. 원장의 역할
5. 보육인의 윤리규정 이해 및 준수
6. 보육실습 과정에서의 갈등과 어려움

보육실습 계획은 실습하려는 어린이집의 다양한 상황들이 고려되어져야 하며, 원장이나 지도교사의 철학과 교육관 등에 따라 다를 수 있으므로 실습생은 사전 방문 시 실습생 개인의 상황과 사전실습과 교육을 통해 충분한 이해를 하고 계획을 하여야 한다.

1. 실습 준비

보육실습은 어린이집 교사가 되기 위해 보육교사 자격을 취득하기 위한 필수조건으로 보육실습을 통해 실습생은 어린이집 현장관찰을 시작으로 직접 영유아들을 지도하고 돌보며 지식, 기술, 태도를 익히고 전반적인 경험을 할 수 있는 과정이다. 이러한 과정을 습득하기 위해 실습생은 실습에 대한 심리적이 특징을 보일 수 있다. 긍정적인 측면으로는 영유아들과 함께하며 가르칠 것에 대한 기대와 어린이집 현장적응에 대한 각오가 될 수 있으며, 부정적인 측면으로는 낯선 환경에서 잘해 낼 수 있을까 하는 걱정과 자신의 실수가 유아의 장래에 미칠 영향에 대한 두려움(윤기영 외, 1997), 불안이라 할 수 있다. 그러나 보육실습의 목적의식을 분명히 하고, 4주간의 보육실습을 위해 무엇을 준비하고 배우게 될 것인지에 대해 정확히 안다면 효과적인 보육실습이 될 수 있다. 보육실습을 준비하는 과정은 다음과 같다(윤희경외, 2013).

1) 사전 방문하기 및 사전교육

사전 방문은 실습생의 입장에서 정규실습을 원활히 하기 위해 필요한 사전 정보와 안내를 받기 위한 목적이 있다. 또한 실습기관의 입장에서도 실습생을 맞이하고 구체적인 실습지도를 준비하는 기회가 된다. 만일 사전 방문 없이 정규 첫날 실습생을 맞이할 경우 서로에 대한 낯설음 등으로 보육일과에 지장을 초래할 수 있다. 보육실습생은 실습 시작하기 전 최소 일주일 이내에 실습기관에 미리 전화로 기관의 일과에 영향을 주지 않는 시간으로 방문 일정을 잡은 후 기관을 방문하고 사전교육을 받는다.

사전 방문 시 실습생에 대한 첫 이미지는 실습 내내 영향을 미칠 수 있으므로 실습생은 보육실습의 시작이라 생각하고 바른 태도와 예의를 갖추도록 한다. 또한, 단순히 어린이집에 인사만 하러 가는 과정이 아니므로 실습생은 자신을 소개하는 구체적인 서류나 포트폴리오 등을 준비한다.

사전 방문과 사전교육을 통해 다음의 사항을 숙지한다(한국보육진흥원, 2013).

- 실습기관의 보육철학 및 프로그램 운영방침을 파악한다.
- 실습기관의 현황(보육교사, 영유아, 시설)을 파악한다.
- 보육실습을 하게 될 반의 특성(연령, 인원수, 성비, 영유아의 특성, 하루일과 등)을 파악한다.
- 보육실습 기간 중 행사 일정을 파악한다.
- 실습기관의 보육실습생 준수사항, 유의사항을 파악한다.
- 보육실습에 필요한 준비물을 점검한다.
- 실습기관의 위치, 거리 및 교통편을 확인한다.
- 보육기관의 종류

표 2-1

보육기관의 종류

보육기관의 종류	기관의 특성
국·공립어린이집	국가와 지방자치단체가 설치·운영(위탁운영 포함)하는 시설로서 지역주민 자녀를 보육아동 정원의 50% 이상 보육하는 시설
법인어린이집	「사회복지사업법」에 의한 사회복지법인이 설치·운영하는 시설
직장어린이집	사업주가 사업장의 근로자를 위하여 단독 또는 공동으로 사업장 내 또는 그에 준하는 인근지역과 사원주택 등 사업장 근로가 밀집거주지역에 설치·운영하는 시설(국가 또는 지방자치단체장이 소속 공문원을 위하여 설치·운영하는 시설을 포함한다)로서 단, 보육아동 정원의 1/3 이상이 동 사업장 근로자의 자녀이어야 한다.

보육기관의 종류	기관의 특성
가정어린이집	개인이 가정 또는 그에 준하는 곳에 설치 · 운영하는 시설로 20인 이하 어린이집
부모협동어린이집	보육대상 부모 15인 이상이 조합을 결성하여 그들의 자녀를 스스로 보육하기 위하여 설치 · 운영하는 시설
민간어린이집	사회복지법인이 아닌 비영리법인, 비영리단체 또는 개인이 설치 · 운영하는 시설로서 직장어린이집, 가정어린이집 또는 부모협동어린이집이 아닌 시설로 21인 이상 보육하는 시설
영아전담어린이집	상시 영아 20명 이상을 보육하고 있는 시설(국 · 공립, 비영리법인, 가정어린이집)
장애아전담어린이집	상시 장애아 20명 이상 보육하고 있는 시설(국 · 공립, 비영리법인, 가정어린이집)

출처: 보건복지부. 보육사업안내(2014).

2) 보육실습 준비하기

보육실습생은 실습에 앞서 준비물과 서류를 꼼꼼히 체크하고 준비하여 실습에 참여한다. 보육실습을 위한 실습생의 준비물과 서류의 내용은 다음과 같다.

표 2-2

보육실습 준비물

준비물	내용
실습생 이름표	실습 첫날부터 종료되는 날까지 이름표를 착용해야 한다. 소속대학과 전공, 보육실습생 이름을 기록한 자신의 이름표를 마련하려 실습기간 동안 왼쪽 가슴에 착용한다. 영유아들의 안전을 위하여 헝겊 같은 재질이 부드럽고 각이 둥그런 것으로 준비한다.
메모용 수첩과 펜	실습의 전반적인 관찰과 지도교사의 지도 내용, 실습일지 작성 등을 위한 메모용 수첩으로 쉽게 꺼내 쓸 수 있도록 손안에 들어갈 수 있을 정도의 크기나 목에 걸 수 있는 것 등을 선택하는 것이 좋다.
실내화 또는 덧신(필요시)	실내에서 신을 수 있는 실내용 덧신이나 덧버선과 같은 것으로 준비한다.

표 2-3

보육실습 준비서류

서류	내용
보육실습생 신상카드	사진을 꼭 첨부하여 작성하고 어린이집에 제출한다. (사전 방문 시 제출을 하였다면 재제출은 하지 않아도 된다.)
보육실습생 서약서	보육실습시, 보육실습생이 지켜야 할 내용이 담긴 서약서이다. 보육실습생의 이름과 연월일을 작성하고 서명을 한 뒤, 하단에 00어린이집 귀중임을 기록한다.
건강진단 결과서 (보건증)	건강진단 결과서는 실습생이 영유아 지도 시 면역력이 약한 영유아에게 옮길 수 있는 전염성(간염, 결핵, 장티푸스 등)을 갖고 있는지 유무를 영유아교육기관에서 확인할 수 있도록 제출하는 서류이다.
자기소개서	기관에서 원할 경우에는 자기소개서를 정확하게 작성하여서 제출한다(성장과정, 성격의 장 · 단점, 학교생활, 지원동기 및 포부 등).
성범죄 조회 결과서	성범죄 조회는 필수이므로 기관에서 보육실습생에게 이와 관련된 서류를 제출하면 기관의 원장이 경찰서에 문의하여 성범죄 조회 결과서를 받게 된다.
실습비	실습비는 사전방문 시 미리 납입을 하거나 실습기관명의 통장으로 입금을 하고 실습기관에서 영수증을 발급받도록 한다.

출처: 한국보육진흥원(2013) 재구성.

2. 보육실습생의 자세와 역할의 이해

1) 보육실습생의 자세

보육실습 기간 중의 실습생은 현재 학생이면서 예비교사라는 위치에 서게 되므로 학습자와 교사로서의 자세와 역할을 동시에 수행하게 된다.

또한, 보육실습생은 영유아에게 본보기가 되는 예비교사로서 지도교사로부터 실무지도를 받으며(박영양 외, 2014), 지도교사의 보육철학, 교수 방법, 영유아의 상호작용 등에 대한 장 · 단점을 파악하고 실습생으로서 지켜야 할 제반 근무요령은 해당 어린이집의 실습 지침과 규정을 따르는 것이 원칙이다. 실습생이 지켜야 할 일반적인 근무 자세와 학습자로서의 자세를 살펴보면 다음과 같다.

표 2-4

실습생의 근무자세 및 태도

일반 근무 자세 및 태도	• 근무시간을 엄수한다. • 실습은 원장과 실습 지도교사의 지도와 감독을 따른다. • 실습기관의 시설과 비품 등을 사용하고자 할 때에는 지도교사와 협의한 후에 담당자의 허락을 받아 사용하고 정확히 반납한다. • 어린이집 교직원과 방문자에게 밝고 예의 바른 태도를 갖춘다. • 실습기관의 내부 비밀이나 문제, 원장 및 교사들의 사적인 내용, 원아와 가정에 대한 사항은 외부에 나가 발설하지 않는다. • 보육실습 기간 동안 예비교사로서의 품위를 지키고, 영유아에게 긍정적인 모범이 되도록 언행에 주의한다.
학습자 근무 자세	• 실습기관으로부터 영유아의 안전사고 예방에 대한 사전 교육의 내용을 숙지하도록 하고, 응급상황이 발생했을 때는 즉시 보육실습 지도교사에게 알리고 지도를 받는다. • 매일 실습일지를 정리 · 기록한 후 지도교사에게 보여 지도와 조언을 받는다. • 보육활동 전에 보육실습 지도교사에게 보육활동계획안(영역별 보육활동, 반일보육활동 또는 일일보육활동)을 제출하여 지도를 받은 후 보육활동에 임한다. • 실습학급의 배정은 각기 장 · 단점이 있으므로 이를 긍정적으로 받아들인다. • 모든 영유아에게 관심을 가지며, 영유아의 이름을 외우고 특성을 파악하려고 노력한다. • 지도교사가 수업을 진행하고 있을 시에는 친분관계를 형성한 영유아와 잡담 또는 장난을 치지 않는다. • 보육실습 과정에서 실수를 범했을 경우에는 이를 인정하고, 원인을 분석하여 고쳐 나가는 자세를 갖는다. • 영유아들은 은연중에 교사를 모방하게 되므로 자신이 영유아에게 행동의 모범이 되고 판단의 기준이 된다는 책임감을 가지고 행동한다. • 실습기관의 보육철학과 운영방침, 실습 대상 영유아의 발달특성을 충분히 숙지하며, 독단적인 판단으로 영유아를 지도하는 일이 없도록 한다.

출처: 보육실습(윤희경 외, 2013) 재구성.

2) 보육실습생의 역할

보육실습생이란 보육교사 양성기관과 대학에서 보육실습 과정에 등록을 하고 일정기간 동안 어린이집에서 보육실습을 충실히 수행해야 할 책임을 가진 학생을 말한다.

실습생은 실습생으로서 자신의 역할에 대한 이해뿐 아니라 실습기관에서 영유아, 현직교사 및 관련교직원들이 기대에 부응해야 하므로 역할에 대한 부담을 가질 수 있고 이로 인해 불안과 역할 갈등 및 혼란을 경험할 수 있다. 어린이집의 일상이 어떻게 진행되는지, 이론처럼 움직여지지 않는 현실에 답답함과 함께 실습생 자신의 역할의 수위가 어느 정도 인지 등이 혼란스러울 수 있으므로, 이 때 실습생이 자신의 역할에 대해 분명히 인식하고 실습에 임한다면 실습생이 자신의 역할을 수행하는데 도움이 될 것이고, 이로 인해 보육실습은 예비교사들에게 긍정적인 경험이 될 것이다.

예비보육교사들이 실습을 통해 보육교사로서의 자질을 함양하고, 전문성을 획득할 수 있도록 하는데 필요한 역할을 살펴보면 다음과 같다(우지선, 2005).

(1) 관찰자의 역할

관찰은 정규 실습 첫 단계로서 이루어지며 실습생은 보육교사들의 수업을 관찰하면서 이론이 현장에서 어떻게 활용되고 있는가를 파악하게 된다.

실습생은 교사관찰, 영유아의 관찰, 교재 · 교구 및 시설환경 및 프로그램 등 보육활동 전반에 걸친 사항을 살펴보고 앞으로 수업을 직접 수행하는데 필요한 교사로서의 역할, 태도 및 교육적 기초 지식을 익히게 되며 이는 나아가 보육현장을 이해하는 중요한 기회가 되며, 구체적인 역할 내용은 다음과 같다(김영희 · 장문규 · 윤정란, 2008; 도미향, 2014).

첫째, 실습기관의 하루 일과를 관찰하고, 경험한다.

둘째, 영유아의 발달, 흥미와 욕구 등 행동특성, 영유아의 학습태도 및 능력을 관찰하고, 영유아간의 상호작용을 관찰한다.

셋째, 교사들의 수업활동, 영유아의 관찰, 평가, 영유아 및 학부모의 상호작용 방법, 급 · 간식 및 전반적인 학급의 운영을 관찰한다.

넷째, 실습기관에서 접할 수 있는 교직문화 및 지역사회와의 교류를 관찰한다.

다섯째, 실습기관의 건물 및 공간 배치, 실내 환경구성, 교재 · 교구 및 수업자료의 사용방법에 대해 관찰한다.

여섯째, 환경이 영유아의 행동에 어떠한 변화를 주는지 알고 영유아를 상황 안에서 관찰한다.

(2) 보조자 역할

실습생은 어린이집에서 보조자로서 실습지도 교사를 돕는 역할을 수행하게 된다.

① 긍정적인 측면

실습생은 실습지도교사가 실행하는 수업, 영유아지도, 보육활동 및 다양한 업무 등에 참여하면서 실습지도교사를 도울 수 있어야 하며, 이러한 경험을 통해 실제 교사의 역할을 준비할 수 있게 된다.

② 부정적인 측면

보육교사 자격증을 취득하기 위한 형식적인 과정으로 생각하거나 일부에서는 무보수 보조교사 활용의 한 방법으로 생각되는 경우가 있어 심각한 문제가 발생하기도 한다(임승렬, 1998). 또한, 보조자의 역할 비중이 커지면 실습생은 실습 자체에 대한 부정적인 인식과 혼란으로 인해 보육교사가 되고자 하는데 있어 심적 갈등을 갖게 될 수도 있다.

보조자로서의 역할은 크게 실습지도교사의 교수활동의 보조, 업무수행의 보조 및 기타 잡무보조로 나뉘며 구체적인 역할의 내용은 다음과 같다.

첫째, 실습지도교사의 교육활동에 필요한 수업자료 및 교구 등의 교육활동 자료의 제작 및 준비를 돕고 보조자로서 교육활동에 진행을 돕는다.

둘째, 실습지도교사의 일과운영 및 교실 환경 구성을 돕고 지도교사가 요청하는 청소 및 자료 정리 등 기타 잡무를 돕는다.

실습생은 지도교사의 잡무처리(보육과 관련이 적은 기타 업무도 포함), 행정업무, 수업참관이나 수업 이외의 활동에도 보조자로서 많이 참여하게 되는데 이러한 기타 업무와 잡무를 돕는 역할은 실습생으로서 경험해야할 주요한 역할이 된다.

(3) 교수 및 연구자로서의 역할

어린이집에서의 보육은 영유아를 보호하는 차원에서 더 큰 의미인 보호와 교육을 통합한 보육으로 인식의 변화를 가져오면서 교사의 가르치는 역할이 강조되고 있다.

실습생은 실습기간 중 자신의 수업을 계획 및 준비, 실행, 평가해 보며 교수자로서의 역량을 기르게 되며, 교육적 지식 및 정보를 습득하고 적용해 보고 반성적 사고와 실천의 과정을 통해 연구하는 교사로서의 자질을 함양할 수 있다. 또한, 미래의 교사로서 영유아들이 학습할 수 있는 기회를 제공할 수 있는 '교육적' 기능을 갖추어야 하며 교육전문가로서 준비될 수 있도록 끊임없이 자신을 계발하고 연구하는 태도를 가져야 한다.

구체적인 내용은 다음과 같다.

첫째, 실습생은 실습기관 동안 자신의 부분, 연계, 종일 수업을 계획하고 준비하며 실행한다.

둘째, 실습생은 자신이 실행한 수업에 대하여 평가한다.

셋째, 이론적 지식 및 정보를 습득하고 교수활동에 적용한다.

넷째, 반성적 사고와 실천을 통해 연구자적 자질을 함양한다.

(4) 정서적 지원자로서의 역할

실습생이 만나게 되는 영유아들은 발달적으로 민감하고 환경에 영향을 많이 받는 시기이므로 교사로서의 역할을 수행하는 실습생과의 상호작용이 큰 영향을 미칠 수 있으며(김영희 외, 2008), 영유아의 정서적 필요나 요구에 민감하게 반응하고, 적극적으로 상호작용하는 역할을 담당해야 하는데 구체적인 내용은 다음과 같다.

첫째, 영유아와 신뢰감을 형성하기 위해 지속적인 상호작용을 한다.

둘째, 영유아의 개별성을 인정하고 관심과 애정을 표현하고 한다.

셋째, 영유아 스스로 의사결정을 하도록 도와주며 영유아의 창의적인 성장과 자아실현을 돕는다.

넷째, 영유아의 정서 상태를 파악하여 문제발생시 조언 및 중재하여야 하고 특별한 요구를 지닌 영유아에 대해 지원해 줄 수 있어야 한다(Saracho, 1998).

영유아들에게 있어서 보육실습생은 교사이면서 새로운 호기심과 관심의 대상이며, 실습생의 관심과 지원은 영유아에게 정서적 안정을 줄 뿐 아니라 영유아의 성장을 도울 수 있는 기회를 제공하는 상호적인 관계가 될 수 있다.

3. 지도교사의 자세와 역할의 이해

교육의 질을 결정하는 가장 중요한 요인 중 하나는 교사이다. 실습기간중 지도교사는 실습생과의 상호작용을 하면서 실제 현장에서 필요한 지식과 기술 · 태도 등이 모델링이 되도록 해야 하며, 실습생의 실제 경험의 방향을 지도하는 역할을 함으로써 실습생에게 지도교사의 영향은 매우 크다고 할 수 있다. 실습생이 지도교사의 수업방법이나 기술 · 태도 · 교육관 등을 쉽게 흡수하듯 배우게 되는 원인은 지도교사가 하는 것이 모두 바람직한 것일 거라는 기대와 신뢰로부터 기인된 것이며 이는 긍정적인 영향을 미치는 요인이 될 수 있고, 또 바람직하지 못한 것을 알고도 따라해야만 좋은 성적을 얻을 수 있다는 생각으로 부정적인 영향을 미치기도 하므로 지도교사가 항상 긍정적인 영향을 미친다고 볼 수는 없다(박낭자, 2006).

지도교사는 실습생에게 교육방법, 아동과의 상호작용, 학급운영 등 교사로서의 역할 수행 뿐만 아니라 교육관, 견해, 태도 등 교사로서의 가치관에도 큰 영향을 미친다(Copas, 1984; Hawkey, 1998). 학자들(McWiliams, 1995; Wyatt, 1999)에 따르면 지도교사의 역할을 크게 정서적인 지원과 전문적인 지원으로 구분해 볼 수 있다.

1) 정서적인 지원

실습생과 신뢰적인 관계를 형성하는 것은 정서적 지원에서 가장 중요한 역할이라고 할 수 있다(조운주 · 박은혜, 2001).

첫째, 실습생에게 지지와 칭찬을 제공한다.
둘째, 성인 협력자로 존중하여 문제를 함께 해결해 나간다.
셋째, 실습생의 이야기를 항상 들어주고 비밀을 유지해 준다.
넷째, 실습생의 스트레스를 해소할 수 있는 건설적인 방법을 제안해 준다.

2) 전문적인 지원

첫째, 실습생이 교수활동을 실행하는데 필요한 여러 가지 지원을 제공해야 한다.

둘째, 교수활동에 대한 지도 이외에 유아들의 동기를 유발하고, 지도하고, 평가하는 방법을 지원해 주어야 한다.

셋째, 실천에 대한 반성을 위해서 실습생에게 규칙적이고 지속적인 정보와 피드백을 제공해 주어야 한다.

넷째, 학습을 운영하는 방법에 대해서도 전반적으로 알려주기도 한다.

3) 실습지도교사가 실습생을 대할 때 지켜야 할 윤리규정(한국보육진흥원, 2013)

- 보육실습생에게 예의 있는 언어사용(존칭어 사용) 및 인격적 대우를 한다.
- 보육실습생의 개인적, 가족 관련 내용에 대한 비밀을 유지한다.
- 영유아에 대한 편애, 다른 교사와의 불편한 관계, 어린이집 관련 사적 내용을 전달하지 않는다.
- 영유아 앞에서 보육실습생에 대한 훈육적 지도를 하지 않는다.
- 보육실습생의 실습 능력에 대해 주관적, 감정적 평가를 하지 않는다.
- 보육실습생에게 개인적인 부탁이나 지도교사가 해야 할 일을 대신하도록 시키지 않는다.

4. 원장의 역할

어린이집에서의 원장의 역할은 실습생들이 잘 적응하여 실습이 원활하게 이루어져 보육실습의 효과를 높일 수 있도록 하며, 추후 유능하고 전문성 있는 보육교사가 될 수 있도록 최선을 다해 실습을 지도해야 한다.

또한, 원장이 교사를 겸직하고 있을 경우에는 보조자의 역할의 비중이 커질 수 있으므로 철저한 계획이 우선되어야 한다. 보육실습에서의 원장의 역할을 구체적으로 정리해 보면 다음과 같다.

첫째, 각 어린이집의 상황이 다르므로 새로운 환경에 충분히 이해하여 적응할 수 있도록 사전 오리엔테이션을 한다. 또한, 4주 동안의 실습기간 동안 일어날 수 있는 행사나 특수한 상황, 지켜야 할 내용들을 원의 철학이나 프로그램 운영과 관련 자세히 설명하여 실습생에 대한 배려를 하도록 한다.

둘째, 지도교사는 보육실습 지침에 제시되어 있는 교사의 자격 조건으로 보육교사 1급 혹은 유치원 정교사 1급 소지자로 배정하며, 지도교사 1인이 실습생 3명을 넘지 않도록 한다.

셋째, 지도교사의 상황에 따라 보육실습일지를 점검하는 시기와 평가를 할 수 있는 시간을 배려해 주고, 실습생이나 지도교사가 실습을 진행하는 과정 중 어려움은 없는지 있다면 어떠한 것들이 있는지, 원장으로서 협조해 줄 수 있는 부분들이 있는지를 살펴보아 실습생과 지도교사간의 원활한 관계가 형성될 수 있도록 돕는다.

넷째, 지도교사 및 실습생에 대한 보육활동 평가를 통해 보육실습의 효과를 높일 수 있도록 한다.

다섯째, 실습생에게 보육실습의 취지에 어긋나는 부적합한 업무를 부가하지 않도록 주의를 기울여야 한다(한국보육진흥원, 2013).

- 영유아의 등원 · 하원 차량 지도
- 영유아의 간식 및 식사 조리
- 보육실습 지도교사 휴가 및 승급교육 시 보육실습생을 대체 교사로 활용
- 보육활동 이외의 업무 지시
- 보육실습 학급 이외 보육실습기관 전체 정리정돈 업무
- 보육실습 중 보육활동 계획에 필요한 교재 · 교구 이외 불필요하게 많은 양의 교재 · 교구 제작
- 영유아 응급처치 및 아픈 영유아 데리고 병원가기
- 학부모 상담
- 오전 · 오후 통합보육 담당

5. 보육인의 윤리규정 이해 및 준수

우리나라의 실정에 맞게 한국보육진흥원(2013)에서 제시한 보육인의 윤리선언,

어린이집 원장 및 보육교사 윤리강령과 현재 우리나라에서는 실습생에 대한 제대로 된 윤리강령이 없어서 미국 캘리포니아 주에서 제정(California Students Teacher's Association, 1959)된 '교육실습생 강령'을 우리나라 보육실습생에 맞도록 수정하여 소개한다(오영희 외, 2011).

【보육인 윤리선언】

- 나는 영유아의 건강한 성장과 발달을 지원하는 보육교사(어린이집 원장)로서 직무상의 윤리적 책임을 다하여 다음 사항들을 지킬 것을 다짐한다.
- 나는 내가 영유아에게 지대한 영향을 미치는 존재임을 잊지 않으며, 항상 스스로의 말과 행동에 신중을 기한다.
- 나는 영유아의 인격과 권리를 존중하며, 어떠한 경우에도 영유아에게 해가 되는 일을 하지 않는다.
- 나는 영유아 가정의 다양성을 이해하고 존중하며, 상호 신뢰하는 동반자적 관계를 유지한다.
- 나는 동료를 존중하고 지지하며, 서로 협력하여 최상의 보육서비스를 제공하기 위해 노력한다.
- 나는 보육의 사회적 책임과 역할을 인식하고, 영유아의 권익과 복지를 위한 활동에 앞장선다.
- 나는 어린이집 원장 · 교사 윤리강령을 직무수행의 도덕적 규준으로 삼아 진심으로 다하여 충실히 이행한다.

1) 어린이집 원장 및 보육교사 윤리강령

보육은 영유아를 건강하게 양육하고, 안전하게 보호하며, 발달특성에 적합한 교육을 제공하는 복지서비스이며, 보육인은 사랑과 존중과 전문지식을 바탕으로 영유아의 전인적 성장에 영향을 미치는 전문직업인이다. 그러므로 보육인은 윤리적 의식의 태도를 가지고 사회적 본분에 임해야 한다. 이에 어린이집 원장과 보육교사는 스스로 책무성을 발현하여 윤리강령을 제정함을 밝힌다. 본 강령을 직무수행의 규준으로 삼아, 보육현장에서 발생하는 윤리적 갈등을 해결하고, 생존권, 보호권, 발달권, 참여권 등 영유아의 권리를 보장함으로써, 직무상의 윤리적 책임을 다하여 전문직업인으로서의 위상을 공고히 하고자 한다. 더불어 영유아와 그 가정, 동료와 사회의 존엄성을 존중하는 보육의 실천으로 다각적인 신뢰를 구축하고, 영유아의 잠재력을 최대한 발휘시킴으로써 영유아가 긍정적인 자아개념을 형성하고 유능한 사회인으로 성장할 수 있도록 도와, 궁극적으로는 영유아와 그 가정, 동료와 사회의 통합적 · 이상적 복지 실현에 기여하고자 한다.

(1) 영유아에 대한 윤리

- 영유아에게 고른 영양과 충분한 휴식을 제공하여, 몸과 마음이 건강한 사람으로 자라도록 돕는다.
- 성별, 지역, 종교, 인종, 장애 등 어떤 이유에서도 영유아를 차별하지 않고, 공평한 기회를 제공한다.
- 영유아는 다치기 쉬운 존재임을 인식하여 항상 안전하게 보호한다.
- 영유아에 대한 정서적, 언어적, 신체적 학대를 행하지 않는다.
- 어린이집 내외에서의 영유아 학대나 방임을 민감하게 관찰하며, 필요한 경우 관련 기관 ("아동보호전문기관" 등)에 보고하고 조치를 취한다.
- 영유아의 인격을 존중하고, 개인의 잠재력과 개성을 인정한다.
- 개별적 상호작용 속에서 영유아의 요구를 수용하기 위해 노력한다.
- 영유아의 사회 · 정서 · 인지 · 신체 발달을 통합적으로 지원하는 보육프로그램을 실시한다.
- 특별한 도움을 필요로 하는 경우, 전문가와 협력하여 영유아의 입장에서 최선의 대안을 찾는다.
- 보육활동을 계획, 실행, 평가하는 모든 과정에 영유아의 흥미와 의사를 반영한다.
- 영유아의 개인적 기록과 정보에 대해 비밀을 보장한다.

(2) 가정에 대한 윤리

- 상호 신뢰를 바탕으로 영유아의 가정과 동반자적인 관계를 유지한다.
- 각 가정의 양육가치와 의사결정을 존중한다.
- 경제적 수준, 가족형태, 지역, 문화, 관습, 종교, 언어 등 어떤 것에 의해서도 영유아의 가정을 차별 대우하지 않는다.
- 보육활동 및 발달 상황에 관한 정보를 정확하게 제공하여 영유아에 대한 가정의 이해를 돕는다. 다문화, 심신장애 등으로 의사소통에 도움이 필요한 경우 문제를 해결할 최선의 방법을 도모한다.
- 어린이집 운영 전반에 관한 정보를 공개하여 영유아 가정의 알 권리에 응한다.
- 보육프로그램과 주요 의사결정에 영유아의 가정이 참여하도록 안내한다.
- 필요한 사회적 지원, 전문서비스 등 관련 정보를 제공하여 영유아 가정의 복리 증진을 돕는다.
- 영유아 가정의 사생활을 보호하고 익명성을 보장한다.

(3) 동료에 대한 윤리

① 어린이집 원장

- 최상의 보육서비스 제공에 필요한 인적, 물적 환경의 조성 및 유지를 위해 노력한다.
- 보육교사를 신뢰하고 존중하며 전문성과 자율성을 인정한다.
- 성별, 학연, 지연, 인종, 종교 등에 따라 보육교사를 차별하지 않는다.
- 업무 관련 의사결정이 필요한 경우, 보육교사의 의견 개진 기회를 보장한다.
- 보육교사에게 지속적 재교육 등 전문적 역량 제고의 기회를 부여한다.
- 보육교사에게 적정 수준의 보상(보험, 급여 등)을 안정적으로 제공하며, 복지증진에 힘쓴다.
- 보육교사 개인의 기록과 정보에 대한 비밀을 보장한다.

② 보육교사

• 존중과 신뢰를 바탕으로 협력하며, 서로의 전문성과 자율성을 인정한다.
• 상호간 역량계발과 복지증진에 부합하는 근무환경이 되도록 힘쓴다.
• 어린이집 원장 및 동료와 영유아 보육에 대한 신념을 공유한다.
• 보육교사로서의 전문성 향상을 위해 스스로 노력한다.
• 어린이집 내에서 영유아 및 보육교사의 인권과 복지를 위협하는 비윤리적 사태가 발생한 경우, 법률규정이나 윤리기준("한국보육시설연합회 윤리강령위원회" 참조)에 따라 조치를 취한다.

(4) 사회에 대한 윤리

• 공보육에 대한 책임을 인식하고, 항상 질 좋은 보육서비스를 제공한다.
• 영유아의 안전을 위협하는 환경이나 정책이 발견될 시, 관계기관과 협의하여 개선한다.
• 공적 책임이 있는 어린이집으로서 재정의 투명성을 유지하고, 부정한 방법으로 사적 이익을 취하지 않는다.
• 영유아의 권익보호를 위해 관련 정책 결정 및 법률 제정에 적극 참여하며, 사회적으로 이를 널리 알리는 데 앞장선다.
• 지역사회 실정에 맞는 어린이집의 책임과 역할을 인지하고, 실천하고자 노력한다.

2) 보육실습생의 윤리강령

보육실습생은 현장에 나가기 전에 보육실습생의 윤리강령을 확인하고, 숙지하여서 보육실습기관에 책임을 다하도록 노력한다.

(1) 영유아에 대한 책임

• 보육실습생은 실습생일 가르치는 영유아와의 관계를 갖는 전문적인 실천자이다.

- 보육실습생은 실습기관 및 영유아에 관한 자료는 모든 그 비밀이 보장되지 않으면 안 된다.
- 보육실습생은 자기가 갖는 종교적 · 정치적 견해를 영유아에게 강요해서는 안 된다.
- 보육실습생은 영유아에 대해서 신제/정신/지적/도덕적으로 모범이 되어야 한다.
- 보육실습생은 어떠한 영유아에게도 편견을 가지고 차별대우를 하여서는 안 된다.
- 보육실습생은 영유아의 발달을 이해하도록 부단히 노력하지 않으면 안 된다.

(2) 보육실습기관에 대한 책임

- 보육실습생은 보육실습기관에 있어서 인정된 연락교섭과 권한 내에서만 행동한다.
- 보육실습생은 자기의 의무, 책임, 특권을 확인한다.
- 법적으로 실습기관의 챙임은 원장 및 교사가 부담하게 되어 있으므로 그 통제도 이들이 하게 된다. 따라서 보육실습생은 자기에게 위임된 책임만을 행사한다.
- 보육실습생은 반에 있어서는 지도교사, 기타의 교직원, 대학의 지도교수 및 실습생 관찰자의 권한 및 인격적 위임을 존중한다.
- 보육실습생으로서 실습현장에서 곤란한 문제가 발생했을 때는 먼저 지도교사와 상담한다.

(3) 보육교사 양성기관 또는 해당되는 대학에 대한 책임

- 보육실습생은 아무리 작은 실수가 있었다 할지라도 그것은 보육실습생이 그의 대표로 되어 있는 보육교사 양성기관 또는 해당되는 대학에 영향을 미친다는 것을 인식하여야 한다.

• 보육실습생은 대학의 지도교수가 교직수행에 적응시키기 위해서 제공되는 원조를 높이 평가하여 이를 건설적으로 활용하여야 한다.

(4) 보육교사직에 대한 책임

• 보육실습생은 보육교사직에 대한 긍지를 가지고 교직의 일원임을 명심하도록 한다.
• 보육실습생은 항상 보육교사직의 전문사항이나 시사문제에 뒤떨어지지 않도록 독서에 힘써야 한다.
• 보육실습생은 보육교사의 실제나 자격에 관한 법규적인 영역에 관하여 잘 알아야 할 책임이 있다.

6. 보육실습 과정에서의 갈등과 어려움

1) 실습생의 심리적 발달단계

예비실습생의 실습과정에 나타나는 관심발달과 심리적 발달을 다음과 같이 정리할 수 있다(임승렬, 1999; 류왕효, 2005).

(1) 1단계 : 준비단계/실습이전단계

실습이전의 단계로 실습에 대한 기대를 보이는 단계로서 실습을 나가기 전에 준비하는 시기로 실제 실습보다 더 긴 시간이 걸린다. 이때 학생들은 관심, 불안, 초조, 흥분 등의 정서적 경험을 한다.

(2) 2단계 : 적응단계/생존관심단계

어린이집에 출근하여 첫 1주일 정도의 시기로 새로운 환경과 생활을 조심스럽고 긴장된 상태로 탐색하며 적응하려고 애를 쓰는 때이다. 많은 것을 처음 접하게 되므로 새롭고 놀랍기도 하며 긴장으로 몹시 피로하기도 한다. 하루하루가 매우 길게 느껴지기도 하고, 영유아들과의 직접적인 접촉에서 자신의 역할에 대한 기대 이상의 보람과 경이로움을 느끼기도 한다. 또한, 영유아들이 자신을 교사로서 인식해 줄 것인가에 대하여 관심을 가지고 있으나 교수방법이나 영유아의 발달에 적합한 교수계획 등에 대한 지식은 부족하다.

(3) 3단계 : 발전단계/학급운영, 교수기술 관심단계

정규실습의 중간 시기로 4주 실습 중 2, 3주 기간이라고 할 수 있다. 새로운 환경과 생활 패턴과 반복적인 하루일과를 파악하고 어느 정도 적응이 되어 익숙해져서 자신감이 생기기 시작하며 적극적으로 활동하는 시기이다. 부분수업과 아동과 친숙해지고 그들에게 자발적이며 헌신적으로 봉사하려는 의욕을 보인다. 때로는 열정이 지나쳐서 지도교사가 오히려 통제를 해야 할 정도가 되기도 한다. 교사가 되는 방법을 학습하며 수업계획과 실행평가에 대하여 학습한다.

(4) 4단계 : 심화단계/교수기술의 만족, 반성적 교수활동 평가 관심단계

정규실습의 마지막 1주간으로 정서적인 정착을 발견하고 오히려 실습의 종결을 아쉬워한다. 영유아와 밀착된 애정을 경험하면서 자신이 교사로서의 적성과 자질에 확신을 가지는 단계이다. 이 때에는 부분수업이나 종일수업 등을 하면서 교사로서 성장하게 된다. 수업을 성공적으로 이끈 경험을 바탕으로 교사로서의 적성과 자질 또는 사명감에 대한 확신을 가지고 교직관을 정립하거나, 적은 인원이기는 하나 반대로 졸업 후 진로에 따른 모색을 해야 한다는 결론을 내리기도 한다. 실제로 수업한 내용에 대하여 평가하고 반성적 사고를 하기 시작하며 예비교사에서 교사로 변화하기 시작한다.

2) 실습생의 갈등과 어려움

보육실습 과정은 전문성 향상을 위한 훈련과정이지만 자기 자신뿐만 아니라 지도교사, 실습기관의 환경 및 분위기, 자신의 능력 부족 지각 등 여러 가지 문제로 갈등과 어려움을 겪게 된다. 실습생은 이론과 현장이 다르다는 것은 어느 정도 미루어 짐작하고 가지만, 낯선 상황 속에서 자신이 그 안에서 어떠한 일을 해내야 하고, 하지 말아야 하는지에 대한 정확한 준거에 어려움을 느끼게 된다. 실습생들은 실습기간이 교사가 되기 위한 가치 있는 과정이라는 생각을 하면서도 스트레스를 가장 많이 느끼는 기간으로 연구결과에 의해 지지되고 있다. 실습과정에서 예비교사가 느끼는 갈등을 정리하면 다음과 같다(윤기영 외, 2001 재정리).

첫째, 정서적인 불안정으로 인한 갈등이다.

둘째, 실수에 대한 두려움으로 인한 갈등이다.

셋째, 인간관계로서 영유아나 지도교사 등과의 원만한 관계형성에 대한 불안감으로 인한 갈등이다.

넷째, 새롭게 요구되는 역할에 대한 갈등이다.

다섯째, 영역, 부분, 종일수업에 대한 계획 및 실행의 어려움으로 인한 갈등이다.

여섯째, 실습기관에서 정해 주는 과제물 및 교구제작으로 인한 갈등이다.

(1) 자신과의 갈등

실습생은 자신의 능력에 대하여 불안감과 초조감을 느끼며(류진희, 2000; 염지숙, 2000), 실습 초기의 낯선 환경에 대한 막연한 두려움을 갖는다(천은숙, 1995; 류칠선 외, 2001). 수업준비에 대한 심리적 부담감(류칠선 외, 2001)으로 나타났으며, 이론과 실제 간의 갈등이 많은 것으로(Ricord, 1986; Denise, 1999) 보고되었으며 갈등의 요인으로는 다음과 같다(이현중, 2002).

- 실습의 원활한 수행에 대한 자신감 부족
- 실습기관의 환경에의 부적응
- 의사소통의 기술

• 교직에 대한 낮은 소신과 사회적 지위
• 이론과 실제의 차이로 인한 어려움
• 수업준비 부족으로 인한 심적 부담

(2) 지도교사와의 갈등

실습생은 지도교사의 자질과 태도에 대해 실망을 느끼며, 영유아에게 하지 말아야 할 행동이나 태도, 원장이나 학부모들에게만 잘 보이려는 이중적이고 당당하지 못한 직무태도, 일관성 없는 실습지도 방침 등으로 인해 갈등을 겪는다고 하였다(황혜경 외, 2010). 또한 지도교사가 수업 모델을 보여주지도 않고 구체적인 지도도 없이 수업을 시키는 것, 실습에 대한 전반적인 안내와 시범, 자료 제공 불충분으로 막막함과 불안감을 경험하게 된다고 하였으며(염지숙, 2000), 갈등의 요인으로는 다음과 같다(이현중, 2002).

• 지도교사와의 모델링 부족
• 실습에 대한 전반적인 안내 부족
• 수업준비를 위한 자료제공 부족
• 수업계획안에 대한 지도 부족
• 구체적 지도를 위한 협의 시간의 부족
• 실습일지 기록방식에 있어서의 불합리성
• 비인격적 대우 및 지지와 격려의 부족

(3) 영유아와의 갈등

실습생은 영유아 지도의 미숙함으로 인해 영유아들의 돌발 질문이나 예상치 못한 상황들이 발생하였을 때 당황해하며 어려움을 느낀다. 영유아를 집중시키려고 다양한 방법들로 노력하였지만 자신의 뜻대로 되지 않아 자존감이 하락하면서, 자신감도 없어지며 영유아들이 어려운 존재로 인식된다. 또한, 실습생의 권위를 인정해 주지 않는 데서 갈등을 느낀다고 하였으며(이명순, 2000) 갈등의 요인으로는 다음과 같다(이현중, 2002).

- 영유아들이 통제에 대한 능력 부족
- 문제아, 특수아 지도의 어려움
- 훈육과 자율의 균형 유지 곤란
- 영유아들의 예기치 않은 반응으로 인한 어려움
- 실습생의 권위에 대한 영유아들의 불인정

제3장

실습지도의 실제

1. 주차별 보육실습
2. 보육계획안 작성
3. 보육일지 작성

일반적으로 4주간의 보육실습은 주로 보육현장에 대한 관찰과 보육일과에 대한 참여, 보육활동의 계획 및 실행 후 평가로 이루어진다. 따라서 본 장에서는 보육실습 진행과정, 영유아 및 교사의 상호작용 관찰, 보육실습일지 및 활동계획안 작성, 실습생의 보육활동 실행에 대한 지침을 제시하고자 한다((재)한국보육진흥원, 2013).

표 3-1

보육실습 운영 시 준비사항

구분	교수	양성교육기관	실습생
내용	• 실습기관 관찰계획 실행 • 보육활동 계획안 및 관찰 일지 작성지도 • 교재 · 교구 및 교수자료 제작지도	• 보육실습 일지 및 활동 계획안 양식 배부(실습기관에서 제공할 수도 있음)	• 보육실습기관 관찰 및 기록 • 보육활동 계획안 및 관찰일지 작성 연습 • 보육활동 자료 준비

출처: (재)한국보육진흥원, 2013.

* 본 3장은 표준보육실습지도지침(2010, 한국보육진흥원)의 내용을 참고하여 전면 개정함.

1. 주차별 보육실습

보육실습 기간 4주간 동안 실습생은 영유아를 관찰하고, 보조교사로 참여하기 시작한다. 실습생이 기관 및 해당 반의 하루일과에 익숙해지면, 보육실의 흥미영역 중 한 개 영역에 해당하는 보육활동을 계획하여 직접 실행해 보고 점차 몇 영역으로 확대해 본다. 마지막을 반일이나 일과 전체에 대한 보육계획안을 실습생이 직접 작성하고, 교재 · 교구를 준비하여 영유아를 지도하는 과정으로 보육실습을 하게 된다.

주차별로 진행할 수 있는 보육실습 실시 과정의 예시를 제시하면 다음과 같다.

표 3-2

보육실습 4주간의 실시 내용 예

<table>
<tr><th>주</th><th>월</th><th>화</th><th>수</th><th>목</th><th>금</th></tr>
<tr><td rowspan="2">1주</td><td colspan="5">보육실습 일정 협의
관찰(일과, 보육환경, 영유아 –교사 상호작용 ⟶
보조교사 역할 수행(실내 · 외 놀이 참여, 일상생활지도)⟶
영유아 이름 익히기, 영유아와 친밀감 형성하기 ⟶</td></tr>
<tr><td colspan="3">2주차 영역별 보육활동 찾기</td><td colspan="2">2주차 영역별 보육활동 선정 및 계획안 제출</td></tr>
<tr><td rowspan="2">2주</td><td></td><td>영역별 보육 활동실시</td><td></td><td>영역별 보육 활동실시</td><td></td></tr>
<tr><td colspan="3">2주차 활동 자료준비 및 제작
3주차 영역별 보육활동 찾아보기</td><td colspan="2">3주차 영역별 보육활동 선정 및 계획안 제출
교구제작 계획안 제출</td></tr>
<tr><td rowspan="2">3주</td><td colspan="2"></td><td>영역별 보육 활동 실시</td><td></td><td>연계활동 실시</td></tr>
<tr><td colspan="3">3주차 영역별 보육활동, 연계활동 자료 준비 및 제작, 교구제작
4주차 반일(일일)보육활동 선정</td><td colspan="2">4주차 영역별 보육활동 및 반일(일일) 보육활동 계획안 제출 교구제작</td></tr>
<tr><td rowspan="2">4주</td><td colspan="2"></td><td>반일(일일) 보육활동 실시</td><td rowspan="2">최종평가회</td><td rowspan="2">실습일지 정리 제출</td></tr>
<tr><td colspan="2">반일(일일) 보육활동 자료점검</td><td></td></tr>
</table>

- 관찰은 보육실습 기간 동안 계속적으로 이루어지지만 실습 초기에 영유아 행동 및 놀이에 대한 관찰과 일과 운영에 대한 관찰 시간을 충분히 갖고 관찰 내용에 대해 실습지도교사의 지도를 받는 것이 필요하다.
- 관찰의 주된 내용은 영유아의 연령에 따른 보육실 환경구성의 특성, 일과의 진행, 영유아의 발달 및 놀이 특성, 보육교사의 역할 및 영유아와의 상호작용을 포함한다.
- 보조교사로서의 참여는 보육실습 기간 동안 계속적으로 진행한다.
- 보조교사로 참여하면서 영유아와 친밀한 관계 형성, 영유아에 대한 이해, 일상생활지도 등 보육교사로서의 업무를 파악한다.
- 보육활동에 대한 실습은 실습담당교사의 지도 아래 보육실습생이 직접 보육

활동을 계획하고 실행한다.

- 보육활동에 대한 보육실습은 일과 중의 특정 시간이나 한두 영역의 보육활동 수행에서 시작하여 반일 또는 귀가까지 하루를 보육실습생이 직접 계획하여 수행하는 방식으로 진행한다((재)한국보육진흥원, 2013).

표 3-3

○○ 어린이집 만 0~2세 영아반 4주간의 보육실습 내용예시

기간	실습내용
1주	• 관찰기록 – 흥미영역 구성 및 활동 준비, 하루일과의 진행과정 관찰 – 영아와 영아, 영아와 보육교사 간 상호작용 및 보육교사의 업무 관찰 • 영아반의 일과 특성 이해하기 예) 기저귀 갈기, 배변훈련, 수유 및 이유, 급식지도 등 • 영아의 연령별, 개인별 발달 특성 이해하기 예) 흥미, 수준, 언어표현, 상호작용 등 • 2주차 보육활동 계획 및 검토 – 2주차 영역별 보육활동 계획안 작성: 지도교사의 검토 및 지도받기 – 계획안 보육활동의 필요한 자료 및 교재 · 교구 준비 • 관찰 및 보육실습에 대한 평가: 지도교사, 보육실습생
2주	• 영아와 보육교사간의 상호작용 관찰 기록 • 영아 개인에 맞는 보육활동 구성 및 지도 실습 • 일상적인 생활지도 방법 익히기 • 영역별 보육활동 실습 – 흥미영역 활동 2회 진행 – 보육활동에 대한 평가: 지도교사, 보육실습생 • 3주차 보육활동 계획 및 검토 – 영역별 보육활동 및 연계 보육활동에 대한 계획안 작성: 지도교사의 검토 및 지도받기 – 계획안 보육활동에 필요한 자료 및 교재 · 교구 준비 – 교구제작 계획안 제출 • 2주차 보육실습 및 보육활동에 대한 평가: 지도교사, 보육실습생
3주	• 영아와 보육교사 간의 상호작용 관찰 • 4주차 보육활동 계획 및 검토 – 일일보육(흥미영역 활동 1개, 전이 활동 1개, 실외자유선택활동 1개 진행 포함)에 대한 보육활동계획안 및 일일계획안 작성: 지도교사 및 원장의 검토 및 지도받기 – 계획안 보육활동에 필요한 자료 및 교재 · 교구 준비 – 교구제작 • 3주차 보육실습 및 보육활동에 대한 평가: 지도교사, 보육실습생

기간	실습내용
4주	• 영아와 보육교사 간의 상호작용 관찰 • 반일(또는 일일) 보육활동 구성 및 실습 • 반일(또는 일일) 보육활동에 대한 평가: 지도교사, 보육실습생 • 보육실습 최종 평가회: 원장, 지도교사, 보육실습생 • 보육실습 종료 –보육실습생 평가표, 보육실습일지, 출근부 정리

출처: (재)한국보육진흥원, 2013.

표 3-4 ○○ 어린이집 만 3~5세 영아반 4주간의 보육실습 내용 예시

기간	실습내용
1주	• 관찰기록 – 흥미영역 수성 및 활동준비, 하루일과의 진행과정 관찰 – 유아와 유아, 유아와 보육교사 간 상호작용 및 보육교사의 업무 관찰 • 2주차 보육활동계획 및 검토 – 2주차 보육활동계획 및 검토 – 계획안 보육활동에 필요한 자료 및 교재 · 교구 준비 • 관찰 및 보육실습에 대한 평가: 지도교사, 보육실습생
2주	• 유아 놀이 관찰 및 유아와 보육교사, 유아–유아, 유아–교구간의 상호작용 관찰 기록 • 영역별 보육활동 실습 – 흥미영역 활동 2회(개별활동 1회, 소집단활동 1회) 진행 – 보육활동에 대한 평가: 지도교사, 보육실습생 • 3주차 보육활동계획 및 검토 – 연계활동 및 대 · 소집단 활동에 대한 계획안 작성 : 지도교사의 검토 및 지도받기 – 계획안 보육활동에 필요한 자료 및 교재 · 교구 준비 – 교구제작계획안 제출 • 2주차 보육실습 및 보육활동에 대한 평가: 지도교사, 보육실습생
3주	• 유아 놀이 관찰 및 유아와 보육교사, 유아–유아, 유아–교구간의 상호작용 관찰 • 영역별 보육활동 실습 – 연계 보육활동 1회, 대 · 소집단 보육활동 1회 진행 – 보육활동에 대한 평가: 지도교사, 보육실습생 • 4주차 보육활동계획 및 검토 – 반일 또는 일일보육(흥미영역 활동 2개, 대집단 활동 1개, 실외자유선택활동 1개 포함)에 대한 보육활동계획안 및 반일(일일) 계획안 작성: 지도교사, 원장의 검토 및 지도받기 – 계획한 보육활동에 필요한 자료 및 교재 · 교구 준비 – 교구제작 • 3주차 보육실습 및 보육활동에 대한 평가: 지도교사, 보육실습생

기간	실습내용
4주	• 유아 놀이 관찰 및 유아와 보육교사, 유아-유아, 유아-교구간의 상호작용 관찰 • 반일(일일) 보육활동 실습 - 하루일과와 활동을 보육실습생이 스스로 계획하고 준비하여 실행해 보는 과정 - 보육활동과 관련된 환경구성 • 보육활동에 대한 평가 및 보육실습 평가회: 원장, 지도교사, 보육실습생 • 보육실습 종료 - 보육실습생 평가표, 일지, 출근부 정리

출처: (재)한국보육진흥원, 2013.

보육실습의 과정은 관찰과 참여로 시작하여 실제 보육활동의 계획과 실행 및 평가 순서로 진행되지만, 실습반의 영유아 연령에 따라 보육실습 내용에 차이가 있다. 따라서 영아반(만 0-2세)과 유아반(만 3-5세)으로 구분하여 4주간의 주차별 보육실습 실시 내용에 대한 예시를 제시하면 〈표 3-3〉, 〈표 3-4〉와 같다.

영아반은 일상적 양육이 하루일과에서 중요한 부분을 차지하므로 영아반 보육실습과 유아반 보육실습 내용의 차이를 이해하는 것이 필요하다.

- 만 0세반의 보육실습 내용에는 수유 및 이유, 기저귀 갈이, 잠재우기, 안아주기 등의 일상적 양육과 사회 · 정서적인 친밀한 상호작용, 안전이 중요하며, 개별적인 보살핌과 개별적인 놀이 지도가 중심이 되므로 보육실습이 이에 대한 내용이 포함되도록 한다.
- 보육일과 운영 중 일상생활지도에 대한 보육실습생의 역할(정리정돈/수유, 이유 점심 및 간식/낮잠/이닦기 등)에 대해 실습생이 해야 할 지도교사가 담당할 부분에 대한 내용을 분명하게 구분하여 지도한다.
- 유아반의 보육실습 내용에는 영아반의 기본 내용 이외에 기본생활습관 및 일상생활지도, 안전지도에 대한 내용이 포함되도록 한다.
- 유아반은 개별, 소집단, 대집단 활동을 모두 진행하며, 흥미영역의 활동도 고루 경험해 볼 수 있도록 계획한다.

보육실습은 위에서 제시한 바와 같이 동일한 반에서 4주 동안 실시하는 것이 바람직하다. 간혹 여러 연령 반을 돌아가면서 보육실습하는 경우가 있다. 여러 반을 실습할 경우 다양한 연령반의 보육일과를 경험하고 여러 교사의 지도 방법을 경험하는 장점이 있기는 하지만, 실습생이 해당 반의 영유아와 친밀감을 형성할 시간이나 개별 영유아를 파악할 시간이 부족하므로 보육활동을 계획하고 실행하는데 어려움을 겪을 수 있다.

또한 한 반에서 보내는 시간이 짧으므로 영역별 보육활동에서 시작하여 반일(일일) 보육활동까지 확장하기가 어려운 단점이 있다((재)한국보육진흥원, 2013).

2. 보육계획안 작성

실습생은 보육실습 담당교사의 지도하에 주제의 전개 양상, 소주제와 보육활동 간의 균형성과 활동의 적합성 및 통합서, 영유아 발달의 적절성, 주간계획안과 영유아의 흥미, 행사 및 특별한 상황, 영우아의 놀이 양상 및 수준 등을 고려하여 보육실습생이 보육활동계획안을 작성할 수 있도록 계획한다. 아울러 보육실습생이 처음 진행하기에 적절한 활동인지 숙고하고 실습생과 계획과정을 협의한다.

영역별 보육활동계획안(부록 4-9 참조)은 흥미영역에서 할 수 있는 하나의 보육활동을 계획하는 것으로 2가지 이상의 보육활동들이 연계된 보육활동계획안이나 반일(일일)보육을 진행할 수 있는 보육계획안과 구분된다.

1) 보육활동계획안

보육활동계획안에는 활동목표, 활동자료, 활동방법, 확장활동, 주의사항 등이 포함되도록 작성하되 사전 경험이나 영역 간 연계에 대한 내용을 포함할 수 있다(표 3-5, 표 3-6 참조).

다양한 교수 방법에 아직 익숙하지 않는 보육실습생의 경우 실습지도교사가 작성한 주간보육계획안에 이미 제시된 활동, 목표나 활동방법이 단순 명료한 활동, 영유아의 참여가 용이한 활동부터 시작하도록 제안한다.

(1) 활동목표

- 보육내용 중 세부내용이 실습생이 계획한 활동 목표와 연계되도록 한다.
- 보육활동을 통해 영유아에게 기대하는 바를 진술하거나 영유아가 경험할 내용을 구체적으로 기술한다.
- 활동의 목표가 너무 지식에 치우치지 않도록 하고 영유아가 경험할 기술이나 태도, 가치도 포함되도록 한다.

(2) 활동자료

- 보육실습기관에서 기존에 사용하는 자료의 활동 여부를 밝힌다.
- 활동에 필요한 자료의 종류를 구체적으로 기술한다.
- 제작이 필요하면 자료의 완성된 모습, 제작방법, 적절한 활용법, 교구의 안전성, 보관 용이함 등들 구체적으로 기술한다.
- 제작이 필요한 활동 자료의 경우 실습 지도교사와 협의하도록 하며, 계획안에 제작 과정에 대한 사진자료를 첨부할 수 있다.
- 실습생의 시간과 비용의 낭비가 없도록 실습지도교사와 충분한 사전협의를 하여 계획된 보육활동에 꼭 필요한 것만 실습생이 제작하도록 한다.

(3) 활동방법

- 보육활동 목표의 성취를 위한 활동 내용과 상호작용을 계획한다.
- 활동방법 기술시 보육실습생의 말을 기록하고 영유아의 반응을 예상하면서 기록한다.
- 영유아 연령, 흥미, 사전경험에 기초하여 활동시간을 계획한다.
- 보육실습생의 지도능력이 부족할 수 있으므로 구체적으로 계획을 하도록 한다. 즉, 영유아들이 흥미를 보이지 않았을 경우, 너무 과도한 흥미를 보였을 경우, 다른 대답이 나와 활동 진행이 계획한 대로 되지 않을 경우, 비나 눈이 와서 실외에서 해야 할 활동으로 바꾸어야 할 경우 등 예상되는 것을 사전에 계획한다.

(4) 확장활동

- 다른 흥미영역이나 오후 활동, 실외활동으로 연계, 심화하거나 며칠 동안 활동으로 연결하여 확장할 수 있는 방안을 기록한다.
- 보육활동 자료나 결과물을 확장하여 활용할 수 있는 방안을 기록한다.

(5) 유의사항

- 보육활동 진행 시 예상되는 개별 영유아에 대한 예상 반응, 활동자료 제공시 안전상 고려되어야 할 점등을 진술한다.
- 보육활동 중 발생되는 여러 문제점들에 대한 예방 전략을 기술한다.

표 3-5

보육활동계획안 자성의 예시(만 1세반)

제출일	년 0월 0일 0요일	결재	실습생	지도교사	원 장
			印	印	印
실습생	0 0 0	지도교사	0 0 0		
반 명	만 1세 00반	일 시	0월 00일 0일 오전 10:00~10:20)		
주 제	좋아하는 놀이가 있어요.	소 주 제	춤추고 놀이해요.		
활동명	털실공을 굴려요	흥미영역/활동유형	신체활동		
활동 목표	• 털실로 만들어진 공을 탐색한다. [자연탐구>탐구하는 태도 기르기>탐색 시도하기>주변의 사물에 대해 의도적인 탐색을 시도한다]1) • 털실공을 굴리고 따라간다. (신체운동>신체활동 참여하기>기구를 이용하여 신체활동 시도하기>간단한 기구를 이용하여 신체활동을 시도한다)				

활동방법	활동자료
1. 털실공을 다양한 방법으로 탐색한다. – 공을 잡아보니 느낌이 어때요? – 폭신폭신 부드럽네요.	▶ 털실로 뜨개질을 해서 공에 씌우거나 공에 털실을 감싼다.

- ○○이가 공이 굴려볼까요?
- 공끼리 부딪쳐 보자.

2. 공을 00에게 굴려 본다.
   - 선생님이 00이에게 공을 굴려 줄께요. 데굴데굴 ~
   - 공이 00에게 굴러가네, 00이가 공을 잡았구나.

3. 공을 굴리고 교사와 영아가 함께 따라가 본다.
   - 털실공이 데굴데굴 굴러가네, 우리가 따라가 볼까.
   - ○○야 굴러가는 공을 따라가서 잡아 보자.

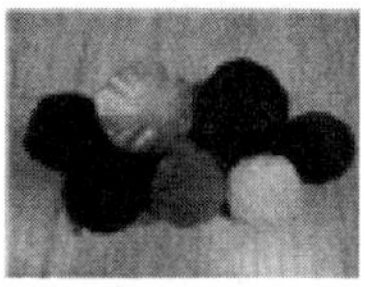

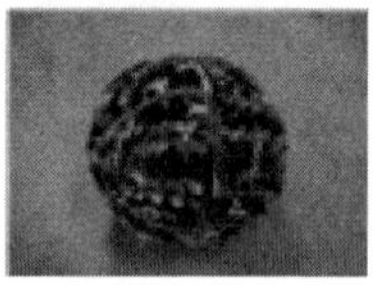

확장 활동	• 털실 외에 여러 가지 촉감공으로 촉감탐색을 하며 활동을 진행할 수 있다.
유의 사항	1. 털실이 입으로 들어가지 않도록 주의한다. 2. 털실공이 세탁이 가능하도록 공 모양으로 반씩 뜨개질한 후 공에 씌운 바느질로 엮어 주면 좋다.

출처: (재)한국보육진흥원, 2013.

1) 제 3차 개정 어린이집 표준보육과정(2013) 중 0~1세 보육과정이 (영역)내용>세부내용임.

표 3-6

보육활동계획안 작성의 예시(만 5세반)

<table>
<tr><td rowspan="2">제출일</td><td rowspan="2">년 0월 0일 0요일</td><td rowspan="2">결재</td><td>실습생</td><td>지도교사</td><td>원 장</td></tr>
<tr><td>㊞</td><td>㊞</td><td>㊞</td></tr>
<tr><td>실습생</td><td>0 0 0</td><td colspan="2">지도교사</td><td colspan="2">0 0 0</td></tr>
<tr><td>반 명</td><td>만 5세 00반</td><td colspan="2">일 시</td><td colspan="2">0월 00일 0일
오전 10:00~10:30)</td></tr>
<tr><td>주 제</td><td>가을과 자연</td><td colspan="2">소 주 제</td><td colspan="2">가을 나무와 숲</td></tr>
<tr><td>활동명</td><td>나무와 숲을
보호하려면?</td><td colspan="2">흥미영역/활동유형</td><td colspan="2">대 · 소집단/조사활동(과학)</td></tr>
<tr><td>활동목표</td><td colspan="5">• 나무와 숲을 보호하기 위한 방법을 안다.
(자연탐구>과학적 탐구하기>생명체와 자연환경 알아보기>생명체가 살기 좋은 환경과 녹색환경에 대해 알아본다)2)</td></tr>
</table>

	• 나무와 숲을 보호하기 위해 해야 할 일을 안다. (사회관계〉다른 사람과 더불어 생활하기〉사회적 가치를 알고 지키기〉 다른 사람과 한 약속이나 공공규칙을 지킨다)

활동방법	활동자료
* 사전 경험으로 나무와 숲이 우리에게 주는 좋은 점에 대해서 이야기를 나누어 본다. 1. 사전경험에서 이야기를 나누었던 내용에 대해 다시 생각해 본다. – 어떤 점이 숲이 우리에게 좋은 것을 줄까요? 2. 우리에게 이로운 나무와 숲을 보호하는 방법을 조사해 보자고 제안한다. – 우리에게 공기, 그늘도 주고 동식물이 자라게도 해 주는 나무와 숲을 보고 하려면 어떻게 해야 할지 알아볼까요? 3. 조사 방법에 대해 이야기 나눈다. – 어떤 방법으로 조사할까요? – 책을 살펴볼 수 있겠군요! – 우리 어린이집에서 화분을 잘 가꾸시는 선생님에게 물어 볼 수도 있겠군요! – 컴퓨터에서 찾아볼 수도 있겠네요. 4. 5명 정도의 유아가 소집단이 되어 조사 활동을 한다. – 몇 명이 한 집단이 될까요? – 같은 집단이 되고 싶은 친구들끼리 모여 보아요. 5. 조사한 내용을 활동지에 그림이나 사진으로 기록하고 글은 되도록 유아들이 불러주는 내용을 교사받아 써 준다. 6. 조사한 내용을 그림과 사진을 중심으로 소집단별로 발표한다. 발표하기에 앞서 각 집단의 내용을 벽에 게시하고 지속적으로 며칠 동안 조사를 계속할 수 있다. 조사가 끝나 후에 발표한다. 7. 조사한 내용을 바탕으로 나무와 숲을 지키기 위해 우리반에서 친구들이 서로 지킬 수 있는 약속을 정한다.	• 나무와 숲의 보호와 관련된 책, 동영상, 사진자료, 컴퓨터, 활동지, 사인펜, 색연필, 지우개

확장활동	* 나무와 숲 전문가에게 나무와 숲을 보호하는 방법에 대해 묻는 편지를 써 볼 수 있다. * 오후에 숲으로 산책을 가거나 다음날 공원으로 견학을 가서 나무나 숲이 주는 이로운 점에 대해서 주변의 사람들에게 묻고 이를 기록하는 활동으로 확장할 수 있다.
유의사항	* 이야기나누기 "나무와 숲의 이로운점"과 연계한다.

출처: (재)한국보육진흥원, 2013.

2) 2012년에 개정된 만 5세 누리과정의 내용에 근거함.

2) 반일 또는 일일 보육활동계획안

반일 또는 일일 보육활동 실습은 보육실습 기간 동안 배우고 익힌 바를 하루 전반에 걸쳐 적용하는 과정이므로 계획안에는 보다 종합적인 내용들이 포함되도록 한다. 보육실습생이 실습하는 반의 주교사로서 하룻동안의 보육일과를 총체적으로 진행하는 경험은 매우 중요하다. 그러나 보육실습기관의 보육실습지도 계획, 실습생의 여건, 실습반의 영유아 특성 등을 고려하여 하루 종일의 보육일과 진행 대신에 오전 반나절 동안 반일 보육실습으로 진행할 수 있다.

반일 또는 일일 보육일과 계획 시에는 등원, 보육실 환경구성, 일상생활지도, 실내·외 보육활동계획 및 실행, 하원 등 보육교사의 모든 하룻동안의 역할을 충실히 해낼 수 있도록 실습지도교사와 사전 협의가 필요하다. 반일(일일) 보육계획안의 양식은 부록 4-10에 제시되어 있다.

반일 또는 일일 보육실습을 할 때 계획안을 작성하여야 하며, 다음과 같은 내용이 포함되도록 한다(표 3-7 참조).

- 주제와 소주제를 고려하여 영유아의 전후 경험이나 놀이가 맥락적으로 연계되도록 고려한다.
- 일과운영은 실습반의 평상시 일과를 충분히 반영하여 일관성 있게 계획한다.
- 일과 시간대별로 계획한다. 흥미영역별 보육활동계획안, 실외활동계획안, 대·소집단의 활동계획안 등 실습생이 담당할 시간 동안 진행되는 활동에 대해 활동 계획안을 포함한다. 이때 보육실습생이 준비한 보육활동에 대해서만 '활동영역, 활동목표, 활동자료, 활동방법'의 순으로 간략히 기록한다.
- 영유아의 흥미와 발달 수준에 적합하되, 개방적이고 융통적인 상호작용을 할 수 있도록 계획한다.
- 날씨 변화, 특별한 상황이 발생할 경우를 대비하여 대안적 활동을 준비한다.
- 정리정돈, 화장실 다녀오기, 실내의 이동하기 등을 지도할 때 영유아의 참여를 이끄는 방법, 활동을 전개할 때 주의집중을 유도하는 방법 등에 대한

내용도 계획안에 반영한다.

- 배변 및 손씻기, 간식 · 식사지도, 정리정돈, 이닦기, 낮잠지도와 같은 일상생활지도 시 상호작용할 내용이나 지도방법을 진술한다.
- 반일(일일) 보육활동계획안을 작성할 때 보육실습생이 계획한 흥미영역별 보육활동은 보육활동계획안을 함께 작성하여 첨부한다. 예를 들면 다음의 〈표 3-7〉 예시의 경우, 오전 실내자유놀이 중 언어영역, 역할 · 쌓기영역은 실습생이 계획한 활동이어서 자세히 기록하였고, 미술영역과 탐색 · 조작영역은 기존에 미리 계획된 활동이 준비되어서 간략히 제시되어 있다((재)한국보육진흥원, 2013).

표 3-7

일일 보육활동계획안 작성의 예시

<table>
<tr><td rowspan="2">제출일</td><td colspan="2" rowspan="2">○월 ○○일 ○요일</td><td rowspan="2">결재</td><td>실습생</td><td>지도교사</td><td>원장</td></tr>
<tr><td></td><td></td><td></td></tr>
<tr><td>반 명</td><td>만 2세 ○○반</td><td>일시</td><td colspan="4">2013년 0월 0일 0요일</td></tr>
<tr><td>날 씨</td><td>흐림 후 맑음</td><td>결석 영유아</td><td colspan="4">김 ○○(감기), 박 ○○(여행)</td></tr>
<tr><td>주 제</td><td>더워요</td><td>소주제</td><td colspan="4">여행가는 놀이를 해요</td></tr>
<tr><td>시간 및 일과</td><td colspan="3">활동계획 및 내용</td><td colspan="3">활동자료</td></tr>
<tr><td>~09:00
등원 및 맞이하기</td><td colspan="3">• 등원하는 영아의 이름을 부르며 맞이하여 반갑게 맞이한다.
• 투약의뢰서 유무를 확인한다.
• 영유아의 상태를 시진한다(기분, 건강, 청결상태 등)</td><td colspan="3">일일연락장
투약의뢰서</td></tr>
<tr><td>09:00~09:30
오전간식</td><td colspan="3">• 화장실 다녀오기 및 손씻기 지도를 한다.
• 준비된 간식을 스스로 먹고 정리할 수 있도록 한다.</td><td colspan="3">오전간식: 씨리얼, 우유</td></tr>
<tr><td>09:30~10:50
오전 실내 자유놀이</td><td colspan="3">• 관심 있는 영역에서 자유롭게 활동 하도록 돕고 긍정적으로 상호작용한다.
• 교사의 도움이 필요한 놀이에 적절히 참여한다.</td><td colspan="3">동화책 「약간 세지 뭐」
막대인형 자료, 배경판</td></tr>
</table>

	[언어영역] '약간 세지 뭐' 막대동화를 들어요 • 목표 – 선생님이 들려주는 동화를 즐겁게 듣는다. (의사소통〉듣기〉짧은 이야기 듣기〉짧은 이야기와 노랫말 등을 즐겁게 듣는다) –자신의 생각을 말로 표현해 본다. (의사소통〉말하기〉상대방을 바라보며 말하기〉말할 순서에 상대방을 바라보며 말을 주고받는다) • 활동방법 1. 곰돌이 모양 손 인형이 들려줄 이야기에 대해 설명한다. 교사: 안녕 나는 곰돌이다. 오늘 선생님께서 숲 속 웅덩이에서 어떤 일이 일어났는지 들려주신다고 해서 찾아 왔어. 우리 어떤 일이 있었는지 잘 들어 보자. 2. 동화를 듣는다. 교사: 랄랄라 랄랄라 햇님이 방긋 랄랄라 랄랄라(곰돌이 등장) 시원한 숲 속 장난꾸러기 곰돌이가 숲 속으로 놀러가요. 교사: 조심해! 곰돌아 숲 속에는 커다란 웅덩이가 있어 교사: (곰돌이 웅덩이에 빠진다)살려줘요! 곰돌이 좀 살려줘요! 어푸, 어푸!(중략) 3. 영아들과 들은 동화에 대해 이야기해 본다. 교사: 애들아 곰돌이가 웅덩이에 풍덩 빠져서 어떤 동물 친구들이 곰돌이를 구해 주었니?	유의점 영아들은 출입문을 등지고 반원 모양으로 앉는다. • 영아들의 시야에 막대 인형이 보이지 않게 준비한다. • 영아들이 직접 막대인형을 움직여 보게 한다. 지도교사 조언 • 읽는 사람은 천천히 읽어도 속도가 빨라지는 경우가 있으니 충분히 연습하는 것이 필요합니다. • 동화가 끝나자마자 영아들이 모여 조작해 보려고 하므로 질문한 후 대답한 영아가 나와서 직접 붙여 볼 수 있게 하면 어떨까요?
	[역할 · 쌓기영역] 선글라스를 끼고 여행가요 • 목표 – 셀로판지를 통해 여러 가지 색을 경험한다. (자연탐구〉탐구하는 태도 기르기〉호기심 가지기〉주변사물과 자연 세계에 호기심을 가진다) – 선글라스를 끼고 여행놀이의 즐거움을 느낀다. (예술경험)예술적 표현하기〉모방과 상상놀이하기〉일상생활 경험을 상상놀이로 즐긴다)	유의점 • 영아가 원하는 색의 선글라스를 나누어 준다. 지도교사 조언 • 교사: 애들아 이게 무엇일까는("이것을 본적 있니?")로 바꿈 • 역할놀이로 연계되어 진행되었으므로 필요한 소

	• 활동방법 1. 물고기 까꿍판을 모양을 살펴본다. 2. 물고기 까꿍판을 탐색한다. 교사: 물고기가 무슨 색일까? 교사: 바다처럼 시원한 파란색 물고기랑 산처럼 시원한 초록색 물고기구나(셀로판지 부분에 눈을 갖다 대며). 여기로 00이의 얼굴이 보여 물고기 색처럼 00이 얼굴이 파랗게 보이는구나. 3. 선글라스의 기능을 살펴본다. 교사: 얘들아 이게 무엇일까?('이것을 본 적 있니?') 선글라스를 껴 보자. - 선글라스를 끼고 바다 놀이를 해 본다. 교사: 00는 선글라스를 끼고 어디 놀라가고 싶니? 우리 선글라스 끼고 바다에 가서 재미있게 수영해 볼까? - 선글라스를 껴 본 느낌에 대해 이야기를 나눈다. 교사: 얘들아 선글라스를 껴 보니까 어땠니?	품이 있다면 미리 준비하는 것이 중요해요.
	[탐색 조작영역] 조개껍질 모양 탐색하기 • 다양한 조개껍질의 모양을 탐색해 본다 [미술영역] 우유팩 사진기 • 우유곽에 색 테이프 붙여 사진기를 만들어 본다.	
10:50~11:10 정리정돈 및 화장실 가기	• 놀잇감을 영아들과 함께 정리한다. • 화장실로 손씻으러 간다. 복도에 앉아 먼저 나온 영아들과 노래를 부르며 늦게 나은 영아들을 기다린다.	• 영아들이 화장실을 갈 때 넘어지지 않도록 주의 깊게 관찰한다.
11:10~11:50 실외놀이 및 손씻기	<u>삽으로 모래를 퍼서 페트병 부어 보기</u> • 목표 - 모래를 퍼서 페트병에 담는다. (신체운동〉신체조절과 기본운동하기〉소근육 조절하기〉눈과 손을 협응하여 소근육을 조절해 본다) - 모래를 담고 쏟기를 반복한다. (자연탐구〉탐구하는 태도 기르기〉반복적 탐색 즐기기〉관심 있는 사물을 반복하여 주도적으로	• 영아 5~6명씩 두 그룹으로 나누어 모래놀이를 한다.

	탐색하기를 즐긴다) • 활동방법 1. 모래 놀이를 할 때 조심할 점을 알아본다 교사: 얘들아, 모래를 친구한테 던지면 친구 눈에 들어가서 아파, 그러니까 친구한테 모래 던지지 말자. 2. 모래를 손으로 만져 보며 촉감을 느껴 본다. 교사: 얘들아 모래를 만지니까 느낌이 어떠니? 3. 삽으로 모래를 펴보고 페트병에 부어 본다. 교사: (손바닥으로 페트병 입구를 막고)에 속에 모래를 담아 주세요. 4. 다른 크기의 페트병 마다 모래가 쏟아지는 것을 살펴본다. 5. 모래놀이가 끝나면 깨끗하게 손을 씻는다. – 영아들이 놀이를 정리를 한다. – 화장실를 가서 손을 씻고 소변을 본다.	
11:50~12:10 점심 및 이닦기	• 즐겁고 편안한 분위기로 식사한다. • 식사 후 자기 자리를 정리한다. • 이닦기 순서대로 닦는다. • 밥을 다 먹은 영아들은 책을 읽거나 조용한 놀이를 하며 기다린다.	• 점심메뉴: 흑미밥, 된장찌개, 삼치구이, 숙주맛살무침, 열무김치
12:10~15:00 낮잠 준비와 낮잠	• 자신이 선택한 칙을 선생님과 함께 본다. • 개별 침구를 깔고 조명을 조절한다. • 잠이 올 때까지 자기 이불에서 또래의 낮잠과 휴식을 방해하지 않고 조용히 쉬도록 한다. • 낮잠을 재우고 깨울 때 부드럽게 토닥거려 준다.	• 조용한 음악, 조명, 개별 침구 • 블라인드나 커튼을 치고 불을 끄며 매트를 깔고 조용한 음악을 튼다.
15:00~15:30 화장실 다녀오기 및 오후 간식	• 화장실을 다녀온다. • 자기가 먹을 양만을 먹고 남기지 않도록 한다.	• 오후 간식: 간장비빔 쌀국수, 사과
15:30~16:50 실외놀이 및 손씻기	• 원하는 영역에서 자유롭게 놀이하도록 한다. [언어영역] – '약간 세지 뭐' 막대동화를 들어요 – 여행 다녀온 사진보며 이야기하기 [음률영역]–쿵쿵쿵 북을 쳐요.	지도교사 조언 • 오후에는 오전과 다른 양상으로 놀이가 진행될 수 있음을 참고하세요

	[역할 · 쌓기영역] 선글라스를 끼고 여행가요.	• 음률영역-쿵쿵쿵 북을 쳐요. 오후에는 오전보다 자극이 적은 활동으로 변경하여 진행하는 것이 좋겠습니다.
16:50~17:30 오후 실외놀이 및 손씻기	• 실외놀이터에서 자유놀이(또는 유희실 놀이)	**지도교사 조언** • 반에서 유희실 이동시에는 어떻게 전이할 것인지 유희실에서는 어떤 놀이를 할 것인지도 계획하시기 바랍니다.
17:30~18:00 귀가 및 가정연계	• 귀가 지도를 한다. • 귀가하는 순서를 고려해 옷을 갈아 입히고 머리를 다시 묶어 준다.	
유의사항	• 비가 오면 실외자유놀이는 유희실 놀이로 대체한다.	

출처: (재)한국보육진흥원, 2013.

※ 지도교사는 보육실습생의 일일보육활동 계획안을 검토하여 적절한 조언을 통해 계획을 수정 · 보완할 수 있도록 한다.

3) 영역별 · 내용별 보육활동 지도

보육실습은 하루 일과(또는 반일)의 총체적인 운영 과정 속에 영역별 보육활동과 영유아의 일상생활을 지도하는 것이다. 보육실습 지도교사는 보육실습생에게 하루 일과의 운영 중 일상적으로 반복되는 부분과 각 영역별로 고려해야 할 보육활동 지도법을 마련하여 체계적인 실습지도가 이루어지도록 한다. 효과적인 지도법은 영아와 유아의 발달수준에 따라 달라진다.

영아반과 유아반에서 적용 가능한 반복적인 일상생활지도에 대한 내용을 정리하여 제시하였고(표 3-8) 참조), 영아반과 유아반의 흥미영역에서 교사가 고려해야 할 사항을 정리하여 제시하였다(표 3-9, 표 3-10 참조).

표 3-8

영아반과 유아반의 일상생활지도 예시

영역	영아반	유아반
준비	• 활동시작 10분 전에 보육실을 점검한다. – 각 영역별 자료들은 제자리에 있는가? – 보육실내 여러 물건(쓰레기를 비우기, 휴지, 수건 등) 상태는 어떠한가? – 놀잇감은 안전하게 놓여 있는가? • 보육실을 환기하고 정리를 마무리한다.	
등원	• 영유아의 이름을 부르고 “안녕?” 인사하면 반갑게 맞이한다. • 영유아의 상태를 시진한다(기분, 건강, 청결 상태 등) • 자신의 겉옷과 소지품을 정리할 수 있도록 돕는다.	
오전 오후 간식	• 간식 전 손씻는 것을 돕는다. • 자리안내 및 턱받이 등 준비를 돕는다. • 영아 옆에서 스스로 먹을 수 있도록 격려 한다.	• 오전 간식이 유아의 수만큼 준비되어 있는지 확인한다. • 바른 자세로 먹고 식습관 형성을 위해 반복적으로 지도한다. • 유아 스스로 먹은 공간을 정리하도록 돕는다.
정리 정돈	• 사전에 놀잇감을 조금씩 정리하면서 정리 시간이 다가옴을 알려준 후 정리 노래를 통해 정리해야 함을 알린다. • 정리도 놀이처럼 접근하여 놀잇감의 위치를 즐겁게 찾아 정리하도록 유도한다.	• 쌓기, 역할영역 등 활동자료가 많은 곳은 5분 전 정리정돈 시간을 예고한다. • 유아들이 정리해야 할 놀잇감을 적당히 배분하여 책임감 있게 정리정돈할 수 있도록 한다. • 모두가 참여하도록 교사가 적극적으로 돕는다.
배변 훈련 및 화장실 가기	• 개별적으로 영아의 이름을 부르며 손씻기 및 기저귀 갈이를 한다. • 손씻기와 기저귀 갈이의 상황을 긍정적인 언어표현으로 격려하여 편안한 분위기를 조성한다.	• 유아가 배변 의사를 표현한 경우 화장실에 가는 것과 교실로 돌아오는 것을 확인한다. • 화장실 사용 후 손씻기 등 신변처리를 지도한다.
실외놀이	• 사전에 놀잇감을 점검하고 준비한다. • 겉옷과 신발 신는 것을 돕는다. • 자연물 탐색활동에 적극 참여한다.	• 안전을 위하여 소그룹 또는 차례로 나갈 수 있도록 한다. • 유아 전체를 항시 주시한다. • 놀이 후 주변을 스스로 정리하도록 한다(휴지 줍기, 물 잠그기 등).

영역	영아반	유아반
점심	• 자리안내 및 턱받이 등 준비를 돕는다. • 영아가 스스로 먹을 수 있도록 어느 정도 지저분해지는 것을 허용해야 한다. • 거부하는 음식의 경우 지도교사와 협의 하여 양을 조절해 주거나 조금씩 시도해 보고, 천천히 먹을 수 있도록 한다.	• 도우미 유아와 함께 점심을 준비한다. • 식단의 내용을 이야기하며 바른 식습관 지도를 돕는다. • 혼자 먹을 수 있도록 격려하며, 식사 후 주변을 정리할 수 있도록 한다. • 즐겁게 먹도록 편안한 분위기를 조성하고 개별적인 상호작용을 한다.
낮잠 및 휴식	• 영아의 이름을 부르며 개별적으로 이 닦기, 손씻기, 화장실 가기 등 낮잠을 위한 준비를 한다. • 영아가 낮잠을 잘 공간을 사전에 점검하고 아늑하고 편안한 분위기를 만든다. • 영아 스스로 자신의 이불을 찾아보도록 한다.	• 스스로 낮잠을 준비할 수 있도록 한다. • 낮잠을 거부하는 유아는 별도의 조용하고 편안한 공간을 마련하여 휴식 할 수 있도록 한다. • 낮잠 및 휴식 후 스스로 신변을 정리할 수 있도록 한다.
귀가 지도	• 지도교사보다 먼저 부모를 맞이하고 영아의 상태를 전달하지 않도록 주의한다.	• 귀가지도 전에 지도교사에게 유아의 놀이 상황에서 발생한 특이사항을 전달한다.

출처: (재)한국보육진흥원, 2013.

표 3-9

흥미영역별 보육활동 지도의 예시(영아반)

영역	보육활동 지도
쌓기	• 다양한 블록으로 여러 가지 구성물을 만들 수 있도록 격려한다. • 블록 중 날카로운 부분이 있는지 살펴보고, 소품이 작게 분해되는지 확인하고 작은 소품은 모두 안전하게 제거한다. • 블록을 높게 쌓거나 길게 놓아 다른 영역으로 확장되어 갈등 상황이 발생되지 않도록 적절한 상호작용과 환경을 제공한다.
역할	• 놀이하면서 조금씩 정리할 수 있도록 한다. • 영아와 함께 가작화 놀이에 참여한다(엄마, 아빠놀이, 아기업기, 아기 우유주기 등) • 영아와 놀이하면서 스스로 할 수 있는 것들을 연습할 수 있도록 돕는다. (예: 물 따르기, 신발 신기 등)

영역	보육활동 지도
언어	• 교사의 무릎에 앉혀 개별적으로 책을 읽어 주고, 함께 원하는 책일 경우 2~3명의 소그룹으로 책을 읽어 주되, 내용을 그대로 읽기보다 대화하듯이 읽어 준다. • 책을 읽어 줄 때 조용하면서 다양한 목소리를 사용하고, 영아의 흥미와 반응을 살핀다. 영아의 반응을 많이 이끌어 내도록 한다. • 책의 내용을 끝까지 읽는 것에 중점을 두기보다 질문과 반응을 더 격려한다.
미술	• 다양한 미술 재료를 탐색할 수 있도록 기회를 제공한다. • 영아의 끼적거리기를 격려하고, 구체적인 부분과 행동을 격려한다. • 영아의 작품에 이름을 써 주며 자기 작품임을 알도록 하고, 벽에 붙여 준다.
감각·탐색	• 정적이고 개인적인 활동이 많으므로 영아들이 좋아하는 놀잇감의 경우 영아 수 만큼 충분한 개수를 제공한다. • 영아 스스로 탐색하고 조작할 수 있도록 곁에서 격려하고 적절한 도움을 준다. • 영아의 탐색 조작활동에 대해 언어적으로 행동을 기술해 준다.
신체	• 다양한 신체활동에 함께 참여한다. • 영아의 다양한 신체 움직임을 언어적으로 표현해 주며 격려한다. • 신체활동을 하는 공간과 놀잇감의 안전을 점검한다.
음률	• 노래부르기 및 몸 움직이기 활동에 함께 한다. • 함께 노래부르기를 장려하나 강요하지 않도록 주의한다. 영아는 가만히 앉아 노래 소리를 집중하여 듣기도 한다. • 노랫말에 영아의 이름을 넣어 부르거나 매일 접하는 일상생활의 관련한 가사로 바꾸어 부르면 좋아한다.

출처: (재)한국보육진흥원, 2013.

표 3-10

흥미영역별 보육활동 지도의 예시(유아반)

영역	보육활동 지도
쌓기	• 유아들간의 의견 차이와 신체적 접촉이 많이 발생하므로 전체를 바라 볼 수 있는 위치에서 주의 깊게 관찰한다. • 유아들이 선호하는 놀이를 잘 알고 있어야 하며, 놀이를 조용히 관찰하거나 유아들과 함께 놀이친구로서 참여할 수 있다. • 블록을 서로 나누고 공유할 수 있도록 놀이규칙에 대해 숙지한다. • 다양한 블록을 선택하여 놀이할 수 있도록 한다.

영역	보육활동 지도
역할	• 유아-유아, 유아-교사간 상호작용의 기회를 다양하게 제공한다. • 성 역할을 고정시키는 일이 없도록 한다. • 일상의 경험을 재현하거나 극화놀이가 다양하게 나타날 수 있도록 놀이친구로서 참여한다. • 필요한 역할소품은 다른 영역과 연계하여 만들어 사용할 수 있도록 한다.
언어	• 카세트 및 CD플레이어의 사용법을 알고 스스로 조작할 수 있도록 한다. • 언어자료를 함께 보며 다양하고 정확한 어휘로 말하도록 한다. • 다양한 내용의 인쇄물이나 그림책은 제목이 보이도록 제시한다. • 여러 가지 쓰기 재료와 도구를 제시하고, 쓰기에 자유롭게 참여하도록 하며, 철자법, 띄어쓰기 등을 강요하지 않도록 한다.
미술	• 자유롭게 자신의 생각과 느낌을 표현할 수 있도록 한다. • 다른 친구의 작품과 비교하지 않도록 한다. • 도움을 요청할 경우 유아 스스로 하도록 유도하면서 유아가 할 수 있는 부분을 찾아서 다시 시도할 기회를 제공한다. • 활동이 끝난 후에는 자신의 작품에 이름을 써서 보관하고, 스스로 주변을 정리할 수 있도록 한다.
수 · 과학 조작	• 유아의 발달 수준에 맞는 상호작용 방법이 중요하므로 이를 반드시 고려한다. • 교구 제작 시 시각적으로 매력 있게 제작하여 유아의 참여를 높인다. • 지식 전달 위주의 활동이 아니라 관찰, 실험, 문제해결, 비교하기, 의사소통 등의 과정에 초점을 두고 지도한다. • 조작하는 놀잇감과 실험도구의 안전성을 점검하도록 한다.
음률	• 유아의 즐겁고 자유로우며 독창적인 표현을 장려한다. • 기술적인 측면에 관심을 갖기보다는 다양한 음악적 경험과 표현을 즐길 수 있도록 한다. • 다양한 리듬감, 음색, 질 등을 제공한다(재즈, 클래식, 국악 등) • 다양한 움직임을 유도할 수 있는 도구나 동영상을 준비한다.

출처: (재)한국보육진흥원, 2013.

4) 보육활동에 대한 평가 및 조언

실습생은 보육활동 실습에 대한 평가를 통해 추후 개선이 요구되는 사항을 구체적으로 진술함으로 반성정 사고를 하고 지도교사는 이에 대해 적절한 조언 ·

평가를 한다.

(1) 보육실습생의 자기평가

실습생은 활동목표의 성취 여부와 보육활동 실습을 하면서 느낀 소감을 기록하고, 계획했던 것보다 잘 진행되었던 내용, 예상했던 바와 다르게 전개된 내용 등을 진술하고 그 원인과 해결방안을 분석해 기술한다. 이러한 계획과 실행에 대한 반성적 사고를 통해 교사로서의 자신의(삭제) 자질이나 능력을 스스로 평가해 보도록 한다.

(2) 보육실습 지도교사의 조언 및 평가

보육실습 지도교사의 조언 및 평가는 실습생의 보육활동 실습을 관찰하며 평가한 사항, 실습생의 자기평가에 대한 사항 및 추후 보육활동 계획 시 고려해야 할 점 등을 종합하여 조언해 주고 평가한다(표 3-11 참조). 지도교사는 실습생의 보육활동 실습 내용을 평가할 때 다음의 사항에 초점을 두어 평가한다.

- 보육활동의 목표가 표준보육과정(누리과정)의 내용과 관련해 이를 포함하였고 적절히 성취하였는가?
- 보육활동 내용이 주제와 발달수준에 적합하였는가?
- 보육활동이 영유아의 흥미와 경험을 충분히 반영하였는가?
- 보육활동을 위한 자료 제작과 활용이 적절하였는가?
- 보육활동의 전개 방법이 적절하였는가?
- 보육활동을 위한 시간 운영이 적절하였는가?
- 보육활동의 전후와 보육활동 간 연계가 적절하였는가?
- 보육활동 공간의 배치와 집단 구성이 적절하였는가?
- 보육활동 시 적절한 상호작용(동기유발, 영유아들의 참여 등)이 이루어졌는가?
- 보육활동의 마무리와 다음 활동으로의 전이가 적절하였는가?

표 3-11

보육활동실습에 대한 지도교사의 조언 및 평가 예시

<table>
<tr><td rowspan="2">작성일</td><td colspan="2" rowspan="2">0월 00일 0요일</td><td rowspan="2">결재</td><td>실습생</td><td>지도교사</td><td>원장</td></tr>
<tr><td></td><td></td><td></td></tr>
<tr><td>실습생</td><td>0 0 0</td><td colspan="2">지도교사</td><td colspan="3">0 0 0</td></tr>
<tr><td>반 명</td><td>만 2세 토끼반</td><td colspan="2">일 시</td><td colspan="3">0월 00일 0요일
오전 10:00~10:30</td></tr>
<tr><td>자기평가</td><td colspan="6">• 오늘 일일수업을 진행했다. 계획했던 것 만큼 하루일과나 흥미영역별 활동을 이끌지 못해 아쉬움이 많이 남았다. 지난 흥미영역별 활동 진행 후 느끼고 개선해야겠다고 생각한 점인 자료에 대한 영아들의 왕성한 호기심을 적절히 받아주고, 이를 활동으로 이끌지 못한 것 같다. 또한 영아와의 상호작용이 충분히 이루어지지 않은 점이 아쉬웠다. 흥미영역별로 3번의 활동을 진행해 보고 그 동안 선생님들의 상호작용을 관찰하면서 조금은 연습이 되었다고 생각했는데, 계획하지 않은 새로운 상황이 나타났을 때 이에 대처하는 측면이 아직 매우 부족한 것을 많이 느낄 수 있었다. 오늘 진행 중 가장 큰 실수는 내가 계획한 활동을 하고 있던 영아가 그 활동을 하다가 다른 활동으로 옮겨갔을 때 그 영아를 쫓아가며 상호작용하려한 점이다. 그래서 정작 내 활동에 참여하는 다른 영아들과 충분히 상호작용을 하지 못했다. 내가 만들었던 자료에 대한 집착으로부터 이런 행동이 나온 것 같다. 마치 교구가 영아의 흥미를 이끌어 내도록 행동한 것이다.</td></tr>
<tr><td>지도교사
조언
및 평가</td><td colspan="6">• 준비한 만큼 관심을 보인 영아와 활동을 진행하고 싶었을 것이라 생각합니다. 다른 영역으로 이동하는 영아는 그 활동에 흥미를 잃었다기보다는 이미 자기 나름의 호기심이 충족된 것이라 생각되므로, 그리 마음을 쓰지 않으셔도 됩니다. 선생님 곁에서 활동에 몰입하고 있는 영아는 좀 더 상위수준의 상호작용이 필요하거나, 새롭게 활동에 관심을 보이는 영아는 좀 더 흥미를 이끌도록 해야 하기 때문에 이들에게 집중하여 상호작용해 주시는 것이 필요합니다.</td></tr>
</table>

출처: (재)한국보육진흥원, 2013.

3. 보육일지 작성

보육실습일지는 보육실습생의 실습 내용을 파악할 수 있고 실습기관의 실습지도가 충실히 이루어졌는지 알 수 있는 문서이다. 일반적으로 보육실습일지는 실습생의 출근부, 보육실습기관 현황, 보육실습 일정, 연간 및 월간 보육계획안, 매일의 보육일과를 실습한 내용, 보육활동(영역별, 반일 또는 일일보육활동)계획안, 가정연계 및 행사, 보육실습 평가 등으로 구성된다.

실습생에게 제공하는 보육실습기관 현황 서식은 부록 4-6, 출근부 서식은 부록 4-7, 보육실습일지 서식은 부록 4-8, 영역별 보육활동계획안 서식은 부록 4-9, 반일(일일) 보육활동계획안 서식은 부록 4-10에 제시되어 있다.

1) 보육실습기관 현황

실습생은 보육실습기관에서 다음의 보육실습기관 현황 자료를 제공받아 기록한다(부록 4-6 참조).

- 설립이념, 소재지 주소, 연락처
- 원장 성명, 연령별 반명 및 반별 재원 영유아 수, 보육교직원 현황 등
- 연간, 월(주)간 보육활동계획안 및 기타 어린이집 프로그램 관련 자료
- 보육실습반의 연령, 환경구성, 일과 운영 자료 등

2) 출근부

보육실습생 출근부에는 보육실습 기간을 명시함과 동시에 근무여부가 기록되어야 한다(부록 4-7 참조).

- 보육실습 일자를 기록하고 출근 여부와 근무시간을 날인한다.
- 결석, 조퇴 및 지각 사유가 불가피하게 발생할 경우, 양성교육기관의 보육실습 담당교수와 보육실습기관 원장이 논의하여 부족한 시간이나 날짜만큼 보충하여 보육실습 기간 및 시수를 충족시키도록 한다.

3) 보육실습 일정

보육실습기관 및 보육실습 지도교사와 실습생 간 의사소통을 원활히 하기 위하

여 보육실습 일정을 기록하고 이를 서로 공유한다. 보육실습의 주차별, 요일별 내용은 보육실습기관과 보육실습관의 연령에 따라 다를 수 있으나 본 지침서 〈표 3-2〉에 4주간의 실습과정에 대한 예시가 제시되어 있으므로 이를 참조한다. 만 0~2세의 영아반이나 만 3~5세의 유아반에 따른 보육실습 내용의 차이는 〈표 3-3〉과 〈표 3-4〉에 제시되어 있으므로 이를 참조하여 기록한다.

4) 보육실습일지의 기록

보육실습일지는 실습을 하는 동안 필요한 모든 기록을 할 수 있도록 구성된 기록장이다. 실습기간 동안 보육교사로서 갖추어야 할 교사의 역할, 영유아에 대한 이해, 학급운영에 대한 능력, 운영에 대한 이해를 높일 수 있는 다양한 내용들을 실습일지에 세부적으로 기록한다. 실습한 내용을 기록한 후, 보육실습 지도교사에게 점검 및 지도받는다. 실습일지는 날짜, 날씨, 결재, 주제, 소주제, 일과운영에 따른 보육내용, 보육실습생 소감, 지도교사 조언 등으로 구성되어 있다. 보육실습일지 양식은(부록 4-8)에 제시되어 있다.

(1) 날짜, 날씨, 결재

날짜와 날씨는 보육내용에 영향을 미치는 중요한 요인이다 날씨 및 월초 · 월말, 주초 · 주말 등의 일정에 따라 보육내용이 달라질 수 있다. 아울러 결재는 사실과 다름없이 기록되었음을 증명하므로 실습생, 지도교사, 원장이 날인하도록 한다.

- 보육실습이 이루어진 날짜와 요일을 기록한다.
- 그 날의 날씨의 주된 특성과 일과 운영과의 관련성을 파악한다.
- 해당 날짜에 결석한 영유아명을 쓰고, 결석한 이유를 간략하게 기록한다.
- 실습생은 보육실습기관의 원장에게 실습일지 기록과 실습 지도교사의 지도사항을 확인하고 점검받은 후 결재를 받는다.

(2) 주제와 소주제

연간 및 월간 보육계획으로서 주제 및 소주제를 명시한다.

- 주제 및 소주제는 실습 해당 반의 연간, 월간, 주간보육활동계획안을 참고하여 기록한다.

5) 일과운영에 따른 보육내용

보육실습일지는 보육실습생이 보육실습 기간 동안 자신의 보육실습 내용을 기록하고, 반복적으로 읽어 보며 정리하고, 자기평가 및 반성적 사고를 하는 공간이다. 또한 실습생과 실습지도교사, 실습기관과의 의사소통의 장이다. 실습생은 다음을 참조하여 자신의 보육실습 내용을 기록한다.

- 일과 운영 시간 흐름에 따른 보육내용을 기록한다.
- 활동명, 자료, 활동방법을 기록하되 보육실습생에게 의미 있었던 바를 구체적으로 기록한다.
- 흥미영역별로 영유아의 놀이 흐름과 실습지도교사 또는 실습생과 영유아와의 상호작용, 활동 참여 정도를 기록한다.
- 실습지도교사 또는 실습생이 영유아간 갈등해결 등의 행동지도 내용을 기록한다.
- 급식 · 간식 · 낮잠 · 배변 등의 일상생활 지도와 안전이나 위생, 등 · 하원 관련 내용을 기록한다.

실습생은 보육실습 지도교사에게 사전에 보육실습일지 작성 방법에 대해 안내를 받도록 한다.

지나치게 상세한 기록 또는 과도한 생략 및 구체성이 부족한 기록 등은 실습생의 반성적 사고 과정과 실천적 지식의 형성을 어렵게 할 수 있으므로 주의한다.

표 3-12

보육실습일지 작성요령 예시

<table>
<tr><td colspan="3" rowspan="2">보육실습일지</td><td rowspan="2">결
재</td><td>실습생</td><td>지도교사</td><td>원 장</td></tr>
<tr><td></td><td></td><td></td></tr>
<tr><td>반 명</td><td></td><td colspan="2">일 시</td><td colspan="3"></td></tr>
<tr><td>날 씨</td><td></td><td colspan="2">결석 영유아</td><td colspan="3"></td></tr>
<tr><td>주 제</td><td>어린이집의 주제와 동일</td><td colspan="2">소주제</td><td colspan="3">어린이집의 소주제와 동일</td></tr>
<tr><td>시간 및
일과</td><td colspan="3">활동계획 및 실행</td><td colspan="3">평가 및 유의점</td></tr>
<tr><td></td><td colspan="3">• 지도교사의 상호작용 방법, 활동의 구체적인 내용, 영유아 지도방법, 부적응 아동의 지도방법 등 보육실습생에게 의미 있었던 바를 구체적으로 기록함</td><td colspan="3">지도교사의 역할, 활동에 필요한 자료 및 준비물, 영유아의 반응 등을 구체적으로 기록함
(사진을 찍을 경우 반드시 담임교사와 협의해야 하며, 찍는다면 초상권의 문제로 영유아의 얼굴이 정면으로 나오지 않도록 찍는다)</td></tr>
</table>

6) 보육실습생 평가

하룻동안 반에서 보육실습생으로서 관찰, 실내 · 외 활동 및 놀이참여, 영유아 일상지도 등을 경험하면서 느낀 소감이나 의문사항을 기록하되 반성적으로 사고할 수 있도록 다음과 같은 내용 중심으로 작성한다.

- 보육일과 중에 새롭게 배웠던 보육실습 지도교사-영유아 상호작용에 대한 내용
- 하루 일과 중 새롭게 발견한 영유아의 발달적 특성 및 흥미에 대한 내용
- 반에서 보육실습생으로서의 역할과 자세에 대한 자기평가
- 보육활동실습 시 계획한 대로 실행되지 않았던 원인 분석 내용
- 보육실습 지도교사가 지시한 업무 수행 시 배운 점
- 기타 일과 운영 및 상호작용에 대해 궁금한 사항

7) 보육실습 지도교사의 조언 및 평가

보육실습 지도교사는 매일 실습생을 관찰하고 지도한 내용이나 실습생의 자기평가 내용을 바탕으로 조언을 적는다. 실습지도교사는 실습생 자신이 궁금해하는 점과 보육일과에서 경험했던 내용이나 생각을 솔직하게 쓸 수 있도록 수용적이 신뢰로운 분위기로 조언을 한다. 이때 실습교사는 실습생이 지니고 있는 예비교사로서의 강점과 잠재력, 이론적 내용을 적용하려는 시도, 실습에 대한 열의 등 긍정적인 측면을 언급한다.

실습지도교사는 실습생에게 멘토(mentor)로서의 역할을 수행한다. 실습지도교사가 실습생에게 매일 조언 및 평가를 하는데 포함될 내용을 제시하면 다음과 같다.

- 매일의 보육실습생 역할 수행 정도, 태도 등에 대해 구체적으로 평가 하기
- 보육실습생에게 명확하고 깊이 사고하도록 되물어 보기
- 자기 평가란에 기록한 보육실습생의 질문에 대해 전문적으로 답변해 주기
- 보육실습생의 신체적, 심리적 어려움이나 이론을 실제에 적용하는데 있어서 실수한 행동, 영유아 행동 지도의 어려움, 영유아간 문제를 해결하는 방법에 대한 혼란 등에 대해 적절한 답을 제공하고 공감과 용기 북돋아 주기
- 일상생활지도 및 놀이참여, 상호작용에 대해 보육실습생의 역할을 구체적으로 알려주기

표 3-13

보육실습일지 작성 예시(영아반)

<table>
<tr><td colspan="2" rowspan="2">보육실습일지</td><td rowspan="2">결
재</td><td>실습생</td><td>지도교사</td><td>원 장</td></tr>
<tr><td></td><td></td><td></td></tr>
<tr><td>반 명</td><td>만 1세 00반</td><td>일 시</td><td colspan="3">2013년 0월 0일 0요일</td></tr>
<tr><td>날 씨</td><td>흐림 후 맑음</td><td>결석 영유아</td><td colspan="3">김00(감기), 박00(여행)</td></tr>
<tr><td>주 제</td><td>더워요</td><td>소주제</td><td colspan="3">여행가는 놀이를 해요</td></tr>
</table>

시간 및 일과	활동계획 및 실행	평가 및 유의점
~09:00 등원 및 맞이하기	• 부모와 교사가 반갑게 인사하기 – 교사가 부모에게 인사하는 모습을 영아에게 보여주며 영아와도 함께 인사 나누기 – 투약의뢰서 유무를 확인 • 혼자서 양말을 벗어요. – 교사는 영아가 혼자 양말을 벗어 볼 것을 제안한 뒤 쉽게 벗을 수 있도록 양말 끝을 잡아줌 – 스스로 시도하고 벗은 것에 대하여 '00가 혼자 벗었구나'라고 격려한 뒤 서랍장에 넣는 것도 혼자 넣도록 교사가 제안함.	교사가 영아 스스로 해 볼 수 있도록 충분히 기다려 주거나 최소한의 도움을 주며 영아가 성취감을 느낄 수 있도록 배려함.
09:00~09:20 오전간식	• 손씻기 및 오전 간식(롤케이크, 우유) – 소독비누로 거품을 내서 씻도록 하고 물로 씻을 때 비누가 남지 않도록 도와주기 • 즐겁게 먹어요. – 간식을 먹으며 영아에게 등원하면서 경험한 것, 가정에서의 일상을 물어 보며 관심 갖기 – 간식을 먹으며 영아의 이름을 개별로 불러주고 눈을 마주치며 '선생님은 00를 사랑해' 노래를 불러줌.	준비된 간식을 스스로 먹고 정리할 수 있도록 도움.
09:20~10:20 오전실내 자유놀이	• 신체영역: 둥근 고리 끼우기 놀이해요. – 둥근 고리를 놀잇감에 끼워 보거나 손목에 끼우고 흔들어 봄.	둥근 고리를 놀잇감에 끼우는 것보다 영아들의 손목에 끼우는 것에 더 재미를 나타냄.
	• 언어영역 : 울퉁불퉁 종이에 끼적여요. – 다양한 질감의 종이에 부드럽고 무독성의 영아용 크레파스로 끼적거리기를 함.	여러 질감의 종이 중 큰 벽지에 끼적거리기를 하는 것을 가장 선호함.
	• 역할 · 쌓기영역: 밀가루 반죽에 빨대를 꽂아요. – 밀가루 반죽을 소꿉그릇에 담아보기, 반죽을 모형 소꿉칼로 칼집을 내서 만져 보거나 손으로 두드리기, 손가락으로 찔러 보기 등의 다양한 방법으로 촉감을 느끼도록 함. • 반죽에 빨대를 꽂고 생일 초처럼 불어 보거나 생일축하 노래를 부르는 놀이를 함.	월령이 낮은 영아가 빨대를 꽂을 때 빨대가 잘 안 꽂혀지자 교사가 함께 꽂으며 도움을 줌.
10:20~10:35 정리정돈 및 배변	• 정리정돈 – 교사가 영역별, 영아 개별로 곧 정리할 것임을 알려주고 노래를 부르며 정리를 시작함. – 정리 중에 뛰어다니는 영아들이 있어 부딪히지 않도록 함께 손을 잡고 '장난감 집 찾아주기' 놀이를 하며 영역을 둘러 봄.	교사는 영아용 변기에 앉는 것을 거부하는 영아에 대해 수용하면 다른 영아가 변기에 앉아 있는 것을 바라볼 수 있도록 함. 교사는 변기에 앉기를 시도하

	• 친구들도 기저귀가 있어요. - 기저귀 갈이를 하기 전에 자신의 기저귀를 보면서 또래들의 기저귀를 함께 보도록 함. 기저귀를 보는 것에 익숙한 영아들은 교사가 기저귀를 갈기 위해 또래들의 이름을 부를 때마다 그 영아의 사진과 이름이 붙은 개별장을 가리키기도 함. • 영아용 변기에서 소변 보기 - 월령이 높은 영아들 중 팬티형 기저귀를 입는 영아들은 영아용 변기에 앉아서 소변을 보도록 시도해 봄.	는 영아에게 미소짓기와 긍정적인 언어로 격려해 주면서 변기에 앉는 두려움이 감소되도록 지원 함.
10:35~11:30 실외놀이	• 실외놀이 • 모래로 놀아요. - 체를 준비하여 교사가 모래를 체로 걸어 줄 때 떨어지는 모래를 만져 보기, 걸러진 부드러운 모래 만져 보기 - 모래를 다른 친구에서 뿌리지 않도록 안전에 만전을 기함.	교사는 모래를 체로 치며 영아들이 관심을 갖도록 유도함. 모래를 만지기 거부하는 영아에게는 충분히 또래 영아들의 놀이를 지켜보면서 작은 통에 담긴 모래를 제시하여 만져 보도록 권유함.
11:30~11:45 정리 및 손씻기	• 정리, 손씻기 및 이동	모래를 털고 닦는데 시간이 오래 걸림.
11:45~12:15 점심	• 점심(잡곡밥, 콩나물국, 닭양념찜, 깻잎나물, 김치)영아들이 먹고 싶어하는 반찬을 먼저 먹고 나물은 먹지 않으려 하자 교사가 양을 줄여 줌.	나물을 먹고 싫어하지 않는 영아들이 많아서 처음에 있던 양보다 덜어 준 후 조금씩 나누어 제공함.
12:15~13:00 이 닦기 및 기저귀 갈기	• 이닦기 및 기저귀 갈이 시 보조교사로 참여하여 도움. - 자신의 차례에 교사의 도움을 받아 양치질을 할 수 있도록 보조교사로 참여하여 도움. - 세수하고 로션 바르기 - 잠옷이나 편안한 곳으로 갈아입고 제한된 영역에서 블록과 책을 통하여 조용한 놀이 즐기기	영아가 이닦기, 세수하고 로션 바르기를 할 때 도움을 주었으나 혼자 해보겠다고 하는 영아들이 있어 영아 스스로 로션을 바를 수 있도록 손에 로션을 주었고 교사가 도와줌.
13:00~15:00 낮잠준비 및 낮잠	• 내 이불, 내 베개를 찾아요. - 영아가 옷을 갈아 입는 것까지 낮잠준비를 모두 마치면 이불을 깔아 주면서 영아 개별의 이름을 불러 줌. - '00 베개는 어디에 있나요?', '이불은 어디에 있을까?'하고 자신의 이불과 베개를 찾아볼 수 있도록 함.	대부분의 영아들이 자신의 베개와 이불을 찾을 수 있었음.

15:00~15:30 낮잠 깨기 및 정리정돈/ 기저귀 갈기	– 낮잠에서 깨면 교사가 개별로 다리를 주물러 주거나 기지개를 켜도록 도움. – 기저귀를 확인하고 갈아줌. – 교사가 정리 시 자신의 베개를 가져올 수 있는 영아에게 '00 베개는 어디에 있나요?' '선생님께 가져 올까요?' 라고 물어봄. 가져온 영아에게는 '도와줘서 고마워요.'라고 말함. – 옷을 갈아 입도록 도와줌.	
15:30~16:00 오후간식	• 손씻기 및 오후 간식(단호박범벅)	호박을 먹는 것에 대해 거부감 없이 잘 먹었고 더 달라고 손짓과 말소리로 의사를 표현함.
16:00~17:30 오후 실내 · 외 자유놀이	• 오후 실내자유놀이 – 신체영역: 둥근 고리 끼우기 놀이해요 – 언어영역: 울퉁불퉁 종이에 끼적여요 – 감각 · 탐색영역: 누구의 기저귀일까요? – 역할 · 쌓기영역: 밀가루 반죽에 빨대를 꽂아요. • 오후 실외자유놀이 – 유희실에서 놀이를 함.	교사가 오전에 끼적거리기 했던 종이를 바닥에 붙이고 그 위에 투명 비닐을 덮어 게시하자 영아들이 함께 작품을 공유하며 자신들이 한 활동에 대한 만족감을 나타냄.
17:30~19:30 귀가 및 가정과의 연계	영아는 통합 보육실에 가서 놀이를 하다 부모님이 오시면 통합 보육 선생님께 인사를 하고 귀가	
실습생 평가	– 실외놀이에서 정리 후 실내로 이동할 때 단순히 정리하는 것이 아닌 놀이로 연결하여 활동을 진행함으로 영아들이 정리와 자신의 신변을 처리하는 것을 즐겁게 참여하였다. 일상적인 하루일과를 진행하면서도 영아를 개별적으로 고려하고 관심과 흥미에 적절히 반응하여 기본생활습관지도로 연결하는 것을 배울 수 있었다. – 한 영역에 오래 머물지 못하는 영아의 특성을 고려하여 영역간 연계할 수 있는 활동이 진행됨으로 안정적인 교실 운영을 경험하였다.	
지도교사 조언 및 평가	영아에게 하루 일과의 흐름을 활동 중심으로 나누어 진행하는 것보다 개별적인 흥민 발달수준을 고려하여 개별적인 활동으로 진행하는 것이 적절합니다. 따라서 놀이 후 정리도 개별적인 놀이가 끝난 후에 자연스럽게 이루어져야 하며, 영역간의 구분을 나누어 놀이하기보다 자연스럽게 흥미를 나타내면 놀이의 흐름을 지속하도록 영역 간에 연계가 이루어지도록 계획하는 것이 중요합니다.	

출처: (재)한국보육진흥원, 2013.

표 3-14

보육실습일지 작성 예시(유아반)

보육실습일지		결재	실습생	지도교사	원 장

반 명	만 5세 00반	일 시	2013년 0월 0일 0요일
날 씨	흐림 후 맑음	결석 영유아	서00(감기), 정00(여행)
주 제	나의 가족	소주제	나의 몸

시간 및 일과	활동계획 및 실행	평가 및 유의점
07:30~08:50 등원 및 맞이하기	• 등원 및 맞이하기 반갑게 맞이하여 유아의 건강 점검하기 가방 및 소지품을 스스로 정리할 수 있도록 하며, 조요한 놀이를 할 수 있도록 함.	자신의 소지품을 스스로 정리하도록 교사가 개별적으로 부드럽게 말함.
08:50~09:10 놀이계획하기	• 언어영역: 놀이계획하기 개별적으로 유아가 오늘의 놀이를 계획함. 놀이하고 싶은 영역에 동그라미를 치거나, 숫자로 순서를 정하고 놀이 후 평가할 수 있도록 안내함.	놀이를 계획성 있게 실천할 수 있도록 교사가 개별적으로 상호작용하여 지도함.
09:10~09:30 오전간식	• 오전간식 놀잇감 정리 후, 손을 씻고 간식을 들고 자리로 이동함. 바르게 앉아 간식을 먹고 다 먹은 뒤, 그릇을 정리함.	
09:30~11:00 오전 실내자유 선택활동	• 쌓기영역: 단위블록으로 몸 구성하기 전지에 누워 그림을 그린 뒤, 그 그림에 뼈대를 그려봄. 뼈대, 겉모습을 카프라와 끼우기 블록을 놓아 구성함.	전지에 누워 그린 겉모습에 뼈대를 그리는 작업 전 벽면에 게시된 인체 골격을 살펴 볼 수 있도록 유도하였으나, 교사의 도움이 많은 부분 필요하였음.
	• 미술영역: (꾸미기)손, 발 페인팅 손과 발바닥 찍기 활동을 진행함. 또한, 손등과 발등에 작은 붓을 이용하여 꾸미기를 하여 봄.	페이스 페인팅 물감보다 수채 물감을 이용하자 물에 손쉽게 씻겨졌음. 여아들의 참여도가 높았음.
	• 언어영역: (읽기/쓰기)동시 '여동행' 교사가 들려주는 동시 '내동생'을 듣고 스스로 읽으며 동시를 순서에 맞도록 구성함. 또한, "싫어, 싫어" 반복어구를 대신하는 용어를 쓰며 동시를 재구성하여 봄.	반복어구가 있는 간단한 동시여서 유아들이 쉽게 읽고 교사와 나누어 읽기가 가능하였음. 또한 동시의 반복어구를 대신하는 다른 용어를 사용하여 동시를 재구성하여 봄.

	• 수 · 과학영역: 〈분류〉우리 몸에 필요한 영양소, 영양탑과 음식카드를 이용하여 영양소에 따라 음식카드를 분류하여 봄.	뒤 배지의 색을 영양소와 음식카드에 따라 다르게 하여 유아들이 영양소를 모르더라도 찾아볼 수 있도록 하였음.
	• 수 · 과학영역: 컴퓨터로 내 이름 큰 글자로 출력하기 컴퓨터를 이용하여 자신의 이름을 적고 프린트로 출력하여 봄.	잘 쓰지 못하는 유아의 경우 자모음 순서를 교사가 손가락으로 짚으며 알려주고 이를 먼저 컴퓨터 자판에서 찾아서 치도록 도움을 줌.
11:00~11:30 대 · 소집단 활동	• 대집단 활동: 주말 지낸 이야기 〈동시〉 내 동생 동시자료를 이용하여 동시를 음률을 살려 들려줌. 동시를 듣고 한 소절씩 유아들이 읽도록 참여하고 동시말을 바꿔 보는 활동을 함.	주말 지낸 이야기를 할 때 긴장하여 평소보다 목소리가 작거나 올바른 자세를 취하지 못하는 유아들이 있었음. 대부분의 유아들이 친구의 이야기를 경청하는 모습을 보였음. 주말에 가족과 함께 있던 경험과 연계된 동시 내용에 흥미를 보이며 적극적으로 참여함.
11:30~12:30 실외자유선택 활동	• 실외자유선택활동: 몸으로 재어 보기 실외놀이터에서 접하는 물체(나무, 물놀이대, 미끄럼틀 등)를 손뼘, 양팔 등 신체 부의를 이용하여 측정하여 봄.	유아들은 교사와 함께 나무를 안아 둘레를 재어 보며 적극적으로 활동에 참여함. 한 아름이 넘는 나무가 없어 나무의 둘레를 넓게 재어 보기에는 아쉬웠음.
12:30~13:30 점심 및 양치	• 점심 및 양치 식사도우미의 배식에 자신의 음식량을 조절하여 식사를 받아 자리에 바르게 앉아 반찬과 밥을 골고루 먹음. 식사 후 교실로 이동하여 이를 닦고 조용한 놀이를 함.	유아들이 식사도우미의 역할에 적극적으로 참여하며, 기다렸고 자신의 순서를 잘 지킴. 음식의 종류를 살피고 양 조절을 어려워하여 교사의 도움이 필요하였음.
13:30~15:00 조용한 놀이 및 휴식	• 그림책 보면서 휴식하기 '그만 내 몸은 소중해/이슬이의 첫 심부름' 등 준비된 도서를 읽으며 조용히 휴식을 준비함. 또한 자리에 누워 잠을 자거나 휴식을 취함.	휴식을 원하지 않는 유아는 조용한 놀이에서 활동할 수 있도록 함.
15:00~15:30 오후간식	• 오후 간식: 궁중떡볶이 놀잇감 정리 후, 손을 씻고 간식을 들고 자리로 이동함. 바르게 앉아 간식을 먹고 다 먹은 뒤, 그릇을 정리함.	

15:30~17:30 오후 자유선택 활동 또는 실외활동	• 오전 자유선택활동이 계속 진행됨. • 블록으로 구성한 몸 사진 찍어 전시하기 전지에 누워 그림을 그린 뒤, 그 그림에 뼈대를 그려봄. 뼈대, 겉모습을 카프라와 끼우기 블록을 놓아 몸을 구성함. 구성된 몸을 사진으로 찍어 전시함.	교사가 블록으로 구성한 몸 사진을 찍어 전시하자 활동에 관심을 나타내는 유아들이 많았고, 참여가 늘어나는 것을 볼 수 있었음.
17:30~18:00 세안 및 몸단장 옷 단정히 입기	• 세안 및 옷 단정히 입기 / 귀가 자신의 몸을 스스로 단장 할 수 있도록 격려 후 자신의 물건을 혼자 챙길 수 있도록 하면서 서랍 정리도 함께 이루어질 수 있도록 함.	
18:00~18:30 통합보육 및 개별귀가지도	• 통합보육 및 개별귀가 지도 통합 보육실에 가서 놀이를 하다 부모님이 오시면 통합 보육 선생님께 인사를 하고 하원함.	
실습생 평가	– 매일 이루어지는 자유선택활동이지만 막상 놀이계획을 진행하려고 보니 어색해 하는 유아가 많아 교사가 개별적으로 상호작용함으로 유아의 능동적인 활동을 유도하는 것을 볼 수 있었다. – 언어활동이 각 영역에서 통합적으로 이루어지면서 자신의 이름을 이용하여 쓰기에 관심을 갖도록 하였다. 자신의 이름으로 쓰기에 참여하면서 이름이 완성되고, 동시 '내 동생'과 연계하여 가족의 이름을 묻고 쓰면서 언어활동이 활발히 이루어졌다. 통합적인 언어활동의 실제를 선택활동에서 경험하는 좋은 시간이 되었다.	
지도교사 조언 및 평가	– 만 5세반이 되어 언어적 활동에 많은 관심을 보이면 교사도 유아의 관심과 흥미에 민감하게 반응해 주어야 합니다. 그렇다고 전통적인 학습의 방법으로 교사 주도적으로 이끌며 진행하기보다는 선택활동으로 유아의 개별적 특성을 고려하여 접근하는 것이 보다 유아의 동기를 유지시키면서 지속적으로 참여하도록 하는 방법이 됩니다. 왜냐하면 유아마다 언어적 흥미나 내용에 대한 사전 경험이 다를 수 있고, 듣기, 말하기, 읽기, 쓰기 등의 영역에 대한 발달 수준도 모두 다를 수 있기 때문이지요. – 만 5세반 유아는 하루일과를 진행할 때 스스로 놀이나 활동을 선택하고 스스로 계획하여 실행하는 과정을 통해 자아존중감이 형성되고 독립성이 길러지므로 선택활동들이 체계적으로 계획되어 질 필요가 있습니다. 이렇게 스스로 선택한 활동이나 놀이에 대해서는 유아가 더 주의집중하며 의미 있게 학습을 하는지 잘 관찰해 보세요.	

출처: (재)한국보육진흥원, 2013.

8) 가정 연계 및 행사

보육실습생은 보육실습 기간 중 보육실습기관과 가정과의 연계 및 행사 자료를 보육실습 지도교사에게 제공받아 실습일지에 정리 · 보관한다. 다음은 그 예이다.

- 가정통신문
- 부모교육자료
- 부모교육 및 가족행사계획서(일정 및 업무 분담표) 및 평가서

9) 보육실습 평가

보육실습일지에서 평가부분은 실습생의 자기평가와 실습지도 교사와 원장의 실습생에 대한 평가가 포함된다. 영역별 활동을 계획하여 실행한 후의 평가나 보육실습이 끝난 후 평가회에서 받은 조언 등은 따로 기록할 수 있다(재)한국보육진흥원, 2013).

제4장

실습지도의 일과운영의 실제

1. 영아를 위한 일과운영
2. 유아를 위한 일과운영
3. 영유아 안전과 아동학대

1. 영아를 위한 일과운영(예시)

0세 하루일과표의 예시	
등원 및 맞이하기	
일상생활	수유 및 이유식
	낮잠 및 휴식
	기저귀 갈기
놀이활동	신체
	언어
	감각 · 탐색
귀가 및 가정과의 연계	

1세 하루일과표의 예시	
등원 및 맞이하기	
일상생활	기본생활 및 안전
	식사 및 간식
	낮잠 및 휴식
	기저귀 갈이/배변활동
놀이활동	신체
	언어
	감각 · 탐색
	역할 · 쌓기
실외놀이	
귀가 및 가정과의 연계	

2세 하루일과표의 예시	
등원 및 맞이하기	
일상생활	기본생활 · 안전
	점심 및 간식
	낮잠
	배변활동
놀이활동	신체
	언어
	감각 · 탐색
	역할 · 쌓기
	미술
	음률
실외놀이	
귀가 및 가정과의 연계	

1) 등원 및 맞이하기

영아가 등원하기 전에 교사는 보육계획에 맞추어 보육환경이 준비되었는지 확인한다. 영아가 등원하기 시작하면 영아 개개인의 눈높이에 맞추어 따스하고 반갑게 맞이해 주고 영아의 건강상태, 기분 등의 상태를 살펴본 후 맞이한다.

영아의 가방을 살펴본 후 기저귀, 우유, 우유병 등이 있는지 확인하고, 투약의뢰서가 있을 경우에는 실외보관용인지, 냉장보관용인지 확인하고, 투약횟수, 투약분량, 투약시간을 확인하여 영아의 이름을 적은 후 별도로 보관하도록 한다. 투약 후에는 투약보고서를 작성하여 부모 혹은 보호자에게 보낸다.

〈투약 의뢰서 및 투약 보고서〉

투 약 의 뢰 서

※ 금일 우리 자녀의 투약을 ◇◇어린이집 선생님께 의뢰합니다.

반 명		아동명	
생년월일			
증 상			
약의 종류		보관장소 실온 · 냉장	
투약용량			
투약시간			

201 년 월 일
의뢰자 (인)

※ 투약으로 인한 책임은 의뢰자(보호자)에게 있습니다.

투 약 보 고

※ 금일 우리 어린이집의 아동에 대해 다음과 같이 투약했음을 알려 드립니다.

아동명	투약시간	투약종류 및 용량	특이사항

201 년 월 일
담임교사 (인)

◇◇어린이집

2) 자유놀이 활동하기

대 4-8	자유놀이에 교사 참여
3	보육교사는 영유아의 놀이 상대로 참여하고, 놀이를 활성화시킨다.
2	보육교사는 영유아 놀이에 소극적으로 참여하거나, 놀이를 활성화시키지 못한다.
1	보육교사는 영유아 놀이에 거의 참여하지 않는다.

자유놀이 시간에는 영아에게 적합한 개별 활동과 소집단활동을 실시할 수 있으므로 인지적인 발달을 도모하는 시간뿐만이 아니라 대 · 소근육이 골고루 사용되고 발달할 수 있도록 영역으로 배치해야 하며, 교사와 영아, 영아와 영아, 영아와 교구와의 상호작용을 통해서 사회 · 정서발달 뿐만 아니라 질서, 언어 등의 발달이 모두 통합적으로 이루어지는 시간이 되어야 한다.

3) 손씻기 및 이닦기

대 5-7	영유아와 보육교사의 청결유지
3	영유아와 보육교사는 손씻기와 이닦기를 통해 위생과 청결을 유지한다.
2	영유아와 보육교사는 손씻기와 이닦기를 하지 못하는 경우가 가끔 있다.
1	영유아와 보육교사는 손씻기와 이닦기를 하지 못하는 경우가 대부분이다.

★ 궁금해요!

Q. 보육실과 화장실의 거리가 멀어 영아들의 손씻기가 어렵습니다. 하루 종일 손세정제를 사용해도 되나요?

A. 손씻기의 대안적인 방법으로 손세정제를 사용할 수 있으나, 점심식사 및 간식 전, 실외활동 후, 화장실 사용 이후에는 반드시 손을 씻어야 합니다.

★ 궁금해요!

Q. 여러 명의 영유아에게 연속하여 기저귀 갈이를 하거나 약을 먹일 때 매번 손을 씻어야 하나요?

A. 영유아에게 투약하기 전, 기저귀 갈이 이후에는 반드시 손을 씻어야 합니다. 따라서 여러 명을 대상으로 할 경우에도 매번 손을 씻어야 하며, 손씻기가 여의치 않을 경우에는 손세정제를 사용할 수 있습니다. 단, 손세정제를 사용할 경우라도 마지막에는 반드시 손을 씻어야 합니다.

영아의 손씻기는 영아 스스로 손씻기가 어려움으로 교사가 도와주어야 하며 손씻는 방법으로는 손바닥을 마주 비비고, 손등을 비벼주고, 손가락 사이사이를 비벼준 다음 물로 깨끗이 닦아 주는 순서대로 씻을 수 있도록 하며 손을 깨끗이 씻은 후에는 수건이나 종이 타월로 물기를 잘 닦을 수 있도록 잘 지도해 주어야 한다.

손씻기는 세균감염의 70% 이상을 예방할 수 있기 때문에 영아뿐만 아니라 교사의 손도 청결하게 씻어야 한다.

(1) 영아의 손씻기, 교사의 손씻기

영유아가 손을 씻어야 할 때
• 음식을 먹기 전 • 대소변 후 • 실외활동 후 • 애완동물을 만진 후 • 손이 더러워 보이는 경우 • 피, 토사물, 코 흘린 것 등 신체 분비물을 만진 후
보육교사가 손을 씻어야 할 때
• 점심식사 후 • 음식을 다루거나 먹고 마실 때 • 영유아에게 음식을 먹이기 전 • 투약(특히 안약)을 하기 전 • 상처를 소독하거나 밴드를 붙이기 전 • 출근한 후 • 변기 사용 후, 기저귀를 갈아주거나 유아의 변기 사용을 도와준 후 • 실외활동 후 • 애완동물을 만진 후 • 익히지 않은 육류와 가금류를 만진 후 • 쓰레기통을 사용한 후 • 피, 토사물, 코 흘린 것 등 신체 분비물을 만진 후 • 손에 낀 일회용 장갑이나 고무장갑을 벗은 후 • 손이 더러워 보이는 경우

(2) 영아의 이닦기 지도

0세	1세	2세
수유 또는 이유식 후에 교사가 가제 손수건 또는 구강티슈를 이용하여 잇몸, 입천장, 혓바닥을 부드럽게 닦아 준다. 이후 손가락 칫솔 사용한다.	월령에 맞는 칫솔과 치약을 준비하도록 하고 이닦는 교사의 모습을 보며 따라 할 수 있도록 하고 그림 순서에 맞추어서 해 본다. 마무리는 교사가 도와 준다.	월령에 맞는 칫솔과 치약을 사용하고 이닦는 순서에 맞추어서 교사가 모델링하여 주고 영아가 스스로 따라 할 수 있도록 지도한 후 마무리는 교사가 도와 준다.

4) 급 · 간식시간(수유와 이유식)

대 4-1	즐거운 식사(수유)와 간식
3	보육교사가 영유아의 바람직한 식습관과 자율성을 격려하고, 즐거운 분위기에서 대화를 나눈다.
2	보육교사가 영유아의 바람직한 식습관과 자율성을 격려하나, 즐거운 분위기에서 대화를 나누지 못하는 경우가 있다.
1	보육교사가 집단 배식 및 급식에만 열중한다.

오전 간식 시간은 영아의 등원 시간이 이르거나 늦을 수 있으므로 개별적인 시간에 맞추어야 하며 6~12개월 전후가 되면 유동식과 반유동식으로 시작되는데 교사는 영아의 식습관과 피해야 할 음식을 미리 부모와 상의하고 기록한 후에 영아 개개인에게 맞추어 세심한 배려를 해야 한다.

(1) 수유 및 이유식

월령	수유횟수(1일)	수유량(1회)	먹을 수(시작) 있는 음식
1주~1개월 전	3시간 간격	120~140ml	모유, 우유
1~3개월	5~6회	140~180ml	
4~5개월	4~5회〈초기 이유식〉	150~210ml	쌀죽 10배
5~6개월			야채류, 과즙, 과일퓨레
6~7개월	3~4회〈중기 이유식〉	180~230ml	쌀죽 7배, 닭고기, 고기국물, 버섯, 두부
7~8개월			계란노른자, 쇠고기, 잡곡류, 견과류, 생선
8~9개월			치즈, 돼지고기, 요구르트, 요플레
9~12개월	2~3회〈후기 이유식〉	210~240ml	쌀죽 5배, 해조류, 갑각류, 진밥, 국수류, 계란흰자, 식빵

(2) 트림시키기 및 주의사항

- 수유시간은 보통 15분 정도가 적당하며, 수유가 끝나고 나면 영아를 안고 반드시 트림을 시켜 주어야 한다.
- 트림시키는 방법으로는 영아를 안고 등을 위에서 아래로 가볍게 쓸어 주듯이 한다.
- 수유상태에서 재우면 젖니가 썩을 수 있으므로 주의하고 수유가 끝난 후에는 보리차를 마시게 하고 거즈로 입 안을 닦아 주는 것이 좋다.

5) 기저귀 갈기 및 배변훈련

기저귀 갈이는 지정된 장소에서 갈아주며, 바로 씻을 수 있도록 물하고 가까운 곳이 좋으며, 기저귀 갈이대는 방수가 되는 것을 사용하는 것이 좋다.

영아의 기저귀 가는 시간은 개별마다 차이가 있어 관찰해 본 후 일정 시간 간격으로 해야 하는지 수시로 해야 하는지 잘 파악하는 것이 필요하며 기저귀를 가는 동안에는 교사가 영아에게 부드럽게 베이비 마사지를 해 주어 서로간의 애착을 형성할 수도 있도록 해 주며 기저귀를 갈아준 후에는 알림장에 기록해 주어야 한다.

(1) 기저귀 가는 순서

- 바구니를 준비한다(기저귀를 갈 때 필요한 물품이 담겨있는 바구니: 기저귀, 물티슈, 휴지, 비닐장갑, 비닐봉지, 영아가 좋아하는 장난감, 오일 등).
- 기저귀 갈이대를 소득액이나 물티슈로 깨끗이 닦은 후 영아를 눕힌다.
- 영아에게 장난감을 주어 몸이 움직이지 않게 한다.
- 기저귀를 기분 좋게 갈아준 후 더러워진 기저귀는 비닐봉지에 싸서 버린다.
- 기저귀를 갈은 후 영아를 깨끗하게 씻어 주고 오일을 이용한 마사지를 해 줌으로써 스킨십을 통한 애착형성이 일어날 수 있다.
- 마사지 후에는 기저귀 갈이대를 깨끗하게 다시 소독하여 정리한다.

★ 궁금해요!
Q. 기저귀 갈이대가 항상 설치되어 있나요?
A. 기저귀 갈이대의 경우, 고정식으로 설치하여도 되고 이동식으로 구비하여 필요시마다 꺼내어 사용하여도 됩니다.

★ 궁금해요!
Q. 기저귀 갈이 시 반드시 일회용 위생장갑을 사용해야 하나요?
A. 영아의 기저귀 갈이 시 오물이나 균을 통한 감염을 예방하기 위해서는 기저귀 갈이대의 소독과 보육교사의 손씻기가 반드시 이루어져야 합니다. 보육교사의 손씻기가 용이하지 않는 상황에서는 손소독제나 일회용 위생장갑을 대안적인 방법으로 상용할 수 있습니다. 환경을 생각하여 일회용 위생장갑 사용을 줄이고, 손씻기나 손세정제를 사용해 보는 건 어떨까요?

(2) 배변훈련

대 4-3	자연스러운 배변 경험
3	보육교사는 기저귀 갈기, 화장실 사용 시 영유아가 긍정적인 경험을 갖도록 개별적 상호작용을 한다.
2	보육교사는 영유아의 긍정적인 배변 경험을 위한 개별적인 상호작용을 하지 않는 경우가 가끔 있다.
1	보육교사는 영유아의 긍정적인 배변 경험을 위한 개별적인 상호작용을 거의 하지 않는다.

배변훈련은 보통 방광과 괄약근을 통제할 수 있는 18~24개월에 시작하는 것이 좋으며 강압적으로 하는 것이 아닌 영아가 대 · 소변에 대한 의사를 표현할 수 있도록 하는 것이 좋다. 영아가 처음부터 변기를 이용하여 배변훈련을 하는 것은 어려우므로 책을 읽어 주어 배변할 수 있는 것을 알 수 있도록 하거나 인형을 통해서 모델링을 해 주는 것도 좋다.

배변기간에는 옷을 입고 벗기 쉬운 것으로 하며 실수했을 경우에는 자존감이 낮아질 수 있으므로 혼내지 말고 격려를 해 주며 성공했을 경우에는 반드시 칭찬을 해 주어야 한다.

★ 궁금해요!
Q. 배변훈련 단계의 영아가 팬티형 기저귀를 사용하는데, 이 때에도 기저귀 갈이대에 눕혀서 기저귀를 갈아주어야 하나요?
A. 팬티형 기저귀를 사용하는 영아의 경우, 서서 기저귀 갈이를 해도 무방합니다. 다만 화장실이나 기저귀 갈이대 등 지정된 공간에서 기저귀 갈이를 하셔야 합니다. 만약 지정된 공간이 아닌 일반 공간에서 기저귀 갈이를 하는 경우에는 청결관리가 미흡한 것으로 간주하여 '미흡한 수준'으로 평정합니다.

월령	배변행동 특징	교사의 역할
15개월 이전시기	• 기저귀에 전적으로 의존하는 시기이다. • 영아는 자신의 대변이나 소변이 나올 것이라고 예측하지 못하므로 배변훈련을 할 수 없다. • 대개 15개월이 가까워지면서 배변횟수가 줄어들고 배변시간도 일정해진다.	• 교사는 각 영아의 배변행동 리듬을 미리 파악하여 필요한 상황에 맞추어 기저귀를 갈아주는 노력이 필요하다. • 배변행동의 횟수나 양상태 등은 영아의 건강상태와 밀접한 관련이 있으므로 기저귀를 갈아줄 때마다 영아의 배변상태에 관심을 갖고 관찰하고 그 결과를 기록하는 습관을 갖도록 한다. 이러한 관찰은 영아의 상태를 파악하는데 도움을 주게 되고, 이후의 배변훈련을 예측하고 준비하는 것으로 연결되게 한다.
15개월 ~ 24개월	• 배변훈련이 가능해지는 시기이지만 영아마다 개인차가 크고 기관이라는 상황은 심리적인 어려움을 갖게 한다. 또 영아가 준비되어 있지 않는 상태에서 강요를 하는 것은 영아에게 반항할 기회를 주게 될 수도 있다. • 영아는 어린이집에서 다른 친구들이 화장실이나 영아용 변기를 사용하는 것을 보게 되면 가르치지 않아도 자연스럽게 알게 된다. 기저귀 대신 변기를 사용하는 것은 이제 영아가 배우는 과정에 있는 새로운 기술일 뿐이다. 평범하게 강요 없이 배변훈련을 한 영아는 몇 주일 정도면 으레 변기를 사용하게 된다. • 대변에 대한 변의를 느끼기 시작할 무렵 영아는 소변을 보고 싶다는 감각도	• 교사는 일괄적으로 특정 월령을 정해 배변훈련을 지도해서는 안 된다. 가급적이면 비슷한 월령의 다른 친구의 대 · 소변 가리기 모습을 자연스럽게 보게 하면서 영아 스스로 변기에 앉으려는 의도를 보일 때 실시한다. • 대개 대변은 15개월, 소변은 20개월 정도가 되어야 가릴 수 있게 된다. 기저귀를 채우지 않는 상태여야 주의 깊게 살피거나 일정 시간에 누이고, 특히 잠자기 전과 후에는 반드시 누게 한다. • 18개월이 지나면서 교사는 관찰을 통해 영아의 배변 의사를 파악하고, '쉬할래?', '응가했구나' 등의 말로 표현해 준다. • 대변의 경우는 일정한 시간에 변의를

월령	배변행동 특징	교사의 역할
	느끼지만 소변의 경우는 보고 싶다는 말이 채 끝나기도 전에 이미 싸버리는 경우가 많다. 그러므로 소변 가리기를 가르칠 시기는 나오려는 오줌을 잠시라도 참을 수 있어야 한다.	느끼며 실제 변을 보기까지 약간의 시간이 필요하므로 조금만 도와주면 변기에 앉힐 수 있다. 그러나 싫다고 할 때는 강요해서는 안 된다. • 변을 본 후에는 그저 평범하게 잘 했다고 말해 주는 것이 좋다. 잘 하면 착하고 잘 못하면 나쁜 것이라는 도덕적 의미를 부여하지 않도록 조심한다. • 배변훈련의 시작 시기는 배변 후 그 사실을 표현하거나 2시간 이상 기저귀를 적시지 않고 배변이 규칙적인 경우, 또 변이 묻은 기저귀를 싫어하여 변기를 사용하고 싶어하는 경우 등의 행동을 보고 결정할 수 있다.
24개월 ~ 29개월	• 영아는 24개월 전후를 기점으로 대 · 소변을 가리게 된다. • 기저귀를 차지 않을 경우 자주 실수를 하는 시기이므로 지도교사의 민감한 관찰과 너그러운 태도가 요구된다. • 영아는 놀이에 몰두하다가 대 · 소변 신호를 놓치고 실수를 하는 경우가 자주 있다.	• 영아가 기저귀를 차지 않은 상태에서 옷을 자주 적시므로 반드시 여벌옷을 준비해야 한다. • 영아가 실수를 했을 때 지적하지 않고 자연스럽게 넘기는 교사의 태도가 바람직하다. 평소대로 닦아 낸 후 따뜻한 태도로 기저귀를 채워 주거나 옷을 갈아입혀 준다. • 영아의 표정이나 행동을 통해 배변 의사가 파악되면 화장실로 데려가 변기에 앉히는 연습을 시작할 수 있다. 영아가 싫어하면 바로 일으켜 주고 5분 안에 변을 보지 않으면 다음에 다시 시도한다. • 일과에 화장실 가는 시간을 계획하여 규칙적으로 대 · 소변 가리는 연습을 반복한다. • 영아는 성인이 좋아하고 싫어하는 것에 민감하므로 제대로 가릴 때는 격려와 칭찬을 아끼지 말아야 한다.
30개월 ~ 36개월	• 배설 전에 '쉬' '응가'라는 말로 표현할 수 있다. 소변을 보다가 멈출 수 있을 만큼 방광의 조절 능력이 발달하고 70% 정도가 낮에는 소변을 통제할 수 있다.	• 영아는 배변을 개인적 상황으로 생각하여 화장실 문을 닫고 혼자서 용변 보기를 원한다. 이때 교사는 혼자 있으려는 영아의 욕구를 존중해 주고 뒤처리만 도와주는 것이 바람직하다.

월령	배변행동 특징	교사의 역할
		• 영아는 일시적으로 실수할 수 있으므로 놀리거나 야단을 치지 않고 너그럽게 대해 주어 수치심을 갖지 않도록 해야 한다. • 영아가 실수하는 경우는 지나치게 피곤하거나 흥분하였을 때, 긴장하거나 놀이에 열중하였을 때, 가정이나 기관에 환경 변화가 있을 때, 혼자서 옷을 입고 벗기가 어려울 경우, 벨트나 멜빵 등의 사용이 어려운 경우 등을 들 수 있다.

※ 출처: 김혜경 외(2002). 효과적인 영아보육을 위한 지침서: 제2권 영아반 운영의 실제. 서울: 다움세대.

☆ 궁금해요!

Q. 영유아들이 화장실에 갈 때마다 보육교사가 따라가서 도와줘야 하나요?

A. 영유아가 화장실을 개별적으로 사용할 때 보육교사가 매번 함께 가기 힘들다면, 영유아가 화장실 사용 후 물 내리기, 손씻기, 옷 입기 등을 바르게 하였는지 보육교사가 확인하며 격려해 주어야 합니다.

6) 낮잠 시간

대 4-2	편안한 분위기의 낮잠
3	낮잠 시간을 마련하여 편히 잠들 수 있는 분위기를 만들어 주고, 영유아의 개별적인 낮잠 습관을 수용한다.
2	낮잠 시간은 있으나, 편히 잠들 수 있는 분위기나 개별적인 낮잠 습관 중 한 가지를 배려하지 못한다.
1	낮잠 시간이 없거나, 있어도 편히 잠들 수 있는 분위기와 개별적인 낮잠 습관을 배려하지 못한다.

★ 궁금해요!
Q. 일부 종일반 영유아의 경우, 부모님이 낮잠 재우는 것을 원하지 않습니다. 어떻게 해야 할까요?
A. 만 4세 이하의 종일반 영유아에게 낮잠(휴식)은 매우 중요합니다. 따라서 영유아가 반드시 낮잠을 자지 않더라도 편안하게 누워 휴식을 취할 수 있도록 기회를 제공하여야 합니다. 이때 낮잠을 자는 다른 영유아에게 방해되지 않도록 배려하여 주기 바랍니다.

★ 궁금해요!
Q. 여러 반의 영유아들이 하나의 보육실에서 낮잠을 자도 되나요?
A. 낮잠 시간의 보육실 사용은 원 상황에 맞게 운영 가능합니다만, 영아의 경우 친숙한 공간에서 낮잠을 자는 것이 바람직합니다. 또한, 여러 반의 영유아가 한 보육실에서 낮잠을 잘 경우, 다른 영유아의 낮잠을 방해하거나 잠들 수 있는 분위기 형성에 문제가 발생하지 않도록 주의를 기울여야 합니다.

대 5-8	개별 침구의 사용과 관리
3	영유아는 개별 침구를 사용하고 있으며, 침구 등을 자주 세탁하여 항상 청결한 상태를 유지하고 있다.
2	영유아가 개별 침구를 사용하고 있으나, 전반적으로 침구의 청결상태가 미흡하다.
1	영유아가 공동 침구를 사용하고 있다.

영아기에는 충분한 낮잠을 통해서 정서적 안정뿐만 아니라 건강한 신체를 기를 수 있고 낮잠을 통해서 에너지를 재충전하는 시간이 됨으로 수면시간에 대한 세심한 배려가 필요하다. 잠자리에 들기 전 기저귀를 갈아주어 편안하고 안락하게 잘 수 있도록 한다.

영아가 낮잠 자기 전에는 불은 꺼주고 커튼을 닫고 조용한 분위기를 만들어 주는 것이 필요하고 영아 개인용 이불이나 베개가 바뀌지 않도록 하고 이불의 위와 아래가 바뀌지 않도록 확인해 보아야 한다.

영아마다 수면 습관이 다르기 때문에 교사는 영아가 잠자리에 들고 깰 때의 습관을 관찰하고 기록하여 개별적으로 반응해 주어야 한다.

〈0~2세의 단계별 낮잠의 형태와 특성〉

월령	낮잠 형태 및 특성
1~3개월	• 하루에 4~5회 걸쳐 20시간 정도 잔다. • 배가 고프거나 기저귀가 젖었을 때 눈을 뜨고 운다. • 2~3개월로 가면서 점차 수면시간이 줄어든다. • 자기 전에 우는 경우에 자장가를 부르거나 요람을 흔들어 주면 울음을 멈추고 잔다.
4~6개월	• 잠자고 있을 때와 깨어 있을 때를 확실하게 구분할 수 있다. • 하루에 세 차례 정도 낮잠을 잔다. • 밤에는 수유한 다음 바로 자고 12시간 정도 계속 잠을 잔다.
7~8개월	• 이전보다 쉽게 잠들고, 깬 다음에 혼자서 기분 좋게 놀기도 한다. • 배가 고프면 자다가도 눈을 뜬다. • 오전에 자는 낮잠이 오후에 자는 낮잠시간보다 길다.
9~10개월	• 낮에는 밝은 곳보다는 어두운 방안에서 잠을 잘 잔다. 잠들게 되면 머리를 옆으로 돌리거나 엄지손가락을 빨거나 몸을 비틀거나 발로 이불을 걷어차곤 한다. 이따금 뭔가 중얼거리기도 한다. 오전 중에 낮잠 자는 시간이 길고 이전보다 더 규칙적으로 자게 된다. 오후에 자는 낮잠은 깊이 들지 않고 불안정하기 쉽다.
11~12개월	• 가정생활의 일과표에 따라 다르다. 일정한 질서가 유지되고 있는 가정이나 기관에서 자라나는 경우 하루에 한번이 되고, 오전 11시부터 오후 2시 사이에 낮잠을 자는 아기가 많다. 하지만 잠자고 싶어하는 욕구는 개인에 따라 차이가 심하기 때문에 밤에 자는 시간과의 관계를 잘 생각하지 않으면 안 된다.
1년~ 1년 6개월	• 자기 전에 잠자리 속에서 재잘거리거나 놀잇감을 갖고 놀거나 이리저리 움직이곤 한다. 낮잠은 2~3시간 정도 잔다. 일반적으로 점심 후에 낮잠을 자는 예가 많다. 낮잠을 싫어하지 않고 오히려 자발적으로 잔다.
1년 6개월 ~1년 9개월	• 낮잠 자는 시간이 짧아져 1시간 반에서 2시간 정도가 된다. 잠자리에 들면 곧 꿈 속에 빠지는 경우가 많다. 그러기 위해서는 낮 동안 실외에서 자주 활동하는 것이 중요한 역할을 한다. 그러나 자기 전에 놀잇감을 갖고 한 차례 노는 일도 있다. 또 자신이 좋아하는 놀잇감이나 이부자리를 붙잡고 있거나 품고 있지 않으면 잠들지 못하는 경우도 있다. 손가락을 빠는 일도 많은데, 걱정할 필요는 없다.
1년 9개월~2년	• 낮잠을 자기 위해 잠자리에 들면 한참 동안 혼자서 놀이를 하는데 적당히 이불을 덮어 주면 잠이 든다.

월령	낮잠 형태 및 특성
2년~2년 6개월	• 낮잠을 자는 날과 자지 않는 날이 있다. 낮잠을 재우려 해도 안자는 날도 많다. 낮잠을 자지 않고 노는 영아와 반드시 낮잠을 자는 영아가 있는 것은 수면에 대한 개인차라고 생각해도 좋다. 낮잠을 자지 않는다고 걱정할 필요는 없다. 또 낮잠을 자다가 혼자 깨어나면 꾸물거리면서 좀처럼 일어나려 하지 않는다. 또 더 잘 것처럼 이부자리 속에 있는 경우도 있다.
2년 6개월~3년	• 혼자서 낮잠을 자는 영아도 있다. 그런 경우라도 잠자리 안에서 조금 놀고 난 뒤에 잠이 든다. 대부분은 한 시간 정도 낮잠을 잔다. 낮잠에서 깨어나면 기분이 좋지 않아 우는 경우도 많다. 늦게 잠이 들어 오후 10시경에야 일어나는 때도 있다. 낮잠은 그날의 활동에 좌우되는 경우가 많다.

※ 출처 : 김혜경 외(2002). 효과적인 영아보육을 위한 지침서 제2권 영아반 운영의 실제. 서울: 다음세대

7) 실외활동

대 3-4	실외활동 시간과 운영
3	실외활동 시간이 매일 한 시간 이상이고, 다양한 실외활동이 이루어진다.
2	실외활동이 주 3~4회, 또는 한 시간 미만이거나, 한 가지 활동으로만 이루어진다.
1	실외활동이 주 2회 이하이다.

영아의(만 0세~만 1세) 실외활동은 매일 30분 이상하는 것이 바람직하며, 연령 특성상 실외에서 오랫동안 활동하기는 어렵지만 베란다나 마당의 그늘진 곳에 나와서 유모차를 타면서 일광욕을 하거나 바깥공기를 쐬는 등의 활동을 함으로써 건강한 정서와 신체를 갖는데 도움이 된다.

만 2세가 되면 좀 더 확장된 실외활동을 계획할 수 있으며, 식물 관찰하기, 어린이집 주변 산책하기, 놀이터에서 놀이하기 등의 활동을 할 수 있다.

8) 귀가하기

대 6-7	영유아의 안전한 인계 과정
3	영유아의 인계 과정에 대한 규정이 잘 수립되어 있고, 이를 잘 지킨다.
2	영유아의 인계 과정에 대한 규정이 미흡하거나, 이를 잘 지키지 못한다.
1	영유아의 인계 과정에 대한 규정이 없다.

★ 궁금해요!

Q. 영유아 인계 과정에 대한 규정 중 '영유아가 등하원하는 방법'이 왜 꼭 기재되어야 하나요?

A. 어린이집에서는 등하원 시 어린이집과 지정된 보호자 간에 영유아의 인계가 안전하고 정확하게 이루어질 수 있도록 명백한 인계절차와 관련 규칙을 수립하여 부모에게 안내하고, 이를 준수해야 합니다. 이러한 인계절차는 '영유아가 등하원하는 방법'에 따라 다음과 같이 달라질 수 있으므로 반드시 기재를 하여야 합니다.

〈예시〉

- "통학차량 이용 영유아"의 경우
  ▷ 차량교사는 약속된 시간에 지정된 장소에 나와서 기다리는 보호자에 직접 인계한다. 보호자를 만나지 못하는 경우에는 집 앞이라도 영유아를 혼자 내리지 않는다.
- "보호자가 직접 등하원시키는 영유아"의 경우
  ▷ 등하원 시 영유아는 반드시 보호자와 어린이집 보육교사가 서로에게 직접 인계한다.

★ 궁금해요!

Q. 우리 어린이집은 통학차량을 운행하지 않습니다. 그런데도 '영유아가 등하원하는 방법'을 별도로 기재해야 하나요?

A. '영유아가 등하원하는 방법'은 영유아 인계과정에 대한 규정의 필수기재 사항입니다. 다만, 통학차량 미운행 어린이집의 경우, 영유아 인계절차가 마련되어 있고 정보공시포털 등을 통해 통학차량 미운행 사실 확인 시 관련 내용을 갈음하여 평정합니다.

귀가시간이 되면 영아개별 물건을 꼼꼼하게 챙겨 주고 부모와 함께 귀가할 경우 부모에게 전할 메시지가 있는지 확인해 본 후 하루일과에 대하여 간단하게 대화를 나누는 것이 필요하다. 영아가 어린이집 차량을 이용하여 귀가할 경우에는 가정과의 소통으로 사용되는 개별 수첩을 통해 하루일과를 기록하여 부모에게 전달해 주는 방법을 적극 활용하도록 한다.

2. 유아를 위한 일과운영

1) 등원 및 맞이하기

등원 시에는 유아의 건강과 기분상태를 관찰하고, 부모로부터 여러 가지 전달사항을 공유하는 시간이다. 실습생은 등원하는 유아를 반갑게 맞이하고 전달사항이 있으면 반과 이름을 정확히 기록하여 교사에게 전달한다. 또한 투약 요청이 있을 경우에는 투약의뢰서와 투약에 대한 보관, 용량, 시간 등을 꼼꼼히 확인한 후 별도로 보관하여야 한다.

2) 자유선택놀이

자유선택놀이 시간은 유아대 유아, 유아대 교구, 유아와 교사간의 상호작용을 경험하게 되고 이를 통해서 새로운 학습을 하는 시간이다. 교사는 교실환경 및 각 영역(언어, 수 · 과학, 블록, 쌓기, 역할, 음률, 미술 등)에 배치되어 있는 교구의 상태, 놀이방법과 정보를 제공하고 놀이선택과 실행과정 등을 세심하게 파악하고 도와주어야 하며, 흥미 영역의 배치가 적절했는지? 주제에 맞게 적절했는지? 유아들이 적극적으로 참여했는지? 활동소요 시간이 적절했는지? 등을 모든 일과운영이 끝나면 평가해 보아야 한다.

3) 정리정돈하기

교사는 피아노나 종소리 등의 신호음이 울리면 정리하는 시간이 되었음을 사전에 약속하여 알려주고 놀이 이후에는 유아들이 스스로 정리하는 것이 일상화되고 습관화될 수 있도록 지도한다.

4) 실외활동

실외놀이 활동은 하루 1시간 이상 이루어져야 하며, 놀이기구를 이용한 놀이를 하거나 게임, 산책 등의 다양한 활동이 대근육 활동으로 이루어졌는지 확인하고, 날씨가 좋지 않을 경우를 대비한 대체활동 역시 대근육 활동으로 준비해야 한다.

5) 손씻기 및 이닦기

손씻기는 손이 더러워졌을 때나 오염되었을 때 뿐만 아니라 규칙적으로 오전과 오후, 화장실을 다녀왔을 경우, 오전 간식과 오후 간식 시간 전, 점심시간 전에 손씻기를 해야 하며, 수시로 손씻기를 생활화하여 1차적인 감염으로부터 예방하도록 해야 한다.

이닦기는 유아의 건강관리에 필수적이며, 유아발달에 맞는 칫솔이나 치약을 준비하여 이닦는 그림순서에 맞추어 이닦기를 해 보고 마지막에는 교사가 골고루 잘 닦여졌는지 확인해 보고 마무리한다.

6) 간식 및 점심식사

교사는 간식시간이나 점심시간 전에 유아들이 손씻기를 한 후 점심식사를 할 수 있도록 하며 배식할 수 있는 테이블을 준비하고, 유아들이 배식에 참여할 수 기회를 주어 간식 및 점심시간에 관심을 갖게 하는 것이 좋다.

식사시간에는 즐겁게 먹을 수 있도록 하며 좋아하는 음식으로 편중되지 않고 골고루 먹을 수 있도록 지도하고 유아가 거부하는 음식을 억지로 먹지 않도록 하며, 배식의 양을 조절하여 주고, 평소 먹지 않았던 음식을 먹을 경우에는 칭찬과 격려를 해 준다.

7) 낮잠 및 휴식하기

만 4세까지는 낮잠을 자는 것이 좋으나, 유아에 따라 낮잠보다는 휴식시간을 배정하여 잠시 동안이라도 편안히 누워서 쉴 수 있도록 한다.

이 시간 동안 잠을 자지 않거나 일찍 깨어난 유아는 낮잠 자는 친구들을 방해하지 않도록 하고 별도의 장소에서 조용히 책을 읽는 등의 조용한 활동을 할 수 있게 배려해야 한다.

8) 귀가시간

귀가시간이 되면 유아 스스로 소지품을 챙겨서 가방에 넣을 수 있도록 지도하고 특별한 사항이나 전달할 사항이 있으면 부모에게 전달하도록 한다.

3. 영유아 안전과 아동학대

1) 영아기의 안전사고

영아기는 주로 성인에게 많이 의존하지만 2~4개월이 되면 순식간에 몸을 뒤집거나 구르기 등의 행동을 하고 무엇이든 입으로 가져가는 습관이 있어 항상 주의 깊게 관찰하고 살펴보아야 한다.

6개월 이후의 영아는 많은 움직임을 보이나 몸의 균형 감각이 부족하여 넘어지고 다칠 수 있으므로 영아 혼자 두어서는 안 되고, 영아 주위에 날카로운 물건이나 긴 끈, 전깃줄은 없는지 확인해 보고, 3.5cm 이하의 작은 물건은 치워 주며 세제, 약물, 화상의 위험이 있는 곳에는 안전망을 설치하여 위험요소부터 보호해야 한다.

〈영아돌연사증후군 예방을 위한 체크리스트〉

주요 수칙	점검 사항
영아의 건강 상태를 체크한다.	• 영아의 건강 상태가 양호한지 확인한다.
	• 평소 허약하거나 최근 병원 진료를 다녀온 영아가 있는지 확인한다. – 특별히 주의해야 하는 영아: 현재 감기나 호흡기질환, 기타 질환이 있는 영아 – 임신관련 위험 요인: 저체중아, 미숙아, 다태임신, 어린 연령의 산모
등을 대고 똑바로 눕혀 재운다.	• 엎드려 자거나 옆으로 자고 있는 영아가 있는지 확인한다.
아이 주변에 숨이 막힐 수 있는 제품을 두지 않는다.	• 아이의 주변에 부드러운 물건, 인형, 느슨한 이불, 베개 등은 없는지 확인한다.
적정한 수면환경을 조성한다.	• 실내 온도를 너무 덥지 않게 한다(적정 온도 22~23℃). • 어린이 주변에 흡연자가 있는지 확인한다. • 아기 주변에서 흡연하지 못하게 한다. • 영아 관찰이 용이한 조명, 안전거울, 문에 투명창 등을 설치한다. • 영아가 낮잠을 잘 때는 반드시 교사가 상주하면, 자리를 뜰 때는 동료 교사에게 인계한다.

출처: 「영아돌연사증후군 예방을 위한 안내」, 어린이집안전공제회(http://www.csia.or.kr).
「영아돌연사증후군 예방을 위한 우리아이 똑바로 눕혀 재우기」, 질병관리본부.

〈휴원을 요하는 전염병〉

병명		초기증상	잠복기간	격리기간
법정 전염병	디프테리아	미열, 인후통, 기침, 쉰목소리, 두통, 편도선비대, 회색반점	2~4일	배양검사가 2회 이상 음성으로 나올 때
	백일해	열이 없고 밤에 기침이 심함	7~14일	특유의 기침이 사라질 때까지
	유행성이하선염(볼걸이)	발열, 귀밑이 부어오름	7~21일	귀밑 부기가 다 빠질 때까지
	홍역	발열, 재채기, 결막염, 발진이 일어남	9~13일	발진이 없어질 때까지
	풍진	가벼운 감기 같고 발열과 발진이 일어남	10~21일	증상이 없어질 때까지

병명		초기증상	잠복기간	격리기간
	일본 뇌염	두통, 발열, 구토 및 설사 등 소화기 증상	7~20일	증상이 사라질 때까지
	세균성 이질	설사, 발열, 구토	1~3일	2~3주간
	뇌막염	고열, 두통, 구토, 전신에 보라색 반점, 의식의 혼동이 옴	14~21일	증상이 사라질 때까지
	수두	발열, 발진, 물집이 생김	10~21일	딱지가 떨어질 때까지
	수족구병	38℃ 정도의 고열, 1~2일간에 입 속, 손바닥, 발바닥에 수포가 생김	3~6일	주요 증상이 없어질 때까지
	장티푸스	두통, 헛소리, 혀의 백태, 혈변, 장출혈이 발생	1~3주	완치될 때까지
	콜레라	열, 구토, 허연 물 설사, 탈수 증세가 있음	6시간~5일	완치될 때까지
전염성 강한 질병	유행성결막염	눈이 붓고 흰자위가 충혈 되며 눈꼽이 많이 생김	7일	급성 기염 증상이 없어질 때까지
	농가진	얼굴이나 수족에 쌀알 크기의 발진, 수포가 생김	2~5일	딱지가 떨어질 때까지
	전염성 설사	설사의 횟수가 많고, 변이 물같고, 열과 감기 증상을 동반함	2~4일	주요 증상이 없어질 때까지
	전염성 홍반	열은 별로 없으나 때로는 37℃의 열이남. 얼굴과 뺨에 발진이 생김	7~21일	급성 증상이 없어질 때까지

- 이상의 질환은 법정 전염성과 전염성이 강한 질병으로써 자녀의 치료뿐 아니라 타 아동의 건강을 위하여 휴원을 요합니다.
- 이외에 의사의 진단에 의해 전염성이 있다고 판명된 질병은 휴원을 요합니다.
- 등원은 완치되었다는 의사의 소견서가 있을 때에 가능합니다.

〈영아 연간 안전교육〉

영아의 사고를 예방할 수 있도록 안전한 환경구성을 제시해 주고 발달특성에 맞는 안전프로그램을 계획하여 앞으로 일어날 수 있는 사고유형과 연관지어 구성해야 한다.

영아 안전 연간계획안(예시)

월	활동주제	활동내용
3월	자동차를 타면 약속해요. (교통안전 ①)	차 안에서 지켜야 할 안전한 행동과 위험한 행동, 차를 내리고 탈 때 어떻게 행동해야 하는지 안다(~2014 반영).
	미아예방 노래 (유괴안전 ①)	미아예방 노래를 인지하고, 위급한 상황에서 외쳐 볼 수 있도록 한다(~2014 반영).
4월	모래 바람이 불어요. (재난안전 ①)	황사 · 미세 먼지에 대해 알아보고, 대처하는 방법을 실천해 본다(~2014 반영).
5월	깨끗이 손을 씻어요. (약물안전 ①)	더러운 손에는 온갖 병균이 있음을 알고 손을 깨끗이 씻어야 함을 안다(~2014 반영).
6월	횡단보도를 건널 때에는 (교통안전 ②)	신호등이 있는 곳과 신호등이 없는 곳을 알아보고, 횡단보도를 건너는 방법에 대해서 안다(~2014 반영).
	유괴방지 및 성교육 (유괴안전 ③)	동대문구 육아종합지원센터 선생님과 함께 하는 유괴방지 및 성교육(~2014 반영)
7월	낯선 사람을 만났어요. (유괴안전 ②)	위험한 상황을 알고, 자신을 보호하기 위한 방법들을 안다(~2013 반영).
	소중한 나의 몸 (성폭력 안전 ①)	간단한 신체 명칭을 알아보고 남자와 여자의 몸의 차이를 안다.
8월	비가 올 때 보행안전 (교통안전 ③)	우산이나 우비를 착용하고 걸을 때 안전하게 보행하는 방법에 대해 안다(~2014 반영).
	아야! 배가 아파요. (약물안전 ②)	상한 음식, 찬음식의 위험성을 알고 대처하며, 음식을 먹기 전에 해야 할 일에 대해 알아본다(~2014 반영).
9월	골목길에서 자동차를 만나면 (교통안전 ④)	골목길에서 자동차와 마주쳤을 때의 대처방법에 대해 안다.
	쉿! 아무도 없어요. (유괴안전 ④)	혼자 있는 상황에 대한 대처방법을 안다.
10월	땅이 흔들려요. (재난안전 ②)	지진에 대해 알아보고 대처방법에 대해 안다.
11월	구급상자에는 무엇이 있을까? (약물안전 ③)	구급상자에 들어 있는 여러 종류의 약을 알아보고 어떤 상황에 쓰이는지 안다.
12월	주차장에서 장난을 치면 안 돼요. (교통안전 ⑤)	주차장에서 장난을 치면 일어나는 상황에 대해 알아보고, 주차장에서 어떻게 해야 하는지 안다.
1월	혼자 다니지 않아요. (유괴안전 ⑤)	사람이 많은 곳에서 미아, 실종을 예방하기 위하여 엄마, 아빠를 잃어버렸을 때 어떻게 해야 하는지 안다(~2012 반영).

월	활동주제	활동내용
	좋은 느낌 싫은 느낌 (성폭력 안전 ②)	다른 사람이 함부로 몸을 만지지 않도록 좋은 느낌, 싫은 느낌의 다름을 안다(~2013 반영).
2월	초록불! 빨간불! (교통안전 ⑥)	신호등의 초록불과 빨간불에 어떻게 반응해야 하는지 안다(~2013 반영).
	어른들이 주는 약만 먹어요.(약물안전 ④)	선생님이나 부모님이 주는 약만 먹어야 하고, 친구의 약은 먹지 말아야 하는 이유에 대해 안다(~2014 반영).

❖ 위의 연간은 이전(~2014) 영아들이 많은 흥미와 관심을 보인 활동을 반영하여 계획하였습니다.

2) 유아기의 안전사고

안전교육을 통해 유아는 스스로 위험으로부터 대처할 수 있는 능력을 기를 수 있고, 교사는 안전점검표, 일지 등을 사용하여 실내 · 외 시설, 비품, 놀잇감 등이 파손된 곳은 없는지 안전한지 매일 점검하는 것이 필요하다. 만약 파손된 곳이 있는 경우에는 즉시 수리하고 보완해야 한다.

〈유아 연간 안전교육〉

유아는 자신의 행동에 수반되는 위험을 판단하지 못하기 때문에 교사는 안전한 환경을 제공해 주어야 하며 사고의 위험으로부터 보호하고 위험에 대한 지식을 알고 대처할 수 있는 능력을 배양할 수 있도록 안전교육을 통한 생활이 습관화될 수 있도록 지도해 주어야 한다.

유아 안전연간계획안(예시)

3월	교통안전	안전하게 등원해요.
	실종-유괴방지	낯선 사람을 따라가지 않아요.
	소방대피훈련	화재 시 상황대처방법 조리실에서 불이 났어요.
4월	실종-유괴방지	멈추기, 생각하기, 도와 주세요.
	재난대비	모래바람이 불어요.
	약물오남용	장난감 속의 나쁜 비밀
	소방대피훈련	화재 시 상황대처방법 - 파릇 새싹반에서 불이 났어요.

5월	교통안전	차 안에서 지켜야 할 규칙
	성폭력예방	이런 장난은 싫어
	약물오남용	만지면 안 돼요. 먹으면 안 돼요.
	소방대피훈련	화재 시 상황대처방법 – 초롱 이슬반에서 불이 났어요.
6월	교통안전	나를 지켜주는 보호장구
	실종–유괴방지	길을 잃었어요.
	성폭력예방	좋은 느낌과 나쁜 느낌
	약물오남용	친구의 약을 먹으면 안 돼요.
	소방대피훈련	화재 시 상황대처방법 – 푸른 솔반에서 불이 났어요.
7월	교통안전	비오는 날 안전
	실종–유괴방지	문을 열면 안 돼요.
	성폭력예방	소중한 나의 몸
	약물오남용	에구구 배가 아파요.
	소방대피훈련	화재 시 상황대처방법 – 밝은 햇살반에서 불이 났어요.
8월	교통안전	날씨에 따른 보행안전
	재난대비	비가 많이 와요.
	소방대피훈련	화재 시 상황대처방법 – 1층 창고에서 불이 났어요.
9월	교통안전	교통표지판을 알아요.
	실종–유괴방지	싫어요. 안 돼요. 도와 주세요.
	성폭력예방	나는야 내 몸 지킴이
	약물오남용	잘 쓰면 약, 못 쓰면 독
	소방대피훈련	화재 시 상황대처방법 – 놀이터에서 불이 났어요.
10월	교통안전	위험해요, 위험해
	재난대비	땅이 흔들려요.
	소방대피훈련	화재 시 상황대처방법 – 옥상에서 불이 났어요.
11월	교통안전	대중교통을 안전하게 이용해요.
	실종–유괴방지	따라가지 않을게요.
	성폭력예방	몸도 마음도 아파요.
	약물오남용	달콤한 초콜릿의 유혹
	소방대피훈련	화재 시 상황대처방법 – 원장님실에서 불이 났어요.

12월	실종-유괴방지	혼자 집에 가는 길
	재난대비	눈이 올 때 조심조심
	약물오남용	감기를 조심해요.
	소방대피훈련	화재 시 상황대처방법 - 2층 화장실에서 불이 났어요.
1월	교통안전	바람이 쌩쌩 불어요.
	성폭력예방	무엇이든 할 수 있어요.
	약물오남용	콜록콜록 담배는 싫어요.
	소방대피훈련	화재 시 상황대처방법 - 조리실에서 불이 났어요.
2월	실종-유괴방지	실종 예방 퀴즈
	소방대피훈련	화재 시 상황대처방법 - 1층 화장실에서 불이 났어요.

❖ 위의 연간은 이전(~2014) 영아들이 많은 흥미와 관심을 보인 활동을 반영하여 계획하였다.

3) 안전 및 아동학대에 대한 교사의 역할

- 교사는 안전과 관련된 정확한 정보와 기술을 알고 있어야 하며, 영유아에 대해 민감한 반응과 태도를 지니고 있어야 한다. 만약 사고가 발생하였다면 침착하고 신중한 태도로 처리해야 한다.
- 교사는 영유아 발달에 맞는 안전교육을 선정하고 여러 가지 활동방법을 활용한 안전교육을 통해 안전에 대한 지식과 태도를 인식하고 행동할 수 있는 방법을 가르쳐야 한다.
- 교사들은 비상시를 대비한 역할 분담과 비상연락망을 작성하여 역할 분담 훈련을 정기적으로 실시해야 한다.

4) 아동학대 신고의무자로써의 교사의 역할

(1) 신고의무자 규정

아동복지법 제26조에 의하면, 누구든지 아동학대를 알게 된 때에는 아동보호전문기관 또는 수사기관에 신고할 수 있으며, 신고의무자들은 직무상 아동학대를 알게 된 때에는 즉시 아동보호전문기관 또는 수사기관에 신고하여야 한다고 규정하고 있다. 또한 신고인 신분이 보호되어야 함을 명시하며, 비밀보장의 원칙을 기본으로 하고 있다(아동복지법 제26조 제2항).

◎ 아동학대 신고의무자

교원, 의료인, 어린이집 교직원, 유치원 종사자, 아동복지시설 종사자, 장애인복지시설 종사자, 학원 및 교습소 종사자, 소방구급대원, 성매매피해상담소 및 지원시설 종사자, 가정폭력관련 상담소 및 피해자보호시설 종사자, 아동복지지도 및 사회복지전담공무원

(2) 신고의무자의 역할

교사들은 아동발달에 대한 풍부한 지식과 경험을 갖고 있으며, 아동과 신체적으로 접촉하고, 아동의 가정 환경을 알아볼 수 있는 기회가 많기 때문에 아동학대 발견에 중요한 역할을 할 수 있다.

① 아동학대 징후를 보이는 아동이 있는지 관심 있게 지켜본다.
② 부모면담을 통해 아동학대 가능성을 파악한다.
③ 아동학대라고 의심되는 경우 가능한 많은 정보를 기록하여 즉시 아동보호전문기관에 신고한다.

(3) 신고 요령

【언제 신고할까?】

아동학대가 의심될 때 신고한다.

- 기본적인 의식주를 제공받지 못하는 아동을 보았을 때
- 반복적인 상처와 부상을 입은 아동을 보았을 때
- 보호자가 아동의 심각한 상처, 질환에 대한 치료를 거부할 때
- 친족 성학대, 성매매가 의심되는 아동을 보았을 때

【어디에 신고할까?】

• 국번없이 112번

【어떻게 신고할까?】

신고자는 피해아동, 학대행위자, 신고자에 대한 정보를 제공한다.

• 피해아동(이름, 성별, 나이, 전화번호, 주소, 학대의심내용 등)
• 학대행위자(이름, 성별, 나이, 전화번호, 주소, 피해아동관계, 직장 등)
• 신고자(이름, 전화번호, 주소, 피해아동관계, 학대사실을 알게 된 경위 등)

*** 보육교직원은 아동복지법 제26조 제2항에 의한 아동학대 신고의무자이다.**

아동학대 신고의무자들은 직무상 아동학대를 알게 된 때에는 즉시 아동보호전문기관 또는 수사기관에 신고하여야 한다고 규정하고 있다. 그런데 최근 아동 아동학대 신고의무자인 보육시설종사자 등에 의한 어린이집 영유아학대 사례가 심심치 않게 매스컴에 등장하면서, 어린이집에 대한 따가운 시선이 늘어나고 있다.

물론, 어린이집에서의 아동학대 발생은 아주 미비하며, 일부, 어린이집의 사고가 마치 전체 어린이집에서 아동학대가 이루어지는 것처럼 매도되고 있는 것도 사실이다. 그러나 전국아동학대 현황보고서(중앙아동보호전문기관, 2009)에 의하면 최근 5년간 보육시설종사자에 의한 아동학대 발생이 연평균 78건에 달하고 있음을 밝히고 있다.

이는 보육시설종사자의 아동학대를 예방하고, 이를 신고해야 하는 의무가 있는 거라고 보았을 때, 결코 무시할 수 없는 수치이다. 어쩌면 '난 절대 아동을 학대하지 않아'라고 생각할 수도 있다.

그러나 우리가 무심코 아동에게 한 말이나 행동이 어쩌면 아동학대일 수도 있다는 점을 명심하자(참고: 보건복지부/중앙보육정보센터 발췌내용, 2010. 11).

제5장

영유아 발달의 이해

1. 영아기 발달과 보육
2. 유아기 발달과 보육

실습을 진행함에 앞서 영유아의 발달과정을 알고, 발달에 따른 보육과정은 어떻게 진행되어야 하는가를 이해하는 것이 우선되어야 한다. 발달이란, 인간의 전 생애에 걸쳐 이루어지는 양적인 측면과 질적인 측면의 모든 성장을 의미하는 것으로 신체 및 운동기능, 지능, 사고, 언어, 성격, 사회성, 정서, 도덕성 등을 포함한다. 발달은 유전과 환경의 상호작용에 의해 형성되는 점진적인 성장으로, 낮은 단계에서 더 복잡한 단계로 나아간다.

어린 시절의 환경과 경험은 이후의 발달의 기초가 되며, 지적 발달을 도모하고, 잠재력을 키울 수 있다. 어릴 때 경험이 풍부하면 학습의 잠재 가능성 역시 풍부해지지만, 그렇지 못할 경우 발달상 손상이 나타나고, 어떤 부분은 회복되지 않을 수도 있다. 따라서 정해진 시기에 제대로 발달이 이루어지지 않으면 다음 단계로의 진행이 어려우므로 영유아의 발달 상태를 잘 관찰하여 필요할 때 발달에 필요한 도움을 제공하여야 한다. 각 영역별 발달의 중요성을 살펴보면 다음과 같다.

첫째, 신체운동 발달은 성격 · 정서 · 인지와 같은 여러 발달 영역의 기초가 되는 것으로 모든 발달의 출발점이라 할 수 있다. 특히 신체 및 운동능력의 발달은 영유아의 사회생활을 전개하는데 있어 중요한 기반이 될 뿐 아니라 정신 발달과 밀접한 관련을 갖고 있다.

둘째, 사회성 발달의 경우, 인간은 태어나면서부터 다른 사람과 관계를 맺으면서 사회성이 형성된다. 사회성은 영유아가 사회의 한 구성원으로서 성장 · 발달하는 동안에 그 사회에서 공인된 생활양식을 학습하여 타인과의 상호접촉을 통한 건전한 사회생활을 할 수 있는 성향을 의미한다(한국유아교육학회, 1996). 영유아기의 사회성 발달은 성인이 되었을 때의 사회적인 관계와 사회적 행동 등의 기초가 되는 것으로 한 개인의 행복한 삶의 가장 중요한 구성 요소이다.

셋째, 정서발달의 경우, 정서는 인간이 내면으로 느끼는 어떤 것으로, 특정한 동기유발적인 특성이 있어서 인간의 지각, 사고 행동을 유발 · 조절 · 안내하는 역할을 한다. 영유아는 경험과 교육을 통해서 인간의 다양한 정서에 대한 이해 및 표현능력을 향상시키고 감정을 이입하면서 정서를 적절하게 조절하는 능력을 발달시켜 나간다. 이러한 정서 발달은 인간관계의 질과 방향에 긍정적인 영향을 준다.

마지막으로 인지 발달로, 인지란 앎에 이르는 인간의 정신적 사고과정과 그 산물, 즉 기억, 상징화, 범주화, 문제해결, 창의성, 환상 등의 모든 정신활동을 의미하는 광범위한 개념이다. 언어 능력을 비롯하여 다양한 기억 및 지각능력과 같은 인지능력의 발달은 유아의 학습에 있어 중요하다.

1. 영아기 발달과 보육

1) 신체운동 발달

영아기는 인간의 성장이 급속도로 이루어지는 시기로 제 1성장 급등기라고 불린다. 출생한 신생아의 평균키는 남아 50.8cm, 여아 50.1cm이며 몸무게는 남아 3.40kg, 여아 3.3kg이다. 몸무게의 성장은 빠르게 증가하는데, 신생아의 몸무게는 1년 후 출생 시의 약 3배가 된다. 키의 성장은 몸무게 증가에 비해 그 속도가 느린데, 신생아의 키는 1년 후 출생 시의 약 1.5배가 되고, 2년이 되면 성인 신장의 1/2로 성장한다(대한소아과학회, 2002).

연령이 증가하면서 뼈의 조직은 연골에서 경골화되어 가며, 영아의 머리뼈 중 천문은 아직 경골화되지 않다가 15개월에서 24개월 사이에 닫힌다. 영아의 뼈는 유연하기 때문에 손상을 입는 경우가 거의 없고 회복도 빠르다. 이 시기는 근육이 완전히 발달되지 않았기 때문에 신체활동을 하면 쉽게 피곤해지나 회복력이 빠르다. 일반적으로 출생 후 5~6개월경에 유치가 처음 나타나다가 15~18개월경에 16개의 유치, 24개월 전후로는 어금니가 나온다.

영아기는 자신의 신체 여러 부분을 움직일 수 있게 되는 기본적인 토대를 만드는 시기이다. 영아기의 운동발달은 머리에서 다리 방향으로 이루어진다. 신생아의 운동은 반사 운동과 무작위 운동으로 이루어지며 점차 성장해 가면서 소멸해 간다.

영아기 후반에 들어서면 머리와 몸통의 통제, 손의 조절 능력, 그리고 보행운동 능력 등 여러 가지 자유롭고 자발적인 운동이 가능해진다. 이 시기에 주로 나타나는 눈과 손의 협응 기능에는 물체에 손 뻗치기, 움켜쥐기, 잡기, 옷 벗기 등이 있다. 영아의 근육 및 운동 발달을 살펴보면 〈표 5-1〉과 같다.

표 5-1

영아의 근육 및 운동 발달

연 령	근육 및 운동발달
출생 후 2개월	근육발달이 더욱 활발하게 이루어지고 사회적 미소(social smile)가 나타난다. 엎드린 자세에서 머리를 가눈다.
3개월	뇌와 근육간의 연결이 원활하게 되어 자발적 운동이 더욱 활발해진다. 따라서 아기는 머리를 돌릴 수 있게 되고 원하는 물건에 손을 뻗쳐 닿을 수 있게 된다. 또한 느슨하게 손을 펴거나 오므린 채 있는다.
4개월	손가락이나 장난감 등에 관심을 가지게 된다.
5개월	몸을 뒤집을 수 있게 된다.
6개월	운동의 독립성이 증가하여 외부 자극에 좀더 민감하게 반응하게 된다. 손 전체를 이용해 작은 크기(약 5cm 정도)의 블록 장난감을 잡는다.
7개월	등과 배의 근육이 발달하여 끌고 당길 수 있게 된다.
8개월	더욱 정교한 운동의 통제가 가능하게 되어 작은 물체를 잡을 수 있게 된다.
9개월	이동성이 증가하고 운동기술(motor skill)을 익힌다.
10개월	기고 설 수 있으며, 음식을 씹을 수 있고, 마실 수 있게 된다.
12개월	운동의 독립성을 가지게 된다.
1년경	걸을 수 있게 되지만 걸음의 폭이 넓고 움직임이 규칙적이지 못해 뒤뚱거린다.
18~24개월	계단을 서서 오르내릴 수 있고, 뛸 수 있다. 그러나 속도를 완전히 조절하지 못한다. 쪼그리고 앉았다 자유롭게 일어선다. 두 발로 깡총뛰기 시도를 한다. 공을 찰 수 있다. 평균대 걷기 시도하고, 선 따라 걷기를 시도한다.
24~30개월	뒤꿈치를 들고 걸을 수 있고, 뛸 수 있다. 이 때는 속도조절이 가능해진다. 발을 교대로 하여 계단을 오르고, 두 발로 내딛고 계단을 내려온다. 바닥보다 약간 높은 곳에서 뛰어내릴 수 있다.

출처: 안영진(1997).

2) 사회성 발달

출생 시부터 신생아는 다른 사람과 사회적 관계를 맺으면서 사회성을 발달시킨다. 영아기 동안 양육자와의 사회적 관계를 통해 서서히 발달하며, 영아와 양육자 간의 관계는 이후 다른 사람들과의 관계형성에 기초가 된다.

이 시기의 사회성 발달의 특징으로는 울기, 미소짓기, 모방하기와 같은 사회적 표현 행동과 애착관계 형성 및 자아인식 발달을 들 수 있다.

5~6개월의 영아는 선택적인 사회적인 미소를 보이기 시작하며, 6개월경에는 자신과 비슷한 또래에게 관심을 갖게 되어 다른 영아를 만나면 미소를 짓거나 손으로 만져 보려하고, 옹알이를 한다. 이 시기에는 친숙한 사람과 낯선 사람을 구별하여 다르게 반응하며, 7개월경에는 애착대상에게서 반응을 유도하기 위해 다양한 신호를 보낸다. 8~12개월의 영아는 상호작용 기술을 적극적으로 사용하면서 보다 유능한 사회적인 존재가 되어 간다. 10개월경에는 성인과의 상호작용이 많으며, 까꿍놀이와 같은 사회적 놀이가 시작된다. 13~18개월에는 자기중심적 관점에서 세상을 이해하며 대상영속성 개념이 발달한다.

영아들은 분리된 자아감각을 형성하면서 자신을 인식하는데, 자아인식은 자신과 타인 또는 사물이 별개의 존재임을 아는 것으로 존재자아라고 부른다. 19~24개월에 이르러서는 자아개념을 계속 발달시키면서 타인과의 관계를 점차 확장시킨다. 또한 타인의 감정을 인식하며 웃거나 편안해하고 우는 등의 반응을 보이고 타인의 행동을 모방하려고 한다.

3) 정서발달

영아기의 정서는 두드러지게 이루어지지는 않지만, 약간의 발달은 발견할 수 있다. 신생아의 정서는 단지 명확하지 않은 흥분 같은 것이라는 짐작이 가능하며, 생리적 변화나 의식적 경험, 그리고 미소를 짓거나 얼굴을 찡그리는 것과 같은 행동으로 표출된다. 영아기의 정서는 크게 기분이 좋은 쪽의 정서와 기분이 나쁜 정서 두 가지로 나눌 수 있다. 전자는 기쁨 · 만족과 같은 것이고, 후자는 공포 · 분노 같은 것이 포함된다.

영아기의 기쁨은 주로 미소나 웃음으로 표현되는데, 생후 4~8개월이 되면 공포, 행복, 흥분, 기쁨 등의 정서를 표현하는 것이 가능하다. 영아기에는 양육자의 보호를 받기 때문에 공포의 감정을 유발하는 자극이 비교적 적다. 공포의 자극에 대한 반응으로는 울거나 숨을 쉬는 것을 일시적으로 참는 등의 행동을 보인다. 영아는 생후 4개월이 되면 분노의 감정은 생후 1~2년 사이에 가장 자주 표출되며 연령이 증가하면서 감소된다. 1세 영아의 분노 표현은 소리를 지르거나 발로 차고 팔을 휘두르거나 바닥에서 구르며 큰 소리로 우는 등의 반응을 보인다. 2세 영아는 이러한 행동 외에 부정적인 언어표현과 때리거나 물기 등과 같은 공격적인 행동을 한다.

영아기에 경험하는 불안감에는 낯가림과 격리불안이 있다. 낯가림은 생후 6~8개월부터 시작하여 12개월경에 가장 심하게 나타나다가 그 이후 사라진다. 생후 8~9개월의 영아들에게서 격리불안이 보이기 시작하며, 12~15개월에 이르러서는 자신에 대한 긍정적인 자존감을 발달시킬 수 있다. 19~24개월에 이르러서는 자신에 대한 긍정적인 감정과 부정적인 감정을 모두 발달시킨다. 영아는 이러한 여러 감정을 표현함으로써 타인의 행동을 조절하는 방법을 학습하는 동시에 타인의 정서적 메시지를 인식하는 방법을 익혀 나간다. 또한 타인의 반응을 통해 자존감을 형성한다.

표 5-2

영아기 사회 정서발달 과정

연령	단계	특성
0~1개월	완전 자극장벽	• 영아는 비교적 무반응적이고, 외부의 자극에 대해 거의 반응하지 않는다.
1~3개월	주위환경에 대해 관심 갖기	• 영아는 자극에 개방되어 있다. 흥미와 호기심을 보이기 시작하고, 사람에게 쉽게 미소짓는다.

연령	단계	특성
3~6개월	긍정적인 감정	• 어떤 일이 일어날지를 기대하고 그 일이 실제 일어나지 않을 때 실망을 경험한다. • 화를 내거나 불안스럽게 행동함으로써 실망을 나타낸다. • 자주 미소짓고 웃는다. 이 때가 사회적 각성의 시기이며 아기와 양육자간의 초기 상호교환의 시기이다.
6~9개월	능동적인 참여	• 사회적 게임(social game)을 하고 사람들로부터 반응을 얻으려 한다. • 다른 아기들에게 반응만 하도록 말을 건네고, 움직이고, 부추긴다. 더 분화된 정서를 표현하며 기쁨, 공포, 분노, 그리고 놀람 등을 보인다.
9~12개월	애착	• 일차적인 양육자에게 강하게 몰두하고, 낯선 사람들을 두려워하게 되고, 새로운 상황에서는 활발히 행동하지 않는다. • 1세가 되면 정서를 더 분명하게 전달하는데 기분(moods), 반대 감정 병존(ambivalence), 감정(feeling)의 심화 등을 보인다.
12~18개월	연습하기	• 가장 밀착된 사람을 안전 기저(secure base)로 삼아서 환경을 탐색한다. 환경에 숙달될수록 자신을 주장하는 데에 더 자신감이 있고 더 열렬하다.
19~36개월	자아개념과 동일시의 형성	• 가끔 자기 자신이 양육자와 얼마나 많이 떨어져 있는가를 깨닫고는 불안해한다. • 환상과 놀이에서 그리고 성인과 동일시함으로써 자신의 한계에 대한 인식을 해결한다.

출처: Sroufe, L. A.(1979). in J. Osofsky(ed.), Handbook of Infant Development. N.Y.: Wiley.

4) 언어발달

영아기의 언어발달을 살펴보면 우선 영아는 출생 시부터 울음으로 최초의 발성을 한다. 울음은 의사전달의 수단으로 아기가 요구를 표시할 수 있는 유일한 방법이지만 초기의 울음은 의미가 분화되지 않은 미분화된 울음이다. 그러나 생후 1개월이 되면 영아는 울음을 강도, 고저 등으로 분화시켜 좀더 명확한 의사전달

수단으로 사용한다. 생후 6주부터는 울음 이외에 소리를 내기 시작하다가 생후 2개월이 되면 신경 근육기제가 발달하면서 소리내기가 옹알이로 변한다. 돌을 전후해서 한 단어의 말을 시작하며, 주로 엄마, 아빠, 맘마 등 가족의 명칭이나 음식 · 동물의 이름을 말한다. 생후 18개월에서 20개월이 되면 두 단어를 조합한 말을 할 수 있게 되며 2세경에는 초보적인 문장을 사용한다.

인간을 인간답게 만드는 특징 중의 하나가 의사소통 및 지적 도구인 언어이다. 언어발달에 개인차가 있으나, 영아는 이미 태내에서부터 청각기능이 발달되어 있어 언어에 노출되어 왔으며 태어난 후에도 빠른 속도로 언어를 배워 나간다. 초기 언어의 발달과정은 〈표 5-3〉과 같다.

표 5-3

초기 언어발달의 과정

월령	언어발달
출생	• 소리언어를 지각할 수 있다. • 운다. • 소리에 대하여 반응을 보인다.
1/2~3개월	• 목울림, 웃음
3개월	• 소리어를 내며 논다.
5~6개월	• 자음의 도입과, 들리는 소리에 근접한 소리를 내려고 한다.
6~10개월	• 자음과 모음을 연결하여 옹알이를 한다.
9개월	• 의사 전달을 위하여 제스처를 사용한다. 제스처 게임을 한다.
9~10개월	• 단어를 이해하기 시작한다(주로 "아니야"와 아기 자신의 이름).
9~12개월	• 사회적 의미를 나타내는 제스처를 사용한다.
10~14개월	• 최초의 단어를 사용한다(대개 사물을 지칭하는 것). • 소리를 모방한다.
13개월	• 이름짓기의 상징적 기능을 이해한다. • 좀 더 정교한 제스처를 사용한다.
14개월	• 상징적 제스처를 사용한다.
16~24개월	• 새로운 단어 습득이 빨라져서 어휘 수가 급속히 증가한다. • 50~400개의 어휘 수를 갖는다. • 동사 및 형용사를 사용할 수 있다.
18~24개월	• 두 단어로 이루어진 문장으로 이야기할 수 있다.
20개월	• 제스처에 대한 의존도는 낮아지고 사물을 이름으로 지칭한다.
20~22개월	• 이해도가 급속히 증가한다.

월령	언어발달
24개월	• 두 단어로 이야기하는 것이 증가한다. • 옹알이는 없어진다. • 많은 이야기를 하고 싶어한다.
30개월	• 매일 새로운 단어를 습득한다. • 세 개 이상의 단어를 사용하여 이야기한다. • 이해력은 무척 좋다. • 문법적 오류를 범한다.
36개월	• 어휘 수가 1,000개에 이르는데 80%가 이해할 수 있는 것들이다. • 문법적인 실수를 한다.

출처: 최경숙 · 박영아(2005).

5) 인지발달

모든 행동은 감각정보를 어떻게 해석하느냐에 따라 결정된다고 할 수 있다. 특히 영아기에는 외부세계와 상호작용하는 방법이 주로 감각기관을 통하기 때문에 감각정보를 지각하고, 조직하고, 환경에 반응하는 도식을 형성함으로써 인지발달은 이루어 나가게 된다. 따라서 교사가 영아를 자극하는 다양한 물리적 환경을 제공하는 것이 중요하다.

반사 기능만을 가지고 태어난 신생아는 성장하면서 급속도로 인지발달이 이루어진다. 영아기에는 감각기관을 통해 주변 환경의 정보를 지각하고 선택적으로 획득한 정보를 조직하여 도식(scheme)을 형성함으로써 인지발달을 이루게 된다(이숙재 · 이봉선, 1999).

신생아는 영아기를 거치면서 급속도로 인지발달이 이루어진다. 0~1개월까지의 영아의 행동은 반사적인 것으로, 선천적인 다양한 반사를 사용하면서 외부세계와의 상호작용을 통해 지식을 형성해 간다. 1~4개월에는 우연한 행동으로 만족한 결과를 경험하게 되면서 계속해서 행동을 반복하는 경향을 보인다. 생후 5개월이 되면 눈으로 보게 된 것을 손으로 분명히 잡을 수 있게 된다. 생후 6개월이 되면 주의 · 기억력 및 모방작용이 두드러지게 나타난다. 한 예로 단추를 눌러 소리 나는 장난감을 보여주면 이를 되풀이하는 것을 볼 수 있다. 4~8개월에는 자신의 신체에 집중된 관심을 외부의 대상과 사건으로 돌린다, 보통 7개월경이 되면 동작모방이 적극적으로 나타난다. 성인들의 신호나 미소에 따라 재롱을 피우는 시기는 일반적으로 8~9개월경이다. 또한 7~8개월이 되면 영아의 이해력과 표현이 발달되어 성인의 말과 지시에 따라 행동을 취할 수 있다. 예를 들어 음식을 먹을 때, "맘마"하면 입을 벌리거나 물건을 손에든 아기에게 "주세요"하면 자신의 손에 있는 것을 준다. 8~12개월의 영아는 인과관계를 갖기 시작하여 대상영속성의 개념을 형성한다.

표 5-4

영아기에 기대되는 프로파일

기대되는 발달	지표	내용
1. 영아들은 개인적으로나 사회적으로 능력이 있다.	자아	① 자신을 다른 사람과 구별하고 연관되었다는 것을 인식한다.
		② 자신의 능력을 평가하고 자신에 대한 다른 사람들의 평가에 흥미를 보인다.
		③ 자신의 행위를 탐색하고, 사회적인 상황에서 자신의 존재를 알게 하고, 타인에게 밖으로 가정을 표현한다.
		④ 사람들간의 유사점과 차이점에 대한 인식뿐만 아니라 자신과 타인간의 유사점과 차이점을 인식한다.
	대인 관계기술	⑤ 타인의 감정을 인식하고, 타인의 감정표현에 반응한다.
		⑥ 친숙하거나 약간 친숙한 성인 모두와 효과적으로 상호작용한다.
		⑦ 친숙한 성인들과 친밀한 관계나 애착을 형성한다.
		⑧ 특정한 또래들과 관계를 형성한다.
		⑨ 또래나 소집단의 또래와 효과적으로 상호작용한다.
	자기규제	⑩ 내적인 자극과 외적인 자극에 대한 반응을 조절한다.
		⑪ 다른 사람으로부터 도움을 구하거나 의존함으로써 욕구를 조절한다.
		⑫ 자기규제를 하면서 다른 사람의 도움에 반응적이다.
		⑬ 내적인 자극이나 외적인 자극 둘 중의 어느 한쪽에서 오는 걱정에 반응하면서 자신을 위로 한다.

기대되는 발달	지표	내용
		⑭ 다른 사람들과 상호작용하거나 놀이자료를 탐색할 때 사물이나 환경에 주의 집중한다.
	언어	⑮ 생각들을 나타내는 언어에 대한 이해를 보여 준다.
		⑯ 언어에 반응하여 행동하거나 의사소통한다.
		⑰ 욕구, 감정과 흥미를 전달하기 위해서 언어와 비언어적인 의사소통을 사용한다.
		⑱ 의견을 교환하는 의사소통이나 대화에 참여한다.
2. 영아들은 유능한 학습자이다.	인지능력	⑲ 과거경험에 대한 인식을 보여주고 사람이나 사물에 대한 정보를 기억한다.
		⑳ 원인과 결과간의 연결을 이해하는 것을 보여 준다.
		㉑ 문제를 해결하거나 발견하기 위한 전략을 사용한다.
		㉒ 다른 사물이나 생각을 나타낼 사물들을 사용한다.
		㉓ 새로운 사람과 사물을 적극적으로 탐색한다.
	수학	㉔ 수나 양의 개념에 대한 이해를 보여 준다.
		㉕ 어떻게 사물이 공간에서 이동하거나 다른 공간에 적절한지에 대한 이해를 보여 준다.
		㉖ 일과 활동이나 사건의 순서에 대한 이해를 보여 준다.
		㉗ 다른 사람이나 다른 사물들을 비교하고 연결하고 범주화한다.
	문해	㉘ 책, 노래, 시, 손유희와 이야기에 관심을 보인다.
		㉙ 사람, 사물과 행동을 나타내는 상징과 그림을 인식하는 것을 보여 준다.
3. 영아들은 신체운동 능력을 보여 준다.	운동기술	㉚ 신체의 대근육이나 몸 전체를 움직인다.
		㉛ 사물을 잡거나 조작하기 위해서 손을 사용한다.
		㉜ 다양한 위치에서 몸을 안정감있게 유지한다.
		㉝ 행동을 실행하거나 과제를 완수하기 위해서 눈과 손을 함께 사용한다.
4. 영아들은 안전하고 건강하다.		㉞ 개인적인 보호일과에 반응하고 시작한다.
		㉟ 안전에 대한 인식을 보여 준다.

출처: California Department of Education(2005). Desired results developmental profile. http://www.cde.ca.gov에서 2008년 6월 인출.

2. 유아기 발달과 보육

1) 신체운동 발달

유아기의 신체적 발달은 영아기 만큼 급속도로 빠른 신체 변화가 이루어지지는 않는다. 그러나 유아들은 경험을 통해서 자신의 신체를 통제하는 기술을 점차 발달시켜 가고 자신들이 할 수 있는 일들을 탐색해 간다. 이러한 행동은 호기심을 충족시킬 뿐 아니라 신체 조절 능력을 더욱 발달시킨다.

3세 유아의 키는 남아 95.7cm, 여아 94.2cm이다. 연평균 5~7cm씩 증가하여, 5세경에는 출생 시 키의 2배, 6세에는 성인의 65%의 성장을 보인다. 몸무게의 경우 3세 남아 몸무게는 15.08kg, 여아 몸무게는 14.16kg이다. 몸무게는 불규칙적인 성장을 보이고 개인차를 보이긴 하지만, 매년 약 2~3kg 정도씩 증가하여 5세경에는 출생 시 몸무게의 5배, 6세에는 성인의 약 30% 정도로 성장한다(대한소아과학회, 2002). 2세 이후 연골은 더 빠르게 경골화되고 30개월경에 20개의 유치가 모두 나오게 된다. 6~7세부터는 유치가 빠지면서 영구치가 나오기 시작한다.

유아기는 대 · 소 근육이 발달하고 신체의 균형 유지 및 기초적인 협응력이 발달하는 시기이다. 이 시기의 유아들은 주도적으로 행동을 모방할 뿐 아니라 유능한 개인이 되기 위해서 다양한 운동기술을 습득해 간다. 이 시기의 유아들은 자신의 몸을 사용하는 활동에 적극적으로 참여함으로써 성취감과 경쟁심을 배우고 발달시킨다. 유아기의 보편적인 특징은 거의 끊임없이 신체적 활동을 한다는 것이다(Morrison, 2001).

이 시기의 유아들은 키와 몸무게의 성장속도가 점차 완만해 지면서, 사춘기까지 느린 성장을 보인다. 또한 연골은 더 빠르게 경골화되며, 하체가 길어지고 가늘어진다. 보행이 가능하게 되면서 활동반경이 넓어지고 운동량이 증가한다. 전반적으로 대 · 소 근육이 발달하고 신체의 균형 유지 및 각 부분의 협응력 등 기초운동 능력이 발달한다. 유아기의 운동발달의 특징은 전신운동의 기본인 보행운동의 발달, 여러 가지 자세와 전신운동, 그리고 손끝의 섬세한 조작적인 능력의 발달을 들 수 있다.

유아기에는 발달하고 있는 신체를 이용해 다양한 활동을 수행할 능력을 갖게 된다. 유아들은 행동반경이 넓어지고 탐색 욕구가 더욱 강해지면서 자신이 가지고 있는 운동능력을 시험해 보려는 시도를 하며, 활동 수준이 매우 높기 때문에 끊임없이 움직인다(최경숙 · 박영아, 2005).유아기의 대근육 발달과 소근육 발달은 〈표 5-5〉와 같이 요약될 수 있다.

표 5-5

유아기의 대근육 발달과 소근육 발달

구분	대근육 발달	소근육 발달
3세	• 공을 던질 때 팔 아래쪽으로 던진다. • 세발자전거를 탄다. • 큰 공을 잡을 수 있다. • 도움을 받아 앞으로 공중 제비돌기를 한다. • 바닥에서 위로 점프를 한다. • 발자국 모양을 따라 걸을 수 있다. • 튕겨오는 공을 잡는다.	• 원에 가깝게 그림을 그릴 수 있다. • 종이를 가위로 자른다. • 검지를 이용해 풀칠을 한다. • 여덟 개 블록으로 탑 쌓기를 한다. • +를 그릴 수 있다. • 인형 옷을 벗기고 입힐 수 있다. • 물주전자의 물을 흘리지 않고 따를 수 있다.
4세	• 공을 튀기고 받기를 할 수 있다. • 달리다가 멈출 수 있다. • 수레나 인형 유모차를 밀고 당길 수 있다. • 목표점을 향해 공을 발로 찬다. • 던져 주는 공을 잡는다. • 한 발로 깡충뛰기를 할 수 있다.	• 신발 끈을 꿰고 묶는다. • 10개의 구슬을 실에 꿴다. • 빨래집게를 열고 닫는다. • 여러 용기에 담긴 것을 다른 그릇에 따를 수 있다. • 선을 따라 가위로 자를 수 있다. • 세모나 네모, X 모양, 숫자, 철자를 보고 베낀다.
5세	• 유연한 자세로 공을 던진다. • 굴러오는 공을 발로 찬다. • 양발을 번갈아 가며 깡충뛰기를 한다. • 롤러스케이트를 탄다. • 목표점을 맞추기 위해 공을 굴린다. • 보조바퀴가 달린 두발자전거를 탄다. • 발을 번갈아 가면서 깡충뛰기를 할 수 있다. • 줄넘기를 할 수 있다.	• 종이를 반으로, 또 반의반으로 접을 수 있다. • 손바닥을 바닥에 대고 윤곽을 따라 그린다. • 직사각형, 원, 정사각형, 삼각형을 그린다. • 두 개의 짧은 단어를 따라 쓴다. • 양손 중 한쪽 손을 선호하게 된다.

출처: 최경숙 · 박영아(2005).

2) 인지발달

(1) Piaget의 전조작기

유아기는 Piaget의 인지발달 단계 중 전조작기로서 감각운동기와는 달리 상징과 심상을 사용하는 표상능력이 증가하나 이 시기의 사고는 잘 조직화되어 있지 않고, 문제해결에 있어 논리적인 방식을 따르지 않는다. 때문에 조작기는 자기중심성, 물활론, 중심화와 같은 비논리적인 사고가 특징적이다. 자기중심성은 유아가 자신의 입장에서만 판단하고, 타인의 생각이나 관점, 그리고 감정을 자신과 동일하다고 가정하는 현상이고, 물활론은 무생물을 생명과 의식이 있는 존재라고 믿는 것이다. 중심화는 유아가 한 상황에서 여러 다른 요소들은 무시하고, 한 가지 측면에서만 초점을 맞추거나 주의를 집중시키는 경향을 일컫는다.

유아기에는 기본적인 인과관계에 대해서도 알게 되며, 항목들을 서열이나 다양한 기준에 따라 분류하는 능력이 생기기 시작하나 제한점이 있다. 즉, 유아는 사물을 범주로 묶는 분류 능력의 경우, 7~8세에 이르러서야 몇 개의 기준을 동시에 사용하여 분류하는 것이 가능해지고(Papalia & Olds, 1982), 전체와 부분의 관계를 이해하는 능력인 포함관계의 경우 전체와 부분 중 어느 한 가지에만 초점을 맞추는 경향으로 인해 둘 간의 관계성을 파악하지 못한다. 또한 사물을 순서대로 배열하는 서열화는 구체적 조작기에 이르러서야 완전해진다.

유아기 지적 발달은 교육적인 장난감이나 책이 풍부한 교육적인 양육환경과 따뜻하고, 애정적이며, 언어와 학업적 지식을 자극하고, 관찰하고 수행해 볼 흥미로운 것들이 많은 장소로 현장학습을 진행하는 것과 관계가 있다.

(2) 정보처리 능력의 발달

유아는 연령이 증가하면서 뇌발달과 더불어 주의를 오래 지속시킬 수 있으며 더욱 선택적으로 주의를 기울일 수 있게 되고, 목표달성에 필요한 정보수집하기 위한 계획을 고안하고 실행시키는 능력을 발달시킨다(Shaffer, 1999). 이를 통해 보다 효율적인 학습이 가능해지며, 복잡한 개념을 이해하고 경험을 더 많이 기억할 수 있게 된다.

유아기에는 과제 수행을 향상시키기 위한 계획적이고 목표 지향적인 인지적 조작을 의미하는 기억 책략들을 자발적으로 사용할 수가 없다. 한편 유아기에는 관련성이 있는 항목들이 기억하기 쉽다거나 이야기를 있는 그대로 기억하기보다는 요점을 기억하는 것이 쉽다는 것 등을 깨닫지 못한다. 또한 유아는 자신의 기억 능력을 과대평가하는 경향이 있다.

3) 언어발달

유아기에는 언어규칙체계에 대한 많은 지식의 발달과 더불어 어휘 습득량과 문법발달이 비약적으로 이루어진다. 또한 자신이 습득한 문법적 형태소를 적용시킬 수 없는 상황에까지 확대 적용시키는 과잉일반화와 반복, 혼잣말, 집단적 혼잣말과 같은 자기중심적 언어가 나타난다.

유아의 언어적 환경은 언어를 습득하고 숙달하는 데에 결정적인 영향을 미친다. 언어환경 중에서도 특히 부모가 유아와 어떻게 언어적으로 상호작용하며, 어떤 언어적 자극을 제시하며, 모델로서의 역할을 제대로 수행하고 있는지가 매우 중요하다. 언어적으로 반응적인 부모들은 적절한 놀이와 읽기 자료를 제공하며 다양한 경험을 제시하는 경향이 있다(Bradley, Caldwel, & Rock, 1989). 또한 문장이 좀 더 복잡하고 개인적이며 구체적인 내용을 포함하는 정교한 어법을 사용하는 것이 언어발달에 도움이 되는 것으로 나타났다(Bernstein, 1961).

4) 사회성 발달

(1) 자아발달

유아기에는 가족에만 한정되었던 사회적 관계로부터 벗어나 더 넓은 사회적 관계를 접하게 된다. 다양한 사회적 관계 속에서 유아는 친사회적 행동, 공격성,

성 역할, 도덕성 등을 발달시켜 나간다. 또한 주도적 특성과 자신에 대한 이해를 발달시키는데, 이는 자아개념과 자아 존중감의 기반이 된다(최경숙 · 박영아, 2005).

① 주도성의 발달

Erikson(1968)의 심리사회적 발달이론에 따르면, 유아기는 주도성 대 죄책감 단계에 해당한다. 이 때 유아가 주도성(initiative)을 형성하게 될지 죄책감을 형성하게 될지 여부는 유아의 자기주도적인 활동에 대한 주위의 반응에 달려 있다. 예를 들어, 활발한 신체 활동의 자유와 기회를 제공해 줄 때, 다양한 질문에 성실하게 답해 줄 때, 놀이 활동을 비난하거나 억제하지 않을 때 유아의 주도성이 형성되고 자아존중감이 높아질 수 있다(Elkind, 1970).

② 자아존중감

유아는 발달하면서 자신에 대한 이해를 넓히고, 복잡한 자기 묘사를 구성하게 될 뿐 아니라 자신이 소유하고 있는 특징을 평가한다. 자아존중감은 자신의 역량 또는 유능함에 대한 평가적 신념으로써, 개인의 바람직한 환경 적응 및 건전한 인성발달 나아가 자아실현에 가장 중요한 요소이다(권민균 외, 2012).

부모는 아동의 자존감 형성에 결정적인 역할을 한다. 영아기에 부모양육 민감성은 자아 형성에 분명한 영향을 준다. 학령기와 청소년기에도 온정적이며 지지적이고 양육하는 데 분명한 기준으로 세우며, 자녀의 의견을 수용하는 부모일수록 자녀들의 자존감이 높았다(Coopersmith, 1967). 자아존중감에 영향을 미치는 또 다른 요인은 또래이다. 유아는 여러 영역에서 또래와 자신에 대한 사회적 비교를 사용하면서 자신과 또래 간의 차이를 인식한다. 이런 종류의 비교는 연령이 증가하면서 더욱 정교화되고 아동의 자존감 형성에 중요한 역할을 한다. 또한 유아기 교사와 유아교육기관의 특성들도 자아존중감을 형성하는 요인으로 작용한다(Hoge, Smit & Hanson, 1990).

(2) 성 역할 발달

성 역할이란 남성 또는 여성에 적합하다고 간주되는 일련의 태도와 행동을 의미하며(Deaux, 1993), 이 같은 성 역할 특성을 발달시키는 과정을 성유형화라고 한다. 성유형화는 생득적인 생물학적 요인과 보존개념과 범주화 능력의 발달과 같은 인지적 요인, 그리고 가족, 또래, 학교, 대중매체 등의 사회적 요인의 상호작용 결과로 나타난다(Serbin, Powlishta, & Gulko, 1993). 특히 과거에는 성 역할 발달에서 부모가 결정적인 사회화 기제라고 여겨져 왔으나 최근에는 형제, 또래, 교육기관, 대중매체 등의 영향력 또한 중요시되고 있다.

(3) 도덕성 발달

도덕성이란 옳고 그름을 구별할 수 있는 내면화된 일련의 규범으로서, 이 규범에 따라 옳은 행동을 했을 때에는 자부심을 느끼고 규범을 위반했을 때는 죄책감과 수치심을 느끼는 것을 의미한다(Quinn, Houts, & Graesser, 1994). 도덕성은 개인이 타인과 상호작용할 때 지켜야 하는 규칙이나 관습과 관련되어 있다.

도덕성 발달과 관련된 이론들에 따르면, 유아의 인지발달 수준뿐만 아니라 유아가 부모에 대한 동일시 과정을 통해 부모의 특성 및 사회적 기준에 대한 부모의 규범을 내면화시키는 것, 그리고 유아에 대한 강화와 모방 등이 도덕성 발달에 영향을 미칠 수 있다. 즉, 유아의 바람직한 친사회적 반응에는 정적 강화를 주고(Zarbatany, Hartmann, & Gelfand, 1985), 벌을 줄 경우엔 평소 사회적 강화를 많이 주는 부모가 즉각적이고 일관성 있게 벌을 받는 이유에 대해 설명을 할 때 더욱 효력을 갖는다. 또한 유아에게 나누기, 도와주기, 위로하기와 같은 바람직한 사회적 행동을 가르치기 위해서는 모델을 관찰할 기회를 제공한다(Gray & Pirot, 1984). 이러한 이타적인 모델의 영향력을 7~8세 이전의 유아에게서 가장 강하게 나타난다. 모델이 온정적이고 애정적이며 반응적일 때 유아는 행동에 더욱 주의를 기울인다, 또한 유아들은 자신의 세계에 숙달되고자 하는 힘과 권위를 갖길 원하기 때문에 강력한 힘과 능력을 가진 사람들이 효과적인 모델로 작용하게 된다.

(4) 공격성 발달

공격성이란 자신이 상해를 입지 않기 위한 목적으로 나타나는 상대방을 해치거나 부상을 입히는 행동을 말한다. 유아기 초기에는 공격성이 우연히 나타나고, 놀잇감이나 공간을 통제하기 위한 수단으로서 도구적 공격성을 나타내며, 위협적인 몸짓을 한다거나 미는 등의 신체적 표현을 많이 한다. 그러나 연령이 증가하면서 성인들의 부정적 반응, 조망수용 능력의 발달, 긍정적 의사소통 기술의 발달 등에 따라 신체적 공격이 감소한다(최경숙 · 박영아, 2005).

유아의 공격성과 관련 있는 요인으로는 강압적 가정환경을 들 수 있다. 이러한 환경에서 어머니들은 자녀의 바람직한 행동을 대부분 무시하고 잘못된 행동에 대해서는 강압적인 방법을 사용하였다. 이 같은 양육방법은 유아가 다른 사람을 신뢰하지 않고 적대적으로 대하도록 만든다(Weiss, Dodge, Bates, & Pettit, 1992).

이 외에도 TV 폭력 시청은 공격성을 증가시키고, 공격성을 TV 프로그램에 대한 흥미를 자극시킨다(Huesmann, Eron, Lwfkowitz, & Walder, 1984). 또한 공격적인 행동을 사회적 문제에서의 해결방안으로 받아들일 여지가 있으며, 폭력에 둔감하게 만들 수 있다. 한편 협력하기, 나누기, 위로하기와 같은 친사회적 행동을 담고 있는 TV 프로그램의 시청은 유아로 하여금 친사회적인 행동을 하게 한다(Hearold, 1986). 그러나 그 영향력은 단기적인 경향이 있으며, 성인이 그 프로그램을 모니터하여 유아에게 친사회적 내용을 반복 연습하도록 하고 실행하도록 촉진시킬 때에만 그 효과가 지속될 수 있다(Friedrich & Stein, 1975).

(5) 정서발달

유아기는 쾌와 불쾌라는 단순한 정서의 표현밖에 볼 수 없던 영아기에 비해 정서가 강하게 나타나는 시기로서, 매우 복잡한 정서의 표출이 가능할 정도로 분화되어 나타나며, 정서 상태의 지속 시간이 짧고 정서 반응이 폭발적이다. 유아기에 발달적으로 나타나는 공통적인 정서는 기쁨, 불안, 공포, 분노, 애정, 질투 등이다. 2~3세 유아는 다른 유아를 도와주거나 나누기 및 위로를 할 수 있다. 유아는 영아보다 다양한 상황에서 기쁨을 느끼며, 감정표현도 미소, 웃음, 언어 등으로 좀 더 세련되게 표현한다. 또한 유아기에는 정서 반응이 자주 바뀌며, 정서 표출이 빈번하다. 유아가 자신의 정서를 정확하게 인식하고 타인의 정서를 이해하는 능력은 타인과 관계를 맺고 상호작용 하는 데 매우 적응적인 가치를 지닌다. 정서이해 능력은 대인관계 상황에서 상대방의 행동을 예측할 수 있게 해 주어 적절하게 대처할 수 있도록 하며 결과적으로 원만한 사회적 관계를 형성하도록 돕는다(권민균 외, 2012). 부모가 자신의 정서표현을 통해 다양한 정서에 대한 모델링을 제공하고, 자녀와 정서에 대한 대화를 나누며 안정애착을 형성한 경우, 유아의 정서이해도가 높은 것으로 나타났다. 때문에 요즘은 양육의 많은 시간을 보육(교육)기관에서 생활하는 영유아의 정서이해도를 위하여 교사가 자신의 정서표현을 다양하게 모델링을 제공하는 것도 영유아의 안정애착을 형성하면, 영유아의 자신의 정서이해도를 향상시킬 수 있을 것이다.

이 시기의 유아는 화가 나면 분노의 감정을 떼쓰기로 표현한다. 울고, 소리 지르고, 발을 구르고, 바닥에 누워 몸을 뒹구는 등의 떼쓰기 행동은 3~4세경에 심하게 나타난다. 4세가 되면 분노가 다른 유아에 대한 신체적인 공격으로 나타나는 경우도 있으나 대부분의 유아들은 노려보거나 단호한 언어표현으로 분노를 표출하게 된다.

유아들은 영아기보다 무서워하는게 많은데 이는 지능 발달과 더불어 이전에는 인식하지 못했던 것들의 잠재적인 위험을 알게 되기 때문이다. 3세에는 시각적인 것에 4세는 청각적인 것에 대해 무서워한다. 5세가 되면 점차 공포감을 느끼는 대상이 가소하나 상상력이 발달하면서 유령, 귀신 등을 무서워하게 된다, 이 시기의 공포 반응은 울거나 피하거나 또는 거부 등을 나타내는 언어적 반응을 보인다(김경희, 1991; 김재은, 1997; 이숙재 · 이봉선, 1999).

질투는 애정을 상실했거나 상실하게 되는 것을 두려워하는 정서로 흔히 형제간에 나타난다. 질투 감정은 화를 내거나, 질투 대상에게 공격적인 행동으로 표현되거나 또는 응석부리기, 말썽부리기, 손가락 빨기 등의 퇴행 행동으로도 나타난다. 이 시기에는 적극적으로 자기를 돌보아 주고 사랑해 주는 부모, 함께 노는 친구나 형제 등에게 애정을 느끼고 적극적으로 애정표현을 한다. 절제되지 않는 방법으로 표현을 하다가, 성장하면서 따뜻한 시선을 보내거나 친절을 베풀거나 언어로 애정을 표현하게 된다. 만 5세에 이르면, 유아는 여러 가지 정서로 분화하게 되는데, 이러한 정서는 성인이 되어서 표출하는 정서와 거의 유사하다(이숙재 · 이봉선, 1999).

또한 정서조절이란 내적 감정 상태 및 정서와 관련된 생리 화학적 과정의 발생, 강도, 지속 기간을 조정하는 과정을 말하며, 정서 경험을 주어진 상황에서 사회문화적으로 용인된 방법으로 반응하는 능력이다. 정서조절은 아동의 정서적 자기효능감, 또래집단에서의 수용, 또래관계의 질, 사회적 지위 등과 관련된다. 때문에 교사가 아동에게 직접적으로 훈육과 강화, 처벌을 통해 적합한 정서 표현과 언제 이러한 정서가 표현되는지를 가르치는 것이 중요하다, 동성부모가 아동의 부적절한 정서표현을 통제할수록 아동은 공감 또는 조망수용과 타인 지향적 관심을 나타냈다(권민균 외, 2012).

표 5-6

유아기에 기대되는 발달 프로파일

기대되는 발달	지표	평가내용
1. 유아들은 개인적으로나 사회적으로 능력이 있다.	자아	① 다른 사람과 구별하면서 자신의 신체적 특징, 선호와 경험에 대한 인식의 향상을 보인다.
		② 능숙하게 수행하는 자신의 능력을 평가하고 즐거움을 가진다.
	사회적 대인 관계기술	③ 타인의 감정을 인식하고, 점점 타인에게 적절한 방법으로 감정의 표현에 반응하는 것을 보인다.
		④ 공유하기, 함께 계획하기와 문제해결하기를 포함하여 점점더 협동적인 방법으로 성인과 상호작용한다.
		⑤ 경험과 활동을 공유하면서 특정 또래와 더욱더 친밀한 관계를 형성한다.
		⑥ 공유한 목적을 위해서 더욱더 협동 지향적인 놀이를 통하여 다른 유아들과 상호작용한다.
		⑦ 다른 유아의 욕구를 이해하고 사회적 규칙과 가치를 제한하는 범위 내에서 건설적으로 협상하는 방법을 학습한다.
		⑧ 자신과 타인 간의 유사점과 차이점을 인식하고 반응하며, 사회에서 각 개인의 가치를 이해하는 것을 학습한다.

기대되는 발달	지표	평가내용
	자기규제	⑨ 점점 더 사회적으로 적절한 방법으로 반응을 조절하는 전략들을 발달시킨다.
		⑩ 순서 지키기에 대한 향상된 이해를 발달시키고 전략들을 제안하기 시작한다.
		⑪ 타인과 공유하는 능력을 발달시키고 공간과 사물을 공유하기 시작한다.
	언어	⑫ 점점 더 복잡한 말, 구, 아이디어들을 사용하는 표현언어를 수용하고 이해하며 반응한다.
		⑬ 점점 더 복잡한 지시와 요구들을 이해하고 반응한다.
		⑭ 점점 더 복잡한 말과 문장으로 대화하기 위해서 언어를 사용한다.
		⑮ 적절한 언어의 사회적 사용에 따르면서 점점 더 확장된 대화에 참여한다.
2. 유아들은 유능한 학습자이다.	학습	⑯ 지식이나 새로운 자료나 활동에 대한 이해를 추구한다.
		⑰ 힘들거나 어렵더라도 자신이 선택한 활동을 이해하고 습득하기 위해서 계속한다.
	인지능력	⑱ 친숙하고 비친숙한 사건들, 과거 경험들, 사람과 사물에 관한 정보를 저장하고, 검색하고 사용한다.
		⑲ 원인과 결과 간의 관계에 대해 향상된 이해를 보여 준다.
		⑳ 도전적인 문제를 해결하기 위하여 논리적으로 추론 하거나 전략을 사용하는 능력의 향상을 보여 준다.
		㉑ 구조화된 역할놀이와 상징놀이를 이용하여 다른 사람들과 놀이하는 것을 학습한다.
	수학	㉒ 양을 나타내는 수 이름을 사용하고 점점 더 많은 사물의 집합을 센다.
		㉓ 작은 양의 사물의 덧셈과 뺄셈 능력의 향상을 보여 준다.
		㉔ 모양과 그 특징에 대한 향상된 지식을 보여 준다.
		㉕ 일과 활동, 순서와 사건의 지속, 시간에 관한 단어와 관련지어 시간을 이해하고 사용한다.
		㉖ 공통적인 특성에 따라 사물을 집단으로 비교, 연결, 분류하는 능력의 향상을 보여 준다.

기대되는 발달	지표	평가내용
		㉗ 길이, 무게, 부피와 같은 것을 측정할 수 있는 도구에 대한 이해의 향상을 보여주고 그러한 특성을 수량화하기 시작한다.
		㉘ 다양하고 복잡한 패턴을 구별하고, 따라 그리고, 만들어 내는 능력의 향상을 보여 준다.
	문해	㉙ 책, 노래, 시, 이야기, 쓰기와 다른 문해 활동에 관심을 보인다.
		㉚ 환경에서 상징, 글자와 단어와 소리와의 관계에 대한 인식의 향상을 보여 준다.
		㉛ 긁적거리기, 상징, 글자와 의미를 나타내는 단어를 사용하여 쓰는 능력의 향상을 보여 준다.
		㉜ 인쇄 자료의 규정과 자연적인 조직과 의미를 전달하는 인쇄물에 대해 향상된 이해를 보여 준다.
		㉝ 단어에서 소리의 분절을 포함하여 말을 구성하는 소리들에 대한 인식과 글자의 압운과 두운에 대한 구별을 보여 준다.
3. 유아들은 신체운동 능력을 보여 준다.	운동기술	㉞ 대근육(팔과 다리)을 사용하여 협응된 방법으로 이동 능력을 연마한다.
		㉟ 잡기, 풀어 주기, 힘주기의 사용을 계획하고 협응하며, 기능적인 놀이 활동을 위해 손가락과 손을 조절하는 능력을 연마한다.
		㊱ 유아는 공간에서 자신의 균형을 유지하는 능력을 연마한다.
4. 유아들은 안전하고 건강하다.	안전과 건강	㊲ 건강한 성장을 지원하고 전염의 확산을 막는데 있어 향상된 자립성을 보여 준다.
		㊳ 위험을 최소화하고 건강한 성장을 지원하는 안전한 실제에 대한 인식의 향상을 보여 준다.
		㊴ 건강한 삶을 선택하는 데에서 향상된 자립심을 보여 준다.

출처: California Department of Education(2005). Desired results developmental profile. http://www.cde.ca.gov에서 2008년 6월 인출.

제6장

영아 일상생활과 영역별지도와 상호작용

1. 영아의 일상생활지도법과 상호작용
2. 문제행동에 대한 교사의 상호작용과 역할
3. 영아의 놀이 활동의 상호작용 실제

1. 영아의 일상생활지도법과 상호작용

교사-영아간의 상호작용은 다음과 같다.

- 서로간의 자극의 전달을 주고받으면서 상호교류가 일어나는 과정을 말한다.
- 상호작용은 비언어적인 상호작용과 언어적인 상호작용을 포함한 포괄적인 의미를 말하며 언어적 상호작용과 비언어적 상호작용 속에서 영유아 자신의 감정과 신념을 자기가 속한 문화와 사회에 적합한 수행방법으로 표현할 수 있고, 이를 통해서 영유아는 정보를 익히고 내면화할 수 있다.
- 교수학습 과정에서 일어나는 교사-영유아의 상호작용은 교사-영아 간의 의사소통을 의미하는 것으로 교사가 영유아를 보호하고 교육하는 과정에서 나타나는 전반적인 태도 및 행동을 의미한다.

1) 상호작용 시 교사의 역할

(1) 적절한 물리적 환경의 준비

안전하고 적절한 수의 놀잇감과 발달에 적절한 놀잇감을 준비한다.

(2) 일대일 혹은 소집단 활동 장려

영아들은 여럿보다는 둘이 있을 때 가장 긍정적 상호작용을 하므로 일대일 혹은 소집단으로 상호작용할 수 있는 기회를 마련한다.

(3) 또래간 상호작용의 기회제공

또래간 상호작용을 통해 사회적 기술을 익히므로 주고받기 게임 등을 충분히 활용한다.

(4) 사회적 행동의 모델제공

사랑스러운 감정의 표현이나 분노 등의 감정을 행동이 아닌 말로 표현할 수 있게 정서 표현의 말을 가르쳐 준다.

(5) 갈등의 중재

영아를 잘 관찰하여 갈등의 조짐을 잘 파악하고 너무 흥분되어 있으면 냉정을 되찾도록 분리시킨다.

갈등해결을 위해서는 문제 상황을 침착하고 사실적인 방법으로 설명하고 갈등을 최소화하기 위해 주의를 돌리거나 부드러운 지시를 해 준다.

(6) 적절한 훈육

훈육을 위해 제일 먼저 명확한 한계를 전달하는 것이 중요하다. 잘못된 행동에 대하여 죄책감을 느끼지 않도록 해야 하며 고립시키는 형태의 훈육을 피하고 부적절한 행동에 대한 대안을 제공해 준다.

2) 긍정적인 상호작용과 부정적인 상호작용

(1) 긍정적인 상호작용

칭찬하기, 격려하기, 미소짓기, 긍정적 신체표현하기, 긍정적 반응하기, 시범보이기, 영유아와 함께 작업하기, 또래 상호작용 격려하기, 영유아의 의견 듣기, 대화 나누기 등이다.

(2) 부정적인 상호작용

짜증내기, 벌주기, 비난하기, 영유아와의 상호작용 시 무반응, 일방적으로 지시하기, 명령하기, 요구나 질문에 대하여 단순하게 반응하기, 부정적인 신체표현, 무관심 등이다.

〈긍정적인 상호작용과 부정적인 상호작용〉

	범 주	항 목	내 용
긍정적 상호 작용	애정적	신체접촉	• 영아와의 신체접촉 행동(예: 안아주기, 쓰다듬기, 엉덩이 토닥거리기, 뺨에 뽀뽀하기, 머리 빗겨주기 등)
		눈맞춤(미소)	• 가까이 있건 멀리 떨어져 있건 영유아와 눈빛을 교환하며, 영유아에게 미소를 보내는 행동
		영아관찰	• 가까이 있건 멀리 떨어져 있건 영아들의 행동에서 눈을 떼지 않고 항상 주시하는 행동
		칭찬, 격려	• 영아의 말이나 행동을 칭찬 또는 격려해 주는 행동(또래 간 상호작용을 격려하는 행동 포함)
	참여적	질문, 제안, 설명	• 놀이 속 또는 일반적인 대화 중에 영유아에게 질문이나 제안 또는 설명을 하는 행동
		이야기 들어주기	• 영아에게 하는 말을 경청하는 행동
		책읽어 주기	• 영아에게 책을 읽어 주는 행동
		도와 주기	• 영아를 도와주는 행동
부정적 상호 작용	통제적	금지, 지시	• 영아가 하려는 행동을 못하도록 제시하거나 지시적인 언어를 사용하는 행동
		위협(협박)	• 영아의 행동을 통제하기 위하여 협박을 하는 행동(예: 너 자꾸 그렇게 약속 지키지 않으면 아기반에 보낼 꺼야!)
		비난, 짜증	• 영아의 행동에 대하여 비난을 하거나 짜증을 내는 행동(예: 너 또 그랬니? 아유, 왜 선생님이 이야기했는데, 또 그렇게 했니?)
	방임적	유아의 요구에 무응답	• 영아가 질문을 하거나 어떤 요구를 할 때에 이에 대한 아무런 반응을 하지 않은 행동
		멍하니 앉아 있기	• 영아들이 옆에 있어도 함께 놀이를 하지 않고 딴생각을 하거나 하품을 하는 행동

3) 개방형 질문과 폐쇄형 질문의 비교

개방형 질문	폐쇄형 질문
• 영아에게 여러 개의 단어와 구로 반응하도록 촉진하는 것	• 영아에게 비언어적 반응이나 한두 단어로 된 대답을 하게 하는 것
• 한 가지 이상의 옳은 대답을 가지고 있는 것	• 질문에 정답이 정해져 있는 것
• 교사는 영아가 어떤 대답을 할지 알지 못하는 것	• 질문의 답을 교사가 이미 알고 있는 것
• 영아가 생각하게 하고 자신의 생각을 정리하고 이야기하는 시간을 주는 것	• 영아에게 빠른 반응을 요구하는 것
• 영아의 독창적인 생각을 중시하는 것	• 영아의 생각을 유사성이나 사실에 근거해서 생각하라고 하는 것
• 영아들이 추론하도록 하는 것	• 영아에게 정보만을 말하는 것
• 영아의 사고와 문제 해결에 초점을 두는 것	• 영아에게 명명화에 초점을 맞추는 것
• 영아들이 상상하도록 하는 것	• 영아에게 기억만을 회상하라고 하는 것

개방형 질문 (예시)	폐쇄형 질문 (예시)
• "○○는 다음에 무슨 일이 일어날 것 같으니?"	• "이것은 어떤 모양이니?"
• "○○는 어떻게 할 수 있을까?"	• "몇 마리의 소를 보았니?"
• "○○의 생각은 어떠니?"	• " 어느 동네에 사니?"
• "○○라면 어떻게 하겠니?"	• "기분이 어떠니?"
• "○○야~ ○○한다면 어떤 일이 일어날까?"	• "오늘은 누가 널 어린이집에 데리고 왔니?"
• "○○는 ○○에 대해서 어떻게 생각하니?"	• "가방은 어디에 있니?"
• "○○는 어떻게 설명할 수 있겠니?"	• "이것이 무엇인지 알고 있니?"

4) 비효과적인 칭찬과 효과적인 칭찬의 비교

효과적인 칭찬	비효과적인 칭찬
• 영아를 인정하기 ▷ "○○는 여러 가지 색을 사용해서 그림을 그렸구나!"	• 영아를 평가하는 것 ▷ "그림을 잘 그렸구나!"

효과적인 칭찬	비효과적인 칭찬
• 영아를 구체적으로 칭찬하기 ▷ "○○는 그림을 열심히 그렸구나!" ▷ "○○는 무엇을 그릴지 결정하는데 많은 시간을 보냈구나!"	• 영아를 일방적으로 칭찬하는 것 ▷ "잘했어"
• 영아의 발전에 대한 것을 수행과정을 비교하기	• 영아들 끼리 비교하는 것 ▷ "너는 누구보다도 가장 재미있게 글을 썼구나!"
• 영아의 행동에 대한 즐거움과 만족으로 연결하기	• 영아의 행위를 외적 보상과 연결하는 것 ▷ "너는 책을 세 권 읽었구나. 상자에서 스티커 가져가라."
• 영아가 성공한 것을 노력과 능력으로 보기	영아의 과제가 쉬운 것으로 돌리는 것 ▷ "저건 쉬워서 빨리 한 거야."
• 영아에 대한 생각을 많이 하고 칭찬하기	• 영아를 생각하지 않고 칭찬하는 것
• 영아를 자연스러운 목소리 톤으로 칭찬하기	• 영아에게 칭찬할 때 가성이나 무표정한 톤으로 칭찬하는 것
• 영아의 개별화에 맞추어 칭찬하기	• 영아를 항상 똑같이 칭찬하는 것
• 영아가 하는 상황(작업)을 방해하지 않고 칭찬하기	• 영아가 작업하는데 방해하면서 칭찬하는 것

5) 놀이 시 교사의 상호작용 개입

행동	예시
1. 일대일로 안내하기 (교사는 영유아의 눈높이에 맞추어서 질문하기)	• 교사는 자신을 영유아의 수준에 맞추고, 영아와 눈을 맞추면서 그림에 대해 이야기하고 싶어하는 영아의 욕구에 반응해야 한다. ▷ "○○의 그림에는 어떤 이야기가 있는지 궁금한데 이야기해 줄 수 있겠니?"
2. 질문하기 (개방형 질문하기)	• 교사는 극놀이 영역에서 자동차를 운전하는 흉내를 내고 있는 영유아를 관찰한다. ▷ "○○는 어디 가서 무슨 일을 할 거니?"
3. 모델링하기 (놀이상황에 적합한 모델링을 보이기)	• 영아가 언어영역에서 아무것도 하지 않고 앉아 있다. 교사는 영유아의 옆에 앉아서 종이 한 장을 꺼내서 뭔가 쓰기를 한다.
4. 따뜻하게 하기 (절제된 따뜻함으로 하기)	• 영아는 엄마와 작별인사를 한 후 스트레스 증상을 보인다. 교사는 영아에게 가까이 앉아서 뭐하고 싶은지, 혹은 동화를 듣고 싶은지 부드러운 목소리로 안심시킨다.

행동	예시
5. 격려하기 (칭찬보다는 격려, 과정에 초점을 두고, 경쟁과 비교는 피하기)	• 영아는 블록으로 만든 집을 보러 오라고 교사를 초대한다. "선생님, 이것 좀 보세요. 내가 만든 집이예요." 하고 상기된 목소리로 말한다. ▷ "○○가 만든 집이 있구나! 이 집에는 누구누구가 살고 있니?" 교사도 같은 어조로 대답해 준다.

2. 문제행동에 대한 교사의 상호작용과 역할

대 4-9	영유아 간의 다툼이나 문제 상황 개입
3	영유아 간의 다툼이나 문제 발생 시, 보육교사는 영유아가 원인을 서로 이해하고 스스로 해결하도록 지도한다.
2	영유아 간의 다툼이나 문제 발생 시, 대부분 보육교사가 해결해 주거나 개입하지 않는 경우가 가끔 있다.
1	영유아 간의 다툼이나 문제 발생 시, 보육교사가 거의 개입하지 않는다.

※ 보육교사가 영유아 간의 다툼이나 문제 상황에 개입할 때 고려할 점을 다음과 같다.

- 보육교사는 영유아 간의 다툼이나 문제가 발생하였을 때 어느 편에도 서지 않는 객관적 중재자로서 그 문제해결 과정에서 영유아가 타인의 입장을 배우고 자신의 행동에 대해 돌아보는 기회를 갖도록 적절히 개입하여야 한다.
- 영유아 사이에 갈등이나 문제 상황이 발생하였을 때 영유아가 서로의 입장을 이해할 수 있도록 두 영유아 모두 자신의 입장을 이야기할 수 있는 기회를 제공하고 보육교사는 이를 신중하게 경청하도록 한다.
- 보육교사가 상황을 판단하여 급히 결론을 내리거나 일방적으로 정리하기보다 영유아의 입장을 객관적으로 설명해 준 후, 해결방안을 스스로 생각해 보도록 격려한다.

- 바람직하지 못한 행동이 반복될 때나 갈등 상황에서는 영유아가 스스로 긍정적으로 해결할 수 있는 대안을 제시해 준다.
- 다툼이나 문제가 발생할 때마다 보육교사가 해결을 해 주면 영유아는 더 이상 자신들 스스로 문제를 해결하도록 노력하기보다 보육교사에게 해결을 요청하거나 보육교사의 지시를 따르려는 수동적 태도를 형성하게 된다.
- 영유아 간에 다툼이 났을 경우 보육교사가 다툼의 원인에 대한 파악은 하지 않고, 다툼을 종결시키고, 다투었던 두 유아를 벌세우는 등의 방법은 빠른 해결방법인 것처럼 보이지만, 영유아가 원인을 서로 이해하지 못했기 때문에 문제가 계속 발생할 여지가 남아 있다. 또한 "누가 이 놀잇감을 먼저 갖고 놀았니?", "그럼 ○○가 잠시 더 갖고 놀다가 △△에게 양보하자" 등으로 보육교사가 영유아에게 상황을 물어 보기는 하지만 보육교사가 직접 해결방안을 제시하는 것도 바람직하지 않다.
- 영유아 간의 다툼이나 문제 상황이 일어나지 않도록 영유아의 발달 특성을 잘 파악하고, 충분한 놀잇감 및 교구·교재를 마련해 주는 등 사전에 예방을 하는 것이 바람직하다.
- 영아(만 0~1세, 2세)는 발달 특성상 언어표현 능력이 부족하고 자율적인 나누기와 문제해결이 어려우므로 보육교사가 평소에 잘 살펴서 문제 상황을 빨리 파악하여 신속하게 대처하는 것이 필요하다.

1) 다툼이나 문제 상황 개입의 실제(예시)

(1) 역할놀이에서 아이들이 요리를 하고 있다. 지은이는 매우 위축된 아이로 놀이에 비참여적인 행동을 보인다. 지은이를 리더십 있게 키워 줄 수 있는 전략을 써 보자.

▷ 지은이가 친구들한테 가서 "난 피자 먹을 거야!" 라고 자신 있게 말해 봐~ 그러면 친구들이 놀이에 함께 하자고 할 거야~.

(2) 친구들과 어울리지 못하는 승운이가 다른 아이들이 놀이하는 것만 보고

있다. 친구들은 승운이를 무시한다.라고 가정할 때, 승운이를 사회관계에 잘 속할 수 있도록 개입해 보자.

▷ 승운이가 친구들한테 "나, 놀이공원에 가고 싶어!" 라고 친구들에게 말해 봐~ 그러면 친구들이 함께 놀이 하자고 할 거야.
"만약, 친구들이 안 한다고 하면, 선생님하고 다른 방법을 찾아보자~."

(3) 명훈이가 자신의 말을 들어주지 않았다고 지은이를 때린다. 비공격적으로 갈등을 해결할 수 있도록 개입해 보자.

▷ "명훈아! 때리면 안 돼요! 때리는 것 말고 명훈이가 지은이에게 가서 말로 표현할 수 있는 다른 방법을 찾아보도록 하자?"

(4) 영이가 블록으로 집을 짓고 싶어한다. 민호는 그러고 싶지 않아 '싫어'라고만 소리만 지르고 있다. 적절하게 거절하는 방법을 가르쳐 보자.

▷ "영이가 집은 왜 만들고 싶은지 민호에게 말해 주면 어떨까?"
"그 이유를 말해 줄 수 있겠니? 그러면, 민호가 생각하는 다른 만들기는 무엇이 있는지 서로 이야기해 볼까?"

(5) 엄마는 지금 시장을 가야하고, 동훈이는 더 놀다 가겠다고 한다. 협상하는 기술(상호주관적 해결)을 가르치기 위한 개입을 해 보자.

▷ "동훈이는 더 놀이하고 싶구나! 그런데 엄마는 지금 시장가야 하는데 동훈이가 어떻게 하면 좋을지 방법을 이야기해 줄래?"

(6) 가게놀이를 하고 있는 친구들과 함께 정민이는 놀고 싶어한다. 하지만, 친구들은 정민이를 싫다고 한다. 정민이를 놀이에 참여시켜 보자.

▷ 정민아! 친구들에게 가서 "난 햄버거 먹을래." 라고 친구들에게 말해 볼래?"
그러면 친구들이 함께 놀자고 할 거야~.

(7) 영철이는 뭐든지 먼저 하려고 친구들을 밀치거나 때리는 행동을 한다. 이러

한 영철이에게 자신의 행동을 찍은 것을 모니터링해 볼 수 있도록 해 보자.

▷ "영철아 네가 친구들을 밀었을 때 어떤 일이 일어났니?"

"영철이가 친구들을 미니까 그 친구는 너랑 더 이상 놀고 싶어하지 않았어!"

3. 영아의 놀이 활동의 상호작용 실제

1) 신체운동놀이

구분	교사의 지도내용 및 상호작용 전략	상호작용의 예
자신의 몸의 움직임 지각하기	• 움직임을 자극할 수 있는 놀잇감과 활동을 제공해 주기 • 몸의 움직임을 언어적으로 묘사해 주기	• "○○가 손을 흔드니 딸랑딸랑 소리가 나네." • "○○는 터널 안으로 기어가고 있구나."
자신의 몸/기구 조절 시도하기	• 몸의 균형과 조절 능력을 키울 수 있는 활동을 제공해 주기 • 반복해 볼 수 있는 기회를 주기 • 어려워하는 활동은 함께 참여하기	• "○○가 한 발씩 천천히 걷고 있구나." • "이번에도 살금살금 기어가 볼까?" • "○○는 거북이처럼 엉금엉금 기어가는 구나" • (터널 앞에서)"○○야, 선생님 여기 있네. 선생님에게 기어와 볼까?"
안전하게 놀이하기	• 영아의 안전을 위하여 놀이 환경에 대한 점검을 철저히 하기 • 기구의 안전한 사용 방법 안내하기 • 영아가 자신의 신체적 능력의 한계를 알고 합리적인 시도를 할 수 있도록 안내하기	• (터널을 들어가고 나오는 방향을 시각적으로 안내) "친구들끼리 꽝 하고 부딪히면 다치겠구나. 사과그림이 있는 방향으로 들어가서 바나나 그림이 있는 방향으로 나와 볼까?" • "○○야! 친구가 앞에 가고 있구나. 친구랑 부딪히지 않도록 친구가 다 지나가고 들어가 볼까?"

2) 탐색놀이

구분	교사의 지도내용 및 상호작용 전략	상호작용의 예
감각적 경험 제공해 주기	• 스스로 탐색하고 있는 상황을 기다려 주기	• (교구에 관심을 보이면 영아 스스로 탐색할 수 있는 시간을 주며, 관찰하기)
감각적으로 지각하기	• 오감을 이용한 탐색을 격려하는 상호작용하기 • 경험에 대한 것을 말로 표현해 주기	• "○○야~ 만져 보니 딱딱하네." • "○○야~ 흔들어 보니 소리도 나네." • "○○야~ 공처럼 동그랗구나." • "○○야~ 냄새도 맡아 보겠니?"
탐색 기획주기	• 물체에 대한 흥미를 지속시키고 활동에 좀 더 오래 집중하며 놀이할 수 있도록 상호작용하기 • 시행착오를 경험하여 스스로 문제해결하는 능력에서 오는 성취감을 느낄 수 있도록 기다려 주기	• "○○야~ 그래, 높이 쌓을 수도 있구나." • "○○야~ 여기 구멍이 있네. 구멍 속에 쏙 넣을 수도 있구나." • "○○야~ 안 들어가네. 어떻게 하지? 그래. 다른 곳에 넣어 볼 수 있겠구나. 쏙 들어 갔네."
시범 보이기	• 영아가 표현하는 언어 · 비언어적 단서를 관찰한 후 시범 보이기	• (교사가 다른 방향으로 돌려 넣어 본다.)
놀이에서 물러나기	• 영아가 스스로 할 수 있도록 놀이에서 물러나기	• (영아가 어떻게 활동을 하는지 잠시 관찰한 뒤, 도움을 필요로 하지 않으면 물러난다.)

3) 창의적 표현놀이

구분	교사의 지도내용 및 상호작용 전략	상호작용의 예
관심 알아차리기	• 관찰을 통해 관심을 알아차리기	• "○○가 물감 놀이를 하고 싶구나."
동기 유발해 주기	• 재료를 탐색해 볼 기회를 주며 호기심을 불러일으키기 • 활동에 대한 호기심과 흥미를 증진시키기 • 상상적 세계에 대한 호기심이나 흥미 자극하기 • 주제에 대한 호기심을 불러일으키기	• "○○야~ 이게 뭘까?" • "○○야~ 만져 보니 어떤 기분이 드니? 아, 미끌미끌하구나." • (물감을 섞어 주며) "○○야~ 하얀색이 노랗게 변하네." • "○○야~ 우리가 산책할 때 보았던 개나리꽃처럼 노란 색이네."

구분	교사의 지도내용 및 상호작용 전략	상호작용의 예
과정 즐기기	• 결과물이 나오기를 강요하기보다 과정과 시도에 대해 격려하는 상호작용하기	• "○○야~ 손을 빙글빙글 돌려 볼까?" • "○○야~ 손가락으로도 그려 볼까?" • "○○야~ 여기 있는 물감을 손으로 찍어서 꽃 모양 종이에 그림을 그려 볼까?"
표현을 언어화해 주기	• 직선, 곡선, 선의 굵기 등을 탐색하기 • 다양한 색과 형태를 탐색하기 • 재료의 질감과 특성을 탐색하기 • 작품 안에서의 공간에 대해 상호작용하기	• "○○야~ 구불구불한 선이 있네." • "○○야~ 노란색과 파란색이 섞여졌네." • "○○는 동그란 모양도 그렸네."
정리를 놀이화하기	• 작품에 이름 적어 주기 • 느낌 이야기 나누기	• "○○의 손가락 모양이 찍힌 꽃이 되었네." • "○○가 그린 꽃이 정말 아름답구나."

4) 쌓기놀이

구분	교사의 지도내용 및 상호작용 전략	상호작용의 예
지켜보기	• 관심 있게 지켜보기 • 영아의 의도 관찰하기	• "○○가 벽돌블록으로 놀이하고 싶구나."
적절히 조언해 주기	• 구체적으로 격려해 주기 • 결과나 결과물보다 과정, 진보, 노력에 초점두기 • 솔직하고 진실되게 말해 주기 • 성취를 볼 수 있도록 말해 주기 • 경쟁과 비교를 피하기	• "○○가 벽돌블록을 길게 놓기 위해서 열심히 나르고 있구나." • "○○가 벽돌블록을 세 개나 연결해 놓았네." • "○○가 이렇게 벽돌블록을 연결하면 집을 만들 수 있겠구나." • "○○가 벽돌블록을 이용하여 △△가 잠을 잘 수 있는 집을 지었구나."
블록의 안전한 사용에 대해 이야기해 주기	• 안전을 위해 규칙을 지키도록 지도하기 • 다른 영아의 구성물을 쓰러트리지 않기	• "○○야~ 블록을 던지면 어떻게 될까?" • "○○야~ 친구의 블록을 쓰러트리면 친구는 어떤 기분일까?"

구분	교사의 지도내용 및 상호작용 전략	상호작용의 예
정리정돈 하기	• 미리 정리시간 예고하여 마음의 준비를 하게 하기 • 또래와 함께 정리할 수 있도록 격려하기	• (영아들의 결과물을 남길 수 있는 방법 생각하기) • (모래시계를 이용하여 시각적으로 알려주기) "○○야~ 이제 우리가 약속한 정리 시간이 얼마 남지 않았구나." • "○○가 △△와 함께 블록을 옮기니 무겁지 않겠구나."

5) 상징놀이

구분	교사의 지도내용 및 상호작용 전략	상호작용의 예
지지해 주기	• 영아가 관심 보이는 것을 옆에서 지켜보며 상황을 이야기로 표현해 주기	• "○○가 자장자장 △△를 재워 주는구나."
모방해 주기	• 영아의 행동을 그대로 모방해 주기	• (영아가 손가락을 입에 대고 '쉿'이라고 표현한다.) 교사도" 쉿"이라고 모방해 준다.
칭찬해 주기	• 상징놀이 행동을 칭찬해 줌으로 상징놀이 강화해 주기	• "○○가 아기에게 우유를 먹여 주고 있구나. △△가 우유를 줘서 배고프지 않겠다."
비지시적 제안하기	• 비지시적인 방법으로 제안하기	• (스카프 천을 가져와 아기인형에게 덮어준다.)
지시적 제안하기	• 지시적인 방법으로 제안해 놀이 확장시키기	• "○○야~ 아기가 자고 일어나더니, 배고픈가봐. 울고 있네. 어떻게 하지?"
모델링 보여주기	• 상징놀이의 모델링을 영아에게 행동과 언어로 보여주기	• (교사가 다른 아이인형을 가지고 와서 기저귀를 갈아준다.) • "○○야~아기가 배고팠나 봐~냠냠 맛있게 먹네."

6) 언어 그림책놀이

구분	교사의 지도내용 및 상호작용 전략	상호작용의 예
그림책을 같이 바라보는 방향으로 앉기	• 영아를 교사의 무릎에 앉히거나 같은 방향으로 나란히 앉기	• "○○야~ 선생님 무릎에 앉아서 같이 볼까?"
영아의 관심 관찰하기	• 영아의 그림책을 어떻게 탐색하는지, 어디에 관심이 있는지 관찰하기	• "○○야~ 책의 느낌이 어때?" • "○○야~ 딱딱하다고? (영아의 얼굴 표정을 살펴 언어화해 준다.) • "○○야~ 뭐가 보이니?"
영아에게 기회 제공하기	• 그림 속의 사물을 명명하거나 그림에 대해 말할 수 있는 기회 제공하기	(그림책: 사과가 쿵) • "○○야~ 누가 사과를 먹고 있니?" • "○○야~ 악어가 사과를 어떻게 먹고 있니?"
영아의 의견 존중해 주기	• 영아가 책장을 넘기려면 이를 존중하기	• "○○가 다음 장으로 넘기고 싶구나." (영아가 책장을 넘길 수 있게 한다.)
영아의 반응에 피드백해 주기	• 영아의 교구나 반응에 피드백해 주기	(그림책: 사과가 쿵) • "○○야~ 나비가 날아가네." • "○○야~ 다람쥐랑 토끼도 기다리고 있구나."
강요하지 않기	• 책을 읽는 도중 영아가 갑자기 일어나 책에 나오는 사물을 찾아오거나 말로써 흥분을 표현하면 책읽어 주기를 멈추고 영아의 행동과 말에 반응해 주기	(그림책: 사과가 쿵) • "○○가 사과를 찾아왔구나. 냠냠. 맛있다."(교사는 먹는 흉내를 내본다.)

7) 공격적 행동 지도를 위한 상호작용

구분	교사의 지도내용 및 상호작용 전략	상호작용의 예
예방하기	• 영역을 구분하여 영아들의 관심이 나뉠 수 있게 하며 같은 종류의 놀잇감을 제공하여 분쟁을 미연에 예방하기	• "○○도 자동차를 가지고 놀이하고 싶구나(똑같은 자동차를 주며). 빵빵 자동차가 △△에게 왔네."

구분	교사의 지도내용 및 상호작용 전략	상호작용의 예
예상하기	• 언제, 어디서, 누구와 어떤 일을 할 때 발생하는지를 주의 깊게 관찰하고 공격적 행동이 나타나기 전 요구를 해결해 주기	• "○○가 블록을 가지고 가서 속상했구나. 친구에게 △△야~ '돌려 줄래?'라고 이야기해 볼까?"
대체하기	• 공격적 행동이 나타나는 원인을 다른 방법으로 해결해 주기 • 교사가 큰 소리로 반응하거나 강압적으로 대처하지 않기 • 교사가 영아와 똑같이 공격적인 행동으로 훈육하지 않기	• (이가 간지러울 시기에는 치발키를 달아 준다.) • (영아들이 놀잇감을 던지거나 공을 던지면 마음껏 던져 볼 수 있는 대근육 활동으로 안내한다.)
반응하기	• 공격적 행동이 나타나는 영아들을 더 민감하게 반응해 주기	• (보육실에서 공격적 행동이 통제받는다는 것을 알게 하기)
사회적 상호작용 방법 가르치기	• 사회적 문제해결 능력 가르치기: 사회 문제를 해결하기 위한 사회적 기술 발달단계 – 1단계 : 도움 청하기 – 2단계: 협상하기 – 3단계: 차례 지키기 – 4단계: 사회적 언어 사용하기 – 5단계: 물러서 있기 – 6단계: 계획하기	• (도움 청하기) "○○야~ 다음에는 '선생님, 경찰차 갖고 싶어요.'라고 말해 볼까?" • (협상하기) "○○야~ 친구에게 소방차랑 바꿔 줄래? 라고 말해 볼까? • (차례 지키기) "○○야~ 선생님이랑 소방차 가지고 놀이하면서 기다려 볼까?" • (사회적 언어 사용하기) "○○야~ 빌려줘서 고마워. 라고 말해 주겠니?" • (물러서 있기) "○○야~ 하지마, 때리면 안 돼라고 이야기하자." • (계획하기) "○○야~ 자동차가 이 길을 다섯 번 돌면 바꿔서 놀이하자."
부모의 협조 구하기	• 입학 오리엔테이션을 통해 영아의 발달 특성 안내하기 • 가정에서도 어린이집과 일관된 태도로 반응하도록 안내하기 • 물린 영아 부모들에게 안도감 주기	• (영아의 발달상 공격적 행동이 나타날 수 있음을 안내하기)

8) 영아 일상생활 활동 시 상호작용

구분	교사의 지도내용 및 상호작용 전략	상호작용의 예
등원 및 맞이하기	• 영아와 눈마주치기 • 스킨십 시도하기 • 영아에게 관심표현하기 • 부모와의 이별이 어려운 영아의 마음 인정하기	• "○○가 오늘은 파란 옷을 입고 왔네.~" • "선생님은 ○○를 사랑해~" • "○○가 오늘 웃으면서 인사를 해 주니 선생님 마음이 너무 기뻐~." • "○○가 오늘은 정말 기분이 좋구나.~" • "○○가 엄마랑 헤어지는게 슬프구나.~ 선생님은 ○○가 너무 보고 싶었는데~." • "○○가 오늘도 선생님이랑 즐겁게 놀이해 보자.~ 어제 ○○가 놀이했던 뽀로로 인형 찾으러 가볼까?"
기저귀 갈기 및 배변	• 영아의 불편한 상태 함께 느끼기 • 영아에게 허락 구하기 • 배변에 대한 긍정적인 태도 보이기	• "○○의 기저귀가 많이 젖었네, 불편하지? 선생님이 도와 줄게~." • "○○가 쉬를 아주 잘했네~. 시원하지?"
수유 및 이유식	• 영아의 배고픔 함께 느끼기 • 영아와 눈마주치기 • 수유와 이유행동에 대해 격려하기	• "○○의 입으로 젖꼭지가 쏙 들어가네.~" • "○○가 정말 많이 배가 고팠구나.~ 이 음식 먹고 건강해지자~." • "○○가 너무 배고팠구나~. 선생님하고 냠냠 먹어 보자.~"
식사 및 간식	• 영아의 개별적인 식습관을 고려하여 배려하기 • 영아의 경험에 대해 함께 나누기 • 편안하고 즐거운 분위기 조성하기	• "○○가 오늘은 김치를 모두 다 먹기 힘들구나.~ 그럼 두 번 먹어 볼까? 세 번 먹어 볼까?"
양치질 및 손씻기	• 영아의 신체 소중히 다루기 • 영아의 의사 존중하기	• "○○가 얼굴을 깨끗하게 씻어 볼까?" • "○○눈은 어디 있나~ 요기~~" • "거울 속에 보이는 ○○의 얼굴이 정말 깨끗하구나.~ ○○도 기분이 좋지?"
낮잠 및 휴식	• 영아의 개별 낮잠 습관 배려하기 • 안정감을 주는 환경 만들기 • 영아와 스킨십하기	• "○○가 많이 졸립구나.~ 선생님하고 코~ 잘까?" • "○○가 이불에 누워 볼까? 누우니깐 참 편안하겠구나.~" • "○○가 좋아하는 자장노래 불러 줄까?"

구분	교사의 지도내용 및 상호작용 전략	상호작용의 예
옷 입고 벗기 및 신발 신고 벗기	• 영아에게 관심 표현하기 • 영아의 상태 배려하며 진행하기	• "○○ 신발 신기가 어렵구나.~ 선생님이 기다려 줄게~" • "○○는 오늘 정말 편한 운동화를 신었네. 선생님하고 산책 가서 콩콩콩 뛰어 보자.~"
정리정돈	• 영아와 함께 정리하기 • 영아의 행동에 대해 긍정적인 반응하기	• "선생님도 ○○랑 함께 정리 해야지~" • "우와~ ○○가 정리를 잘 하는구나~. 교실이 깨끗해지니 선생님 기분도 좋아지는 걸.~"
귀가하기	• 영아와 스킨십하기 • 개별적인 시간 충분히 갖기	• "○○야. 내일도 웃으면서 만나자." • "내일은 ○○가 좋아하는 뽀로로 인형을 어부바 해 주자!"

제7장

유아의 영역별지도와 상호작용

1. 유아의 영역별지도
2. 유아와의 상호작용
3. 문제행동에 대한 실습교사의 상호작용

1. 유아의 영역별지도

실습생은 유아의 영역별 지도에 앞서 누리교육에서 목표로 하는 것을 이해하고, 그 목표를 달성하도록 하여야 한다. 누리교육은 각 영역별로 5가지 보육 목표를 다음과 같이 제시하여 3~5세 유아의 심신의 건강과 조화로운 발달을 도와서 민주 시민의 기초를 형성하는 목적을 달성하도록 하였다.

- 기본 운동 능력과 건강하고 안전한 생활 습관을 기른다.
- 일상생활에 필요한 의사소통 능력과 바른 언어 사용 습관을 기른다.
- 자신을 존중하고 다른 사람과 더불어 생활하는 능력과 태도를 기른다.
- 아름다움에 관심을 가지고 예술경험을 즐기며, 창의적으로 표현하는 능력을 기른다.
- 호기심을 가지고 주변 세계를 탐구하며, 일상생활에서 수학적 · 과학적으로 생각하는 능력과 태도를 기른다.

1) 3~5세 유아의 신체운동 · 건강 영역

신체운동 · 건강 영역은 유아가 자신의 신체를 긍정적으로 인식하고 신체활동에 즐겁게 참여함으로써 유아기에 필요한 기본 운동 능력과 기초 체력을 기르고, 건강하고 안전한 생활을 실천하는 능력과 태도를 기르기 위한 영역이다. 유아가 신체운동 능력을 가지고 건강한 신체 및 정신을 유지하는 것은 자신에 대한 긍정적인 인식을 형성하는 것은 물론 대인관계에서도 자신감을 가질 수 있게 한다. 이 시기 유아는 신체운동을 성공적으로 수행하면서 성취감을 느낄 수 있기 때문이다. 이러한 경험은 유아가 또래 친구들과 우호적인 관계를 형성하는 기초가 된다. 따라서 유아가 긍정적인 신체 인식 능력을 형성하기 위해서는 발달 수준이나 흥미에 적절한 신체운동 활동을 제공해 주는 것이 중요하다.

유아기 기초 체력은 신체 조절 능력과 이동운동, 비이동운동을 통해 형성하는 근력, 근지구력, 민첩성, 유연성, 협응성 등을 포함하는 개념으로 이후 아동기나 청소년기 체력과 운동 능력에 영향을 미친다. 최근 생활 형태의 변화로 유아의 신체운동 기회가 점차 줄어들어 기초체력이 저하되고, 식습관의 변화로 비만 등의 문제가 발생하고 있으므로 유아기에 바른 식습관을 형성하는 것도 중요하다. 또한 생활 속에서 자연 재해나 안전사고의 발생 위험 또한 증가하고 있으므로, 유아가 다양한 신체운동 활동에 적극적이고 지속적으로 참여함으로써 기본 운동 능력을 형성하고 건강하고 안전한 생활 습관을 기르도록 지원하는 것이 중요하다.

신체운동 · 건강 영역의 목표

기본 운동 능력과 건강하고 안전한 생활 습관을 기른다.

① 감각 능력을 기르고, 자신의 신체를 긍정적으로 인식한다.
② 신체를 조절하고 기본 운동 능력을 기른다.
③ 신체 활동에 즐겁게 참여한다.
④ 건강한 생활습관을 기른다.
⑤ 안전한 생활습관을 기른다.

표 7-1

신체운동 · 건강 세부 내용

내용 범주	내용	세부 내용
신체 인식하기	감각능력 기르고 활용하기	감각적 차이를 경험한다.
		감각기관을 인식하고, 활용해 본다.
	신체를 인식하고 움직이기	신체 각 부분의 명칭을 알고, 움직임에 관심을 갖는다.
		자신의 신체를 긍정적으로 인식하고 움직인다.

내용 범주	내용	세부 내용
신체 조절과 기본 운동하기	신체 조절하기	신체균형을 유지해 본다.
		공간, 힘, 시간 등의 움직임 요소를 경험한다.
		신체 각 부분의 움직임을 조절해 본다.
		눈과 손을 협응하여 소근육을 조절해 본다.
	기본 운동하기	걷기, 달리기 등 이동운동을 한다.
		제자리에서 몸을 움직여 본다.
신체 활동에 참여하기	자발적으로 신체 활동에 참여하기	신체 활동에 자발적으로 참여한다.
		다른 사람과 함께 하는 신체 활동에 참여한다.
	바깥에서 신체 활동하기	규칙적으로 바깥에서 신체 활동을 한다.
	기구를 이용하여 신체 활동하기	여러 가지 기구를 이용하여 신체 활동을 한다.
건강하게 생활하기	몸과 주변을 깨끗이하기	손과 이를 깨끗이 하는 방법을 알고 실천한다.
		주변을 깨끗이 한다.
	바른 식생활하기	음식을 골고루 먹는다.
		몸에 좋은 음식에 관심을 갖는다.
		바른 태도로 식사한다.
	건강한 일상생활하기	규칙적으로 잠을 자고, 적당한 휴식을 취한다.
		하루 일과에 즐겁게 참여한다.
		스스로 화장실에서 배변한다.
	질병 예방하기	질병의 위험을 알고 주의한다.
		날씨에 맞게 옷을 입는다.
안전하게 생활하기	안전하게 놀이하기	놀이기구나 놀잇감, 도구를 안전하게 사용한다.
		안전한 놀이장소를 안다.
		TV, 인터넷, 통신기기 등을 바르게 사용한다.
	교통안전 규칙지키기	교통안전 규칙을 안다.
		교통수단을 안전하게 이용한다.
	비상 시 적절히 대처하기	학대, 성폭력, 실종, 유괴상황을 알고 도움을 요청한다.
		재난 및 사고 등 비상 시 적절하게 대처하는 방법을 안다.

신체운동 · 건강 영역의 세부 내용의 실제 활동 중 자발적으로 신체 활동에 참여하기의 예를 살펴보면 다음과 같다.

• 유아의 주변에서 흔히 볼 수 있는 것이나 관심 있는 사물의 움직임을 관찰하고, 관찰한 것을 자발적으로 표현해 볼 수 있도록 한다.

【예】

- "농구공을 튕겨 보자. 공이 어떻게 움직이니? 우리 공처럼 움직여 볼까?"
- "개구리나 토끼는 어떻게 뛸까? 우리 개구리나 토끼처럼 뛰어 볼까?"

• 유아들이 자신의 특성에 맞는 신체운동에 참여함으로써 성공적인 경험을 할 수 있도록 하고 서로의 차이를 자연스럽게 인정할 수 있도록 한다.

• 특히 자신감이 없는 유아나 소극적인 유아에게는 특정한 행동을 완수하도록 강요하지 않고 충분한 시간적 여유를 줌으로써 스스로 탐색하고 다양한 시도를 해 볼 수 있도록 한다.

• 교사는 다른 유아와 비교하지 않으며, 유아가 자발적이고 적극적으로 활동에 참여한 점을 구체적으로 칭찬하고 격려한다.

■ 신체 활동의 자발적 참여연령별 활동 예시

• 3세

- 동물 흉내를 내며 자유롭게 뛰어 보고, 동물의 울음소리도 흉내내 보며 신체의 움직임과 창의적 표현에 즐거움을 느끼고 자발적으로 참여할 수 있도록 한다.

• 4세

- 신체 놀이기구를 자유롭게 오르내리면서 신체를 조절하고 기초 체력을 키울 수 있는 활동을 한다.

• 5세

- 림보 게임, 유니바 넘어 보기 등 활동의 난이도를 조절하며 지속적으로 즐거움을 느끼며 참여하도록 하고, 이를 통해 성취감을 느껴 볼 수 있도록 한다.

2) 3~5세 유아의 의사소통 영역

의사소통 영역은 언어의 기본 형태인 구어와 문어를 활용하여 나와 다른 사람의 느낌이나, 생각, 경험을 상황과 상대방에 알맞게 소통할 수 있는 능력을 기르는 영역이다. 또한 말과 글의 관계를 알고 읽기와 쓰기에 흥미를 가져 언어 사용을 즐기도록 하는 영역이다. 유아기는 구어 사용 능력이 급격히 확장되고, 문어 사용에 대한 흥미와 이에 대한 기초 능력이 발달하는 시기이다. 영아기에 주로 많이 사용되었던 몸짓, 표정 등의 비언어적 표현이 줄어들면서, 유아기에는 주변 생활에서 경험한 다양한 사물이나 사건들에 대한 이야기를 이해하고 또 이를 적합한 어휘로 표현하는 것이 중요하다. 유아는 문장 내에 숨겨진 상대방의 의도를 해석할 수 있어야 하고, 자신의 생각이나 느낌 등의 의도를 상대방에게 적절히 전달할 수 있어야 한다. 또한 그림책이나 인쇄물처럼 철자로 이루어진 다양한 내용들에 관심을 가지고 그 속에 담겨진 의미를 파악할 수 있어야 한다.

의사소통 영역은 '듣기', '말하기', '읽기', '쓰기'의 네 가지 내용 범주로 구성되어 있다. 이들 네 가지는 말과 글의 사용에 중점을 두고 서로 연관 지어서 경험하도록 한다. 의사소통 영역은 '듣고 말하며, 읽고 쓰기'라는 방법을 통해서 유아가 전달하고자 하는 의미를 구성하고, 상황에 맞게 표현하며, 타인이 보낸 의미를 잘 해석하여 이해하는 능력을 기르는 내용이 포함되어 있다. 의사소통 영역에서는 사회 구성원들이 약속한 복잡한 언어체계를 가르치려하기보다 언어 사용에 대한 자신감과 즐거움을 느끼며 다른 사람이 전달한 구어나 문어의 내용을 이해하는데 중점을 두어야 한다. 일상생활에서 자연스럽게 접하게 되는 내용을 말하고 듣는 기회로 활용하고, 생활 속의 환경 인쇄물을 자주 접하도록 하며 정확하지 않은 말과 글로 표현하더라도 그 의미를 존중해 주어 즐거운 언어 사용이 되도록 격려해 준다. 또한 유아가 그림책의 이야기 내용에 집중하도록 하여 저자가 전달하고자 하는 의도를 유아가 즐겁게 발견할 수 있도록 한다.

의사소통 영역의 목표

일상생활에 필요한 의사소통 능력과 바른 언어 사용 습관을 기른다.

① 다른 사람의 말을 주의 깊게 듣는 태도와 이해하는 능력을 기른다.
② 자신의 생각과 느낌을 말하는 능력을 기른다.

③ 글자와 책에 친숙해지는 경험을 통하여 글자 모양을 인식하고 읽기에 흥미를 가진다.

④ 말과 글의 관계를 알고 자신의 생각, 느낌, 경험을 글로 표현하는 데 관심을 가진다.

표 7-2

의사소통 세부 내용

내용 범주	내용	세부 내용
듣기	낱말과 문장 듣고 이해하기	낱말의 발음에 관심을 가지고 듣는다.
		일상생활과 관련된 낱말과 문장을 듣고 뜻을 이해한다.
	이야기 듣고 이해하기	다른 사람의 이야기를 관심 있게 듣는다.
	동요, 동시, 동화 듣고 이해하기	동요, 동시, 동화를 다양한 방법으로 듣고 즐긴다.
	바른 태도로 듣기	말하는 사람을 바라보며 듣는다.
말하기	낱말과 문장으로 말하기	친숙한 낱말을 발음해 본다.
		새로운 낱말에 관심을 가진다.
		일상생활에서 일어나는 일들을 간단한 문장으로 말한다.
	느낌, 생각, 경험 말하기	자신의 느낌, 생각, 경험을 말해 본다.
	상황에 맞게 바른 태도로 말하기	상대방을 바라보며 말한다.
		바르고 고운 말을 사용한다.
읽기	읽기에 흥미 가지기	주변에서 친숙한 글자를 찾아본다.
		읽어 주는 글의 내용에 관심을 가진다.
	책읽기에 관심 가지기	책에 흥미를 가진다.
		책의 그림을 단서로 내용을 추측해 본다.
쓰기	쓰기에 관심 가지기	말을 글로 나타내는 것에 관심을 보인다.
		자기 이름의 글자에 관심을 가진다.

의사소통 영역 중에서 말하기 교수 활동할 때 '읽어 주는 글의 내용에 관심 가지기' 지도의 유의점과 실제 활동의 예를 살펴보면 다음과 같다.

'읽어 주는 글의 내용에 관심 가지기'는 유아에게 글자 자체를 가르치는 것이 아니라 일상생활 속에서 밀접하게 자주 접하는 친숙한 글자를 찾아보고 이러한 글자에 흥미를 가지고 읽어 보려고 시도하는 내용이다. 또한 글로 된 인쇄물이나 그림책을 교사가 자주 읽어 주는 기회를 제공하여 유아가 그 내용에 관심을 가지고 읽었던 글을 자신도 읽어 보려고 시도하는 내용이다. 그림책을 개별 유아에게 소리 내어 읽어 주기, 소집단으로 함께 보며 그림책 읽어 주기, 그림을 보며 혼자 읽기 등 다양하게 그림책 읽기에 관심을 가지도록 한다.

【예】

- "오늘 간식 메뉴는 무엇일까? 그림으로도 알 수 있니?"
- "여기 간판 사진은 선생님이 유치원/어린이집 바로 앞에서 찍어 온 것인데, 이 가게 이름이 무엇인지 아는 친구가 있을까? 어떻게 그 이름을 알았니?"

■ **읽어 주는 글이나 이야기에 관심 가지기 연령별 활동 예시**

• 3세

- 유아는 교사가 읽어 주는 글이나 이야기에 관심을 가지고 주의 깊게 듣는다.

• 4세

- 유아는 교사가 읽어 주는 이야기의 내용을 주의 깊게 들으며 이야기 줄거리에 관련된 사건이나 사물에 대해서 궁금한 것을 묻고 이야기에 대한 이해를 높여간다.

• 5세

- 유아가 흥미로워하는 주제 관련 이야기, 유아가 관심 있어 하는 신문기사(예: 월드컵 때 축구 관련 기사, 태풍 관련 기사) 등을 교사가 읽어 주고 유아가 이미 알고 있는 선수 이름이나 팀 이름 등을 스스로 읽어 보도록 한다.

3) 3~5세 유아의 사회관계 영역

사회관계 영역은 유아가 자신을 알고 소중하게 여기며 가족, 또래와 함께 원만하게 지내는 방법뿐 아니라 공동체에서 함께 살아가는 방법을 익히고 사회에 관심을 가지며 적응해 나갈 수 있는 기초능력과 인성을 기르기 위한 영역이다. 유아가 나를 알고 존중하는 태도를 기르는 것은 긍정적인 자아 존중감을 형성하는 데 기초를 마련해 주는 중요한 부분이다. 또한 자신과 타인의 감정을 알고 조절하는 능력을 갖추는 것은 유아가 타인과 원활한 관계를 형성하기 위한 바탕이 된다. 가족을 소중하게 여기는 마음은 자신의 가족배경과 구성원에 대하여 편견 없는 태도를 형성하는 데 필요하다. 유아가 타인을 존중하고 배려하며 협력하여, 갈등을 조절하고 문제를 해결할 줄 아는 능력을 배워 나가는 것도 중요하다. 한편 유아기부터 우리나라의 전통문화에 자부심을 갖고 나아가 세계의 다양한 문화에 관심을 갖는 것은 유아가 사회 구성원으로서의 정체감을 갖고 성장해 가는데 필요한 부분이다. 사회관계 영역은 '나를 알고 존중하기', '나와 다른 사람의 감정 알고 조절하기', '가족을 소중히 여기기', '다른 사람과 더불어 생활하기', '사회에 관심 갖기'의 다섯 가지 내용 범주로 구성된다. 처음 내용 범주는 유아가 스스로를 존중하는 것과 관련된 내용으로, 두 번째 내용 범주는 자신 및 타인의 정서에 대한 이해를 바탕으로 상황에 맞게 감정을 조절하는 데 필요한 내용으로 구성되어 있다. 나머지 세부 내용 범주에서는 유아가 주변 사람들과의 신뢰를 바탕으로 사회를 편견 없이 바라보도록 하는 내용을 다룬다. 이러한 내용을 유아가 가족, 친구와 교사, 지역사회, 우리나라 그리고 세계로 점차 관심을 확장해 나갈 수 있도록 동심원적 접근 방식으로 전개해 나간다. 사회관계 영역에서는 자신과 타인에 대한 존중과 배려, 협력, 질서 등 타인과 더불어 살아가기 위해 필요한 기초 예절과 소양을 기르기 위해 힘쓴다. 유아가 원만한 대인관계 속에서 건강한 자아를 지닌 유아로 성장할 수 있도록 인성교육에 강조점을 둔다.

사회관계 영역의 목표

자신을 존중하고 다른 사람과 더불어 생활하는 능력과 태도를 기른다.

① 자신을 소중히 여기며 자율성을 기른다.

② 자신과 타인의 감정을 알고, 자신의 감정을 적절하게 표현하고 조절한다.

③ 가족과 화목하게 지내며 서로 협력한다.

④ 친구, 공동체 구성원들과 서로 돕고, 예의 · 규칙 등 사회적 가치를 알고 지킨다.

⑤ 우리 동네, 우리나라, 다른 나라에 관심을 가진다.

표 7-3

사회관계 영역 세부 내용

내용 범주	내용	세부 내용
나를 알고 존중하기	나를 알고, 소중히 여기기	나에 대해 관심을 갖는다.
		나와 다른 사람의 차이에 관심을 갖는다.
		나를 소중하게 여긴다.
	나의 일 스스로 하기	내가 할 수 있는 일을 알아본다.
		내가 하고 싶은 일을 선택해 본다.
나와 다른 사람의 감정 알고 조절하기	나와 다른 사람의 감정 알고 표현하기	자신에게 여러 가지 감정이 있음을 안다.
		다른 사람의 감정에 관심을 갖는다.
	나의 감정 조절하기	자신의 감정을 조절해 본다.
가족을 소중히 여기기	가족과 화목하게 지내기	가족의 소중함을 안다.
	가족과 협력하기	가족 구성원을 알아본다.
		가족을 위하여 내가 할 수 있는 일을 알아본다.

내용 범주	내용	세부 내용
다른 사람과 더불어 생활하기	친구와 사이좋게 지내기	친구와 함께 놀이한다.
		나와 친구의 의견에 차이가 있음을 안다.
	공동체에서 화목하게 지내기	교사 및 주변 사람과 화목하게 지낸다.
	사회적 가치를 알고 지키기	다른 사람의 소유물을 존중한다.
		약속과 규칙을 지켜야 함을 안다.
사회에 관심 갖기	지역사회에 관심 갖고 이해하기	우리 동네의 이름을 안다.
		우리 동네 사람들에 관심을 갖는다.
	우리나라에 관심 갖고 이해하기	우리나라를 상징하는 것에 관심을 가진다.
		우리나라의 전통놀이와 풍습에 관심을 갖는다.

사회관계 영역 중에서 '나와 다른 사람의 감정 알고 표현하기' 활동지도시 유의점과 연령별 활동의 예를 살펴보면 다음과 같다.

다른 사람과 함께 생활할 때에는 자신의 생각과 감정만이 아니라 상대방의 의견이나 감정도 존중하고 배려할 줄 알게 한다. 책이나 동영상을 활용할 수도 있으나 친구나 이웃, 사회적 약자 등을 배려하며 도와주는 직접경험을 통하여 그 필요성과 중요성을 인식시키는 것이 더 효과적이며, 다른 사람에게서 배려를 받았을 때에는 "고맙습니다."라고 인사를 하는 것이 상대방을 존중하고 배려하는 행동임을 알게 한다. 또한, 일상생활에서 공공규칙이나 예절을 잘 지켜 다른 사람을 불편하지 않게 하는 것도 존중과 배려임을 알도록 지도한다.

■ 나와 다른 사람의 감정 알고 표현하기 연령별 활동 예시

• 3세

- 친구나 다른 사람의 물건을 만져도 되는지 허락을 구하고 상대방이 허락하면 만지거나 사용해 본다.

• 4세

- 친구들과 잘 어울리지 못하는 친구에게 간식 시간에 옆자리에 앉도록 배려하여 같이 먹는다.

• 5세

- 친구와 함께 놀이를 하면서 친구의 차례가 끝날 때까지 기다려 준다.

4) 3~5세 유아의 예술경험 영역

예술경험 영역은 유아가 친근한 주변 환경에서 발생하는 소리, 음악, 움직임과 춤, 모양과 색 등의 미술 요소에서 아름다움을 느끼고, 또래와 교사, 부모, 지역사회의 주민이나 작가가 표현한 예술작품을 가까이 접하면서, 이를 탐색하고 창의적으로 표현하는 것을 즐기며 감상하기 위한 영역이다. 인간은 아름다운 것을 보고 듣고 느끼는 경험을 통해 아름다움을 추구하고 이에 대한 기쁨을 알아가고, 이러한 아름다움을 표현하고자 하는 기본적 욕구가 있을 뿐 아니라 아름다움을 다른 사람과 공유하고 소통하고자 하는 예술적 존재이다. 예술경험은 주변의 아름다움을 매개로 다른 사람과 소통도 가능하게 하므로 개인적이면서도 사회적인 활동이다. 따라서 예술경험 영역에서는 만 3, 4, 5세 유아들에게 아름다움을 찾아보고, 그 아름다움을 표현하며, 자신의 창의적 표현을 즐기고 감상하도록 한다. 또한 다른 사람의 예술적 표현을 존중하고, 우리 문화에 내재된 아름다움을 찾아보며 느낌을 나눌 수 있도록 하는 경험에 중점을 둔다. 이 영역은 '① 아름다움 찾아보기', '② 예술적 표현하기', '③ 예술 감상하기'의 세 가지 내용으로 구성되어 있다. 그러나 유아기의 예술경험은 이 세 가지 내용이 구분되기보다는 서로 밀접하게 연관되어 있다. 아름다움 찾아보기, 예술적 표현, 예술 감상은 서로 연계되고 순환되면서 유아의 예술경험을 새롭게 재구성한다는 특징이 있다. 따라서 인위적인 구분에 따라 별개의 독립된 활동으로 다루기보다 수시로 일상생활 속에서 다양한 예술 매체와의 친숙한 경험을 통해 아름다움을 찾고 표현하며 감상하는 활동이 순환되고 통합되도록 하는 것이 중요하다. 예술경험 영역은 다른 영역에 비해 개인의 자유로운 감성과 표현이 존중되는 영역인 만큼 집단 활동으로 이루어지는 경우에도 각 유아가 가진 느낌을 편안한 마음으로 자유롭게 표현하고 즐길 수 있도록 하는 허용적인 분위기 조성이 필요하다.

예술경험 영역의 목표

아름다움에 관심을 가지고 예술경험을 즐기며, 창의적으로 표현하는 능력을 기른다.

① 자연과 주변 환경에서 발견한 아름다움과 예술적 요소에 관심을 갖고 탐색한다.

② 자신의 생각과 느낌을 음악, 움직임과 춤, 미술, 극놀이를 통해 창의적으로 표현하는 것을 즐긴다.

③ 자연과 다양한 예술 작품을 감상하며, 풍부한 감성과 심미적 태도를 기른다.

표 7-4

예술경험 영역 세부 내용

내용 범주	내용	세부 내용
아름다움 찾아보기	음악적 요소 탐색하기	다양한 소리, 음악의 셈여림, 빠르기, 리듬 등에 관심을 갖는다.
	움직임과 춤 요소 탐색하기	움직임과 춤의 모양, 힘, 빠르기 등에 관심을 갖는다.
	미술적 요소 탐색하기	자연과 사물의 색, 모양, 질감 등에 관심을 갖는다.
예술적 표현하기	음악으로 표현하기	간단한 노래를 듣고 따라 부른다.
		전래동요를 즐겨 부른다.
		리듬악기로 간단한 리듬을 표현해 본다.
		간단한 리듬과 노래를 즉흥적으로 만들어 본다.
	움직임과 춤으로 표현하기	신체를 이용하여 주변의 움직임을 자유롭게 표현한다.
		움직임과 춤으로 자신의 생각과 느낌을 표현한다.
		도구를 활용하여 다양한 움직임으로 표현한다.
	미술활동으로 표현하기	다양한 미술활동을 경험해 본다.
		미술활동에 필요한 재료와 도구에 관심을 가지고 사용한다.

내용 범주	내용	세부 내용
	극놀이로 표현하기	일상생활의 경험을 극놀이로 표현한다.
	통합적으로 표현하기	예술 활동에 참여하여 표현과정을 즐긴다.
예술 감상하기	다양한 예술 감상하기	다양한 음악, 춤, 미술작품, 극놀이 등을 듣거나 본다.
		나와 다른 사람의 예술 표현을 소중히 여긴다.
	전통예술 감상하기	우리나라의 전통예술에 관심을 갖는다.

예술경험 영역에서 '미술적 요소 탐색하기' 활동지도시 유의점과 연령별 활동의 예를 살펴보면 다음과 같다.

'미술적 요소 탐색하기'는 유아가 자연과 사물에서 접하게 되는 다양한 미술적 요소에 대해 주의를 기울이고 반응하면서 아름다움을 느끼고, 그 아름다움을 만들어 내는 미술적 요소들이 갖는 특징들을 발견하고 탐색하는 능력을 기르기 위한 내용이다. 자연과 사물에서 색, 모양, 질감, 공간 등의 미술적 요소를 탐색하는 유아의 능력은 자연과 사물의 아름다움을 발견하고 인식할 수 있도록 할 뿐 아니라, 이를 표현하고 감상할 수 있는 능력을 기르는데 기초가 된다. 만 3, 4세는 자연과 사물을 직접 보고 만지는 등의 경험을 통하여 미술적 요소에 관심을 갖고 발견하도록 하며, 만 5세는 자연과 사물에서 발견한 미적인 요소들을 좀 더 자유롭게 실험하고 비교하며 조합해 보도록 한다.

【예】

- "돌멩이를 만져 보니 어떤 느낌이 드니? 진흙을 만져 보니 어떤 느낌이 드니?"
- "(다양한 모양의 돌과 나뭇잎을 제공하고) 어떻게 다르니? 이 두 가지를 이용해서 아름답게 만들어 볼까?"

• 만 3, 4세 유아는 자연과 사물에서 미술적 요소(예: 색, 모양, 질감, 공간 등)에 다양한 관심을 가지도록 하고 만 5세 유아는 한 가지 요소(예: 색, 모양, 질감, 공간 등)의 다양함을 탐색하도록 한다. 예를 들어 색 탐색인 경우 다양한 색에서 아름다움을 느끼고 점차 노란색의 다양함에서 아름다움을 느끼도록 한다. 만 5세 유아가 공간 탐색을 할 경우에는 주위환경이나 조형물 등에서 사물이

나 인물이 놓인 상하, 좌우, 원근, 여백 등의 공간감을 탐색할 수 있도록 한다.

• 유아와 함께 자연과 사물에 깃들어 있는 미술적 아름다움을 발견하기 위해서는 교사가 먼저 미술적 요소에 대해 이해해야 한다.

■ 미술적 요소를 탐색하는 활동 연령별 활동 예시

• 3세

- 찰흙 또는 유점토를 손가락으로 꾹꾹 눌러 보고, 떼어 내어 길게 굴리거나 붙여 보는 등의 활동을 통해 질감을 느껴 본다.

• 4세

- 찰흙 또는 유점토를 만지며 그 질감을 이야기해 보고, 이것으로 만들 수 있는 모양에 대해 이야기하고, 동그랗게 굴리거나 혹은 다양한 모양을 만드는 활동을 해 본다.

• 5세

- 찰흙 또는 유점토를 도구를 사용하여 만들 수 있는 다양한 모양을 탐색해 보고 자연물과 같은 다른 재료를 함께 자유롭게 조합해 본다.

5) 3~5세 유아의 자연탐구 영역

자연탐구 영역은 유아가 자신을 둘러싸고 있는 주변 세계에 대해 호기심을 가지고 궁금한 것을 해소하기 위해 탐구하며, 일상생활에서 부딪치는 현상이나 문제해결을 통해 수학적·과학적으로 생각하는 기초 능력과 태도를 기르기 위한 영역이다. 유아기는 무엇이든 알고 싶어 하는 지적 호기심과 탐구심이 왕성한 시기이다. 의문을 가지고 관찰하고 실험하면서 새로운 것을 알아가는 탐구활동은 유아가 세상을 이해하는 방법이 된다. 궁금한 것을 적극적으로 탐구하는 태도는 유아기부터 시작하여 평생 동안 지속되어야 할 중요한 삶의 태도이다. 유아는 일상 속의 의문과 경험에서 많은 수학적·과학적 탐구의 기회를 갖게 되며, 이를 통해 수학적·과학적 기초 지식과 탐구과정을 익히게 된다. 수학적·과학적으로 탐구하는 과정은 유아의 논리적 · 합리적 사고력을 육성하는 데 중요하며, 이는 궁극적으로 일상의 문제를 논리적이며 합리적으로 해결하는 능력의 토대가 된다. 자연탐구 영역은 '탐구하는 태도 기르기', '수학적 탐구하기', '과학적 탐구하기'의 세 가지 내용 범주로 구성된다. 수학적 · 과학적 탐구하기는 '무엇을 탐구하는가?' 즉, 탐구의 내용을 제시하고 있다면, 탐구하는 태도는 '어떻게 탐구하는가?' 즉, 탐구과정에 중점을 두고 있다. 따라서 탐구의 내용과 탐구의 과정은 서로 분리되는 것이 아니라 연결된다는 점에 유념하여 지도해야 한다. 자연탐구 영역에서는 다양한 실물자료와 자연체험의 기회를 유아에게 풍부하게 제공하여 교사의 개입 없이 이뤄지는 자발적 학습, 우연히 발생하는 학습 기회를 포착하여 가르치는 비형식적 학습, 그리고 교사가 계획하고 의도한 형식적 학습이 모두 가능하게 한다. 또한 유아가 생활 속에서 자발적으로 문제를 발견하고 해결하기 위해 탐구하는 과정에 적극적으로 참여함으로써 탐구를 즐기도록 한다. 유아가 일상생활 경험에서 구성한 지식을 바탕으로 다양한 시도를 해 보고 추론하는 활동을 통해 수학적 · 과학적 기초능력을 의미 있게 확장해 나갈 수 있게 한다. 탐구하고 발견해 가는 과정에서 유아가 자신의 생각을 말, 글, 그림, 그래프, 표, 구체물 등을 사용하여 나타내고 다른 사람과 공유하게 한다.

자연탐구 영역의 목표

호기심을 가지고 주변세계를 탐구하며, 일상생활에서 수학적 · 과학적으로 생각하는 능력과 태도를 기른다.

① 주변의 사물과 자연 세계에 대해 알고자 하는 호기심을 가지고 탐구하는 태도를 기른다.

② 생활 속의 여러 상황과 문제를 논리 · 수학적으로 이해하고 해결하기 위한 기초 능력을 기른다.

③ 주변의 관심 있는 사물과 생명체 및 자연현상을 탐구하기 위한 기초능력을 기른다.

표 7-5

자연탐구 영역 세부 내용

내용 범주	내용	세부 내용
탐구하는 태도 기르기	호기심을 유지하고 확장하기	주변 사물과 자연세계에 대해 호기심을 갖는다.
	탐구과정 즐기기	궁금한 점을 알아보는 과정에 흥미를 갖는다.
수학적 탐구하기	수와 연산의 기초개념 알아보기	생활 속에서 수에 관심을 갖는다.
		구체물 수량의 많고 적음을 비교한다.
		다섯 개 가량의 구체물을 세어 보고 수량에 관심을 갖는다.
	공간과 도형의 기초개념 알아보기	나를 중심으로 앞, 뒤, 옆, 위, 아래를 알아본다.
		물체의 모양에 관심을 갖는다.
	기초적인 측정하기	두 물체의 길이, 크기를 비교해 본다.
	규칙성 이해하기	생활주변에서 반복되는 규칙성에 관심을 갖는다.
	기초적인 자료 수집과 결과 나타내기	같은 것 끼리 짝을 짓는다.
과학적 탐구하기	물체와 물질 알아보기	친숙한 물체와 물질의 특성에 관심을 갖는다.
	생명체와 자연환경 알아보기	나의 출생과 성장에 대해 관심을 갖는다.
		주변의 동식물에 관심을 가진다.
		생명체를 소중히 여기는 마음을 갖는다.
	자연현상 알아보기	돌, 물, 흙 등 자연물에 관심을 갖는다.
		날씨에 관심을 갖는다.
	간단한 도구와 기계 활용하기	생활 속에서 간단한 도구와 기계에 관심을 갖는다.
		도구와 기계의 편리함에 관심을 갖는다.

자연탐구 영역 세부 내용 중에서 '수와 연산의 기초개념 알아보기' 활동 시 유의점과 연령별 활동의 예시는 다음과 같다.

유아가 생활 속에서 다양하게 수를 경험하면서 수에 대한 이해를 발달시키고, 기초적인 수와 연산의 개념을 형성하는 내용이다. 유아는 생활 속에서 수가 여러 가지 의미로 사용된다는 것을 알게 되고, 물체 세기를 통해 수량을 인식한다. 또한 구체물을 사용하여 수들 간의 관계를 알아보며, 더하고 빼는 경험을 하면서 수와 연산에 대한 기초개념을 형성한다. 수가 사용되는 다양한 상황을 경험함으로써 직관적으로 수의 여러 가지 의미, 즉 수량을 나타내는 집합 수, 순서를 나타내는 순서 수, 명칭으로 사용되는 이름 수를 이해하도록 한다.

【예】

- "오늘 생일인 친구의 나이만큼 초를 꽂아 보자."(집합 수)
- "우리 게임하는 순서를 정해 보자. 누가 먼저 하면 좋을까?"(순서 수)
- "우리 유치원 전화번호를 알아보자."(이름 수)

■ 수의 의미와 활용연령별 활동 예시

• 3세

- 간식이나 블록의 수 세어 보기 등 일상에서 수량을 나타내기 위해 수가 사용되는 여러 상황을 경험해 본다.

• 4세

- 블록이 모두 몇 개인지 세어 보고, 블록을 아래에서부터 위로 쌓아가며 첫 번째 블록은 무슨 색인지, 다섯 번째 블록은 무슨 색인지 이야기해 본다.

• 5세

- 아래에서부터 길게 쌓아 놓은 블록을 보며 아래에서부터 세 번째 블록, 위에서부터 네 번째 블록 등으로 기준점을 달리하여 세어 본다. 유아들이 직접 문제를 내며, 서로 맞춰 볼 수 있도록 한다.

2. 유아와의 상호작용

상호작용은 인간들 간의 관계뿐만 아니라 모든 환경, 현상을 포함하는데 그들 간의 영향을 미치고, 관계를 맺는 과정을 말한다. 유아교육기관에서의 중요한 상호작용은 영유아간의 상호작용, 유아와 교사의 상호작용이라 할 수 있다. 교사는 유아와 행동, 언어, 비언어 등 다양한 방법을 통해서 직접, 간접적으로 상호작용하며, 때때로 영유아간의 상호작용에 개입하기도 하고, 유아와 개별적 혹은 집단적으로 상호작용하게 된다.

교사와 유아의 상호작용은 유아의 놀이를 격려하고, 사회 정서발달을 지원할 수 있도록 민감하고 수용적인 교사를 강조하고 있다. 수용적인 교사의 상호작용이란 교사가 유아에게 빠르고 직접적이며 따뜻하게 반응하고, 유아에게 다양한 기회를 제공하고 유아들의 감정이나 흥미를 민감하게 지각하고 이를 정교화시키는 것을 의미한다. 교사와 유아의 상호작용은 유아기 학습과 발달에 결정적인 영향을 미친다. 유아의 학습과 발달을 지원하기 위해서 교사의 다양하고, 적극적인 상호작용이 요구되므로 상호작용을 위한 구체적인 방안을 살펴보고자 한다(교육부, 2000; 이윤경, 2002; 중앙 및 동대문 보육정보센터, 2013).

1) 만 3~5세 유아발달 특징에 따른 상호작용

(1) 인정하기

인정하기란 유아가 실제적이고 구체적인 행동을 할 수 있도록 격려하고 지지하는 기술이다. 교사가 유아가 하는 활동에 대해 주의를 기울이고 긍정적으로 격려하는 이 교수유형은 유아가 지속적으로 참여하도록 하지만, 칭찬을 과도하게 사용하게 되면 과제에 대한 유아의 동기 유발이 감소될 수 있으므로 적절한 수준의 인정이 중요하다.

(2) 모델 보이기

교사가 바람직한 행동의 방법을 보여주는 것을 의미, 암시적인 형태와 명시적인 형태로 나눠진다. 암시적인 모델 보이기는 공손하게 대화하는 것이 바람직하기 때문에 교사 자신이 유아에게 정중하고 친절하게 이야기하는 것을 통해서 모델을 보이는 것을 의미한다. 명시적인 모델 보이기는 활동의 시작과 진행 시 꼭 필요한 정보를 제공하거나, 힌트, 조언 또는 코치하면서 모델을 보이는 것을 의미한다.

(3) 조성하기

유아가 준비되었을 때 다음 단계로 진행할 수 있도록 일시적인 도움을 제공하는 것이다. 예를 들어 유아가 균형감을 획득할 때까지 잠시 동안 자전거 뒤를 성인이 잡아 주는 것이나, 실수할 것을 두려워하지 않고 마음껏 해 보도록 격려하는 것 등을 의미한다.

(4) 지지하기

조성하기와 유사하지만 교사의 참여도에서 차이가 있다. 조성하기는 어떤 상황에서의 행동의 시작과 끝을 결정하는 상황을 말한다. 예를 들어 자전거의 뒷부분을 잡는 상황이라면 조성하기는 유아가 놓으라고 말하는 것이고, 지지하기는 유아와 교사가 함께 결정하는 것이다.

(5) 비계설정하기

교사가 도전적 활동을 준비하여 유아가 현재의 발달수준을 높일 수 있도록 도움을 제공하는 교수유형이다. 발달에 적절한 교육과정과 평가는 항상 유아의 현재 발달을 고려하여야 하나 앞으로 발전하도록 도전적이기도 해야 한다. 유아가 잠재적 가능성에 도달할 수 있도록 하려면 비계 설정하기는 교사의 필수적인 상호작용이며 성공적인 비계설정을 위해서 교사는 우선 유아를 관찰하여 유아가 현재 그들의 학습주기에서 어느 위치에 있는지를 파악하여 새로운 수준의 능력이나 이해할 수 있도록 도움을 제공하여 상호작용하도록 한다.

(6) 함께 구성하기

비계설정하기보다 좀 더 지시적인 교수전략으로 유아와 함께 활동을 하거나 프로젝트를 하는 것을 말한다. 예를 들어 교실에서 유아와 교사가 함께 블록을 구성하거나 소꿉영역에서 역할을 나누어 맡아서 놀이하는 것을 말한다.

(7) 시범 보이기

함께 구성하기보다 좀 더 지시적인 교수 방법으로 적극적인 참여자는 교사이고 반면에 유아는 시범 보이는 결과를 관찰하는 것이다. 이러한 시범 보이기는 활동이 확실히 잘못된 방향으로 진행되고 있거나 위험한 경우에 적합한 유형이다.

(8) 지시하기

여러 가지로 정의될 수 있지만 유아가 한 가지 방법으로 활동을 하도록 특별한 지시를 하는 것을 의미한다. 예를 들면 “신발 끈은 이렇게 묶는 거야. 따라 해 보렴”. “여기 요리 순서표가 있어. 이 순서대로 해야지”라고 지시하는 것이다.

2) 교수-학습 과정에서 이루어지는 유아와 교사의 상호작용

교사들은 교수-학습활동을 계획하고 실행하기 위해서 주제나 상황, 교과의 특성에 맞는 질문을 할 수 있어야 하므로 교사는 진행되는 교육의 목적에 부합되는 사려 깊은 질문 내용을 선정하고, 유아의 사고가 확장될 수 있도록 융통성 있는 상호작용을 할 수 있어야 한다. 다양한 질문에 대하여 생각해 보고 활용할 수 있도록 해야 한다.

(1) **지식**(기억하기)

* 이 책의 주인공 이름은 무엇이었니?
* 어떤 동물들이 나올까?

(2) **이해**(이해하기)

* 게임을 할 때 지켜야 할 약속은 무엇이니?
* 자동차보다 빠른 것은 무엇이 있을까?

(3) **적용**(전이하기)

* 만약에 내가 새라면 어떻게 할까?
* 네가 그린 집을 블록으로 만들어 볼까?

(4) **분석**(관련짓기)

* 같은 색끼리 묶어 보겠니?
* 토끼가 좋아하는 음식들의 비슷한 점은 무엇이니?
* 개와 고양이의 같은 점은 무엇일까?

(5) **종합**(창조하기)

* 소는 어떤 종류의 음식을 좋아한다고 할 수 있니?
* 점토를 만들 수 있는 가루에는 어떤 것들이 있을까?

(6) **평가**(판단하기)

* (그래프를 보며) 우리 반 친구들 중에 키가 가장 큰 친구는 누구니?

* 잘 달리는 자동차를 만들기 위해서는 무엇으로 만들면 좋을까?

(7) 확산적 질문의 예

예측하기 상황	"~~하면 어떻게 될까?""이 그림 다음 장면은 뭐가 나올까?" 왜 그렇게 생각하니?" "이 스펀지는 물에 뜰까, 가라앉을까?"
비교하기 상황	"사자와 호랑의의 비슷한 점은 무엇이니? 다른 점은?"
문제해결하기 상황	"강아지가 마음대로 놀 수 있는 집을 만들려면 어떻게 만들어야 할까? "넘어진 친구가 옆에 있을 땐 어떻게 해야 될까?"
상상하기 상황	"만약에 이 세상에 태양이 없으면 어떻게 될까?", "만약에 물이 모두 없어진다면 어떻게 될까?"
지식 적용하기 상황	"사과와 모양이 같은 것을 찾아볼까?, 왜 그렇게 생각했니?" "말에게 어떤 먹이를 주면 좋을까?
이전경험 나누기 상황	"놀이동산에 가본 경험이 있었니? 거기서 무엇을 했니? 자동차를 관찰하면서 새롭게 발견한 것이 있니?"
대안 제시하기 상황	"길을 잃었을 때 집을 찾아올 수 있는 방법은 무엇일까?" "이 블록으로 또 다른 건축물을 만들 수 있는 방법은 어떤 것이 있을까?"

유아기에 의미 있는 성인과의 만남은 유아의 삶에 큰 영향을 끼친다. 그러므로 실습교사는 유아들을 세심하게 관찰하여, 상황에 맞는 상호작용을 통해 유아들의 마음을 공감해 주어야 한다. 혹 갈등상황에서 중재할 때는 충분히 유아들의 입장을 들어주고 이해하는 태도로 임한다. 또한 임의로 판단하여 지도하기보다는 항상 지도교사와의 긴밀한 상호작용과 협의를 통해서 지도하도록 해야 한다.

3. 문제행동에 대한 실습교사의 상호작용과 역할

실습을 진행할 때 실습을 담당하는 반 유아들의 발달적 특성을 잘 파악하여 충분한 정서적 접촉을 제공하고, 적절한 관심과 애정을 제공하는 것이 무엇보다 중요하다.

아이들의 문제행동에 접근하는 방법은 행동수정, 소거에 목표를 두기보다는 문제행동의 원인을 알고 그에 대한 대처가 필요하다.

1) 공격성

공격은 억압된 상태에서 스스로를 지키고자 하는 방어반응부터 도전반응까지 다양하다. 공격성은 마음에 상처를 주는 언어적 공격, 때리고 괴롭히는 신체적 공격, 물건을 부수고 던지는 파괴하는 부정적인 행동을 말한다.

유아들의 공격성은 대부분 놀잇감이나 놀이 영역을 차지하려는 단순한 목적에서 나타난다. 원인으로는 공격적으로 의사 표현하는 것이 습관화되어 있는 경우, 주변에 공격적인 행동 모델이 있거나, 개인적인 성향이 감정조절이 어려운 경우, 갈등 해결하는 사회적인 기술이 부족한 경우, 친구들로부터 따돌림과 무시를 당하는 일이 잦거나 교사와 상호작용할 때 스트레스를 경험하고 있는 경우다.

실습생은 친구의 공격에 적절히 반응하거나 대처하지 못하는 유아가 없는지 무조건 양보하거나 피하기만 하는 유아는 없는지 관찰하고, 필요한 경우 담임교사에게 정보를 주어 유아들과 갈등 상황이나 화를 조절할 수 있는 방법들을 찾아본다. 또한 자신의 생각이나 의견을 말로 표현할 수 있는 기회를 준다.

예) '유아를 화나게 한 친구와 이야기하기', '다른 사람의 물건을 사용하려고 할 때 허락받기'

2) 고립

유아들은 또래와 많은 시간을 함께 한다. 또래 관계는 협상과 타협의 기술을 연습할 수 있는 기회가 제공하기 때문에 유아의 사회성에 중요하고, 발달에 가치를 제공한다(Kemlie, 1991). 유아들은 각기 다른 기질과 성향을 가지고 있기 때문에 또래와 관계를 맺는 모습도 각기 다르다. 그 중에 또래와 관계를 형성하지 않거나 다른 유아들로부터 고립되는 경우가 있다. 그 원인은 혼자 놀이하는 것에 익숙해 있거나, 정적인 놀이에 더욱 집중하는 경우와 사회적인 기술이 부족한 경우다.

실습생은 고립되어 있는 유아를 관찰하여 성급하게 다른 유아와 노는 것을 강요하기보다는 친구들과 놀이를 하는 것이 즐거운 경험이라는 것을 알려 준다. 또한 그 유아가 좋아하는 놀이를 친구들과 함께 해 볼 수 있는 기회를 제공한다.

예) "○○○는 퍼즐 맞추는 것을 좋아하는구나? ○○○도 퍼즐 맞추기를 좋아 한다는데 우리 함께 해 볼까?"

3) 거짓말

어린 유아들은 상상과 현실을 명확히 구별할 수 없는 발달적 특성 때문에 거짓말을 하는 경우가 많다. 자신이 원하거나 갖고 싶은 것이 있을 때, 벌에 대한 두려움으로 또는 자신의 말과 행동을 합리화하는 방어기제로 거짓말을 하는 경우는 정산적인 발달과정에서 나타나는 현상이다.

그러나 유아들의 반복적이고 습관적인 거짓말은 심리적인 원인에 의한 것으로 무엇인가 불안하기 때문에 나타나는 현상이고, 자신의 심리상태의 간접적인 표현이라고 볼 수 있다(정용부 외, 2003). 유아의 거짓말행동이 반복될 경우에는 습관적인 거짓말로 발전되지 않도록 적절하게 지도해야 한다.

자기 방어를 위해 거짓말을 할 경우 거짓말의 결과보다는 원인을 파악하여 유아의 마음을 이해하는 것이 필요하다.

예) "○○는 컴퓨터게임이 하고 싶었구나?", "선생님한테 꾸중들을까봐 겁이 났었구나?"

4) 주의력 결핍 · 과잉행동

유아들은 발달 특성상 주의집중간이 길지 않고 새로운 것에 호기심과 관심을 갖기 때문에 부산하게 행동하거나 과잉행동을 보이기도 한다. 자연스러운 놀이를 통한 행동지도가 어려운 경우 전문가의 도움을 받을 필요가 있다. 유아의 주의력 결핍이나 과잉행동이 유아의 문제라기보다 환경적 요인에 의한 반응인 경우도 있다. 그 원인을 살펴보면 교사가 계획한 활동이 지루하고 흥미가 없는 경우, 유아의 집중시간에 비해 활동의 길이가 너무 길거나 교사의 주의집중 전략이 부족하고 활동 진행과 전이가 부드럽지 않을 때 유아가 산만해진다. 유아가 활동에 집중할 수 있도록 연령에 맞는 활동을 제공하고, 유아가 집중해서 활동에 전념할 수 있도록 안정된 주변 환경을 조성해 주고, 유아가 좋아하는 활동을 풍부하게 준비해 주고, 마음껏 놀이하도록 도와주면 장시간 주의 집중이 가능하다. 주의 산만으로 다른 유아의 활동에 방해가 되는 경우는 통제를 하되 유아의 자존감이 손상되지 않도록 주의를 기울인다(Barbara Kuczen, 2002).

5) 유아들의 갈등상황에서의 상호작용

일상적 상황에서 집단생활을 하다 보면 갈등상황은 발생하기 마련이다. 이 같은 갈등상황이야말로 영유아들이 문제해결력을 발전시킬 수 있는 좋은 기회이다. 그러므로 보육실습생은 문제가 발생했을 때 당황하거나 민감해 하지 말고, 다만 차분히 지켜보면서 갈등의 원인을 파악해야 한다.

어떤 갈등이나 문제가 발생했을 때 그 문제를 해결하기 위해서는 원인부터 탐색해야 한다. 실습교사는 유아들의 갈등상황일 때 당황하지 말고, 긍정적인 상호작용으로 문제를 해결할 수 있어야 한다. 갈등지도를 위해서 문제를 해결할 수 있는 대화의 원칙을 다음과 같이 제시한다.

(1) 일반적인 원칙

* 유아의 감정 존중하기(유아의 마음 읽어 주기)–감정을 언어로 표현하도록 돕기(갈등상황에 있는 양쪽 유아의 감정을 모두 존중한다.)
* 간단하고 명료한 상호작용–적절한 시기에 교사가 개입한다.
* 유아의 충동을 조절하도록 격려–교사의 긍정적인 기대
* 긍정적으로 상호작용하는 모델의 제공자로서의 교사의 모습을 보여 준다.

(2) 갈등 지도를 위한 문제해결의 대화

* 문제인식–"무슨 일이 있었니? 이 친구의 기분은 어떨까?", "그런 일이 있었구나!", "많이 속상했겠구나!"
* 해결책의 모색–"어떻게 해야 할까? 어떻게 하면 되겠니?"
* 전략의 진행–"만약에 ~~한다면 어떻게 될까?"
* 전략의 효과와 결과에 대한 평가–"네가~~ 하니까 어떻게 되었니?"

제8장

관 찰

1. 관찰의 의의 및 목적
2. 관찰의 유형
3. 영유아 관찰실습
4. 보육환경 관찰

1. 관찰의 의의 및 목적

영유아의 학습과 발달에 대해 알아보는 직접적이며 가장 오래된 평가 방법 중의 하나인 관찰(observation)은 영유아의 행동을 보다 더 잘 이해하기 위해 자연스러운 일상생활 속에서 이루어지는 행동을 탐색하고 기록하는 과학적인 방법이다. 영유아는 발달상 자신의 의견과 능력을 표현하는데 제한을 가지고 있기 때문에 자연스러운 상황에서 행동을 관찰하는 것은 영유아의 발달을 지원할 수 있는 가장 좋은 방법이다. 영유아를 대상으로 하는 관찰의 목적을 살펴보면 다음과 같다.

첫째, 관찰을 통해 영유아의 전인적 성장과 발달을 도울 수 있다. 교사는 하루일과 중 자연스런 일상생활에서 영유아의 개별 영유아의 신체, 인지, 사회, 정서발달의 수준을 파악하여 평가함으로 영유아가 보편적 발달수준에 비추어 발달적으로 어느 위치에 있는지 알 수 있다.

둘째, 관찰을 통해 영유아의 흥미를 파악할 수 있다. 교사가 영유아의 개별적인 흥미나 특성을 아는 것은 효율적이고 흥미로운 보육과정을 계획하는데 도움이 된다.

셋째, 관찰을 통해 교사는 영유아들의 반응, 호기심, 집중정도를 파악하여 영유아의 발달수준에 맞는 보육과정을 계획하는데 도움을 얻을 수 있다.

넷째, 관찰을 통해 하루일과 중 일어나는 보육실의 특수한 문제들을 분석하는데 도움을 준다. 영유아들의 분쟁이나 안전 문제 등을 자세히 관찰하여 원인 분석 및 해결방안을 모색해 볼 수 있다.

다섯째, 개별 영유아에 대한 관찰기록들은 동료교사, 원장, 부모에게 영유아 발달에 대한 자료를 제공하여 발달에 적합한 활동을 계획하고, 영유아-교사, 부모간 상호작용을 긍정적으로 이끌어 영유아의 건전한 발달을 도울 수 있다.

2. 관찰의 유형

영유아를 대상으로 하는 관찰에는 여러 가지 유형이 있다. 여기에서는 영유아교육기관에서 흔히 사용되어지는 일화기록법, 표본기록법, 시간표집법, 사건표집법, 평정척도법, 행동목록법, 표준화검사에 대하여 살펴보고자 한다.

1) 일화기록법

일화기록법은 교사가 영유아의 발달상황을 파악하기 위해 가장 흔하게 사용되는 방법으로 한 가지 행동이나 상황에 초점을 맞추어 기록하는 것이다. 사건이나 행동을 마치 사진을 보는 것과 같이 사실적으로 묘사하는 것으로 영유아의 행동 패턴, 변화, 발전, 특이할 만한 사건 등 관찰자의 목적에 따라 일화기록의 범주는 달라질 수 있다. 일화기록은 사건이 관찰된 직후에 적는 것이 가장 좋으나 불가능한 경우 간단하게 메모를 해놓고 활동이 끝난 후 자세하게 기록할 수 있다. 또한 사건이 일어난 장소, 일어난 사건에 대한 간단한 요약, 그리고 영아가 어떤 말을 했고 어떤 행동을 했는지 구체적으로 간단명료하게 기록한다. 일화기록법은 영유아가 할 수 있는 것, 잘하는 것과 같은 강점에 초점을 두고 기록하기도 하고, 특정한 영역의 발달에 관심을 두고 기록하기도 하며, 영유아의 특정한 문제행동을 파악하는데 관심을 두고 기록할 수도 있다. 따라서 영유아 개인의 기본적이고 중요한 성격특성을 이해할 수 있어서 유아교육 현장에서 가장 많이 사용되고 있는 관찰의 형태이다.

(1) 일화기록의 작성요령

일화기록은 시간이나 사건에 제한없이 언제 어디서나 관찰 · 기록할 수 있을 뿐 아니라, 특별한 준비가 없어도 계획이 없이 관찰자의 흥미에 따라 그때그때

기록할 수 있다. 일화기록의 특성을 살펴보면 다음과 같다.

첫째, 관찰한 행동이나 사건에 대해 6하 원칙에 따라 사실적이고 객관적으로 기술해야 하며 가능한 사건이 발생한 후 즉시 기록해야 한다.

둘째, 일화기록은 주요한 행동 한 가지에 초점을 맞추어 사건이 일어나는 순서대로 기록하고 영유아의 행동 뿐만 아니라 그 상황에 있는 다른 사람의 반응도 기록한다.

셋째, 일화기록의 내용은 영유아의 발달과 성장을 이해하는데 의미가 있어야 한다.

넷째, 발달영역의 중요 포인트를 적어 둔다.

〈일화기록 관찰양식의 예〉

일화기록 관찰

관찰영아: 김한국　　생년월일: 2011. 4. 5(만 1세 / 남 · 여)
관 찰 일: 2013. 5. 10　　관 찰 자:

장　면: 등원시간에 엄마와 떨어지기
기　록: 한국이가 현관 입구부터 울며 엄마와 함께 보육실로 간다. 엄마를 붙잡고 울며 매달리자 교사가 와 안으려 하자 더욱 발버둥을 치며 소리지른다.
엄마가 회사에 가야함을 한국이에게 설명하고 다시 한번 안아 주고 떠난다.
보육실로 들어와 교사가 안아 주며 우는 한국이의 마음을 읽어 주며 달래고 있다.
민찬이가 우는 한국이 머리를 쓰다듬으며 "엄마가 이따 올거야" 한다. 그래도 계속 한국이가 울자 자기가 가지고 있던 자동차를 준다.
발달영역: 한국(엄마와 떨어지기)
민찬(사회관계)다른 사람의 정서에 관심 가지기)

(2) 일화기록의 장 · 단점

일화기록의 장점은 관찰의 초점이 분명하게 있어서 좀 더 명확하게 보고 들은 것을 기록으로 남길 수 있고 간결한 형태로 기록됨으로 시간이 적게 소요된다.

일화기록은 별도의 준비 없이 진행될 수 있기 때문에 간편하고, 관찰자 편이에 따라 추후에 기록할 수 있다.

일화기록의 단점은 시간경과 후 기록하게 되는 경우 관찰자의 편견이 들어가거나 잊어버릴 수 있고 표본식 기술에 비해 상황묘사가 적어 자세하고 맥락적인 평가가 어려울 수 있다.

2) 표본식 기술법

표본식 기술법은 서술식 관찰 기록 중에서 영유아의 행동을 가장 자세하고 완전하게 표현하는 방식이다. 서술 형식의 기록이라는 점에서 일화기록법과 유사하지만 관찰자가 미리 정해 놓은 시간이나 활동이 끝날 때까지 일정한 간격(1분~30분)으로 관찰 대상이 한 말과 행동을 순서대로 자세하고 객관적인 이야기식으로 기술하는 방법이 일화기록과 차이가 있다. 또한 관찰자에 의해 선택된 사건만이 아닌 모든 행동을 기록하고, 행동이 일어남과 동시에 기록한다는 점이 일화기록과 차이점이다.

표본식 기술은 영유아의 행동을 마치 비디오를 보는 것과 같이 자세하게 쓴다는 점에서 어떤 계획을 수정하고 문제를 해결하기 위한 정보를 수집하는 방법으로 가치가 있으며 유아들의 비사회적인 행동이나 행동수정을 요하는 여러 가지 부정적인 행동이 출현될 때 이들의 행동을 수정하는 데 도움이 되는 자료를 제공해 줄 수 있다.

(1) 표본식 기술의 작성요령

표본식 기술은 관찰 날짜, 시간, 관찰대상, 관찰자의 이름 미리 적어 놓고 그 상황에서 일어나는 모든 행동이나 말을 자세하게 객관적으로 순서에 맞게 기록한다.

영유아의 행동이 관찰된 관찰 장소 및 장면을 표시하고 1회의 관찰은 10분~30분을 초과하지 않고 기술하는 동안 시간을 표시해 둔다. 또한 영유아의 모든 행동은 상황을 충분히 관찰하고 자세히 기술하며 보고 들은 것을 현재형으로 기록하고 직접화법으로 행동의 질을 표현하여 기술한다.

관찰대상 뿐 아니라 그 유아와 상호작용하는 사람들(또래, 교사, 부모 등)의 말과 행동도 기록하며 관찰기록 마지막 부분에 발달영역 별로 간단하게 요약해 놓는다. 관찰자의 해석은 별도로 구분하여 기록한다.

〈표본식 기술양식의 예〉

표본식 기술

〈사례 1〉

관찰유아 : 최명은 생년월일: 2012. 11. 20 관찰일 현재 연령: 23개월
관 찰 자 : 김숙희 성별 : 여 관찰시간 : 오전 9:25~9:40
관찰장면 : 자유선택놀이 활동 중 블록영역 관찰일자 : 2014. 10. 19

시간	기록	주석
9:25	명은이는 시은이와 블록영역에서 놀이를 하고 있다. 명은이가 종이 블록을 쌓다가 옆에 앉은 시은이의 노란색 종이블록을 가지고 가려고 뺏는다. 시은이가 "안돼" 하며 종이블록을 뒤로 숨기자 쳐다보던 명은이가 시은이의 머리를 블록으로 때린다. 교사가 얼른 다가가 명은이를 잡자 명은이는 엎드려 소리를 지르고 운다. 교사가 친구를 블록으로 때리면 안 된다고 하자 듣지 않고 울기만 한다.	
9:30	잠시 후 울음을 그치고 옆에서 레고블록을 가지고 놀던 소연이를 쳐다보더니 소연이 레고블록을 빼앗는다. 소연이가 "아 아앙~" 하며 거부의 표현을 하자 소연이를 쳐다보던 명은이가 갑자기 레고블록을 던져 버린다. 소연이가 크게 울자, 명은이는 소연이가 울고 있는 모습을 빤히 쳐다본다. 교사가 다가가 "명은아 블록을 친구에게 던지면 안 돼요"라고 말하자 엎드려 소리를 지르고 운다. 교사가 바로 앉히려고 해도 계속 소리 지르며 울기만 한다.	• 놀이상황: 블록영역 • 놀이친구: 시은이, 소연이, 명은이
9:36	교사가 "명은이는 친구들과 놀 수 없겠네."하고 한쪽으로 데리고 와서 앉혀 놓자 소리를 지르며 운다. 그런 후 또 슬그머니 친구들이 있는 곳으로 가려고 하여 "명은이는 잠깐 여기 앉아 있어요"하고 말하며 앉히자 또 소리를 지르며 운다. 교사가 잠깐 일어나자 따라 일어나 돌아다니려 한다. 교사가 "명은이 앉아 있어야지요" 하고 말하자 선생님 눈치를 살피며 자리에 앉아 운다.	

요 약
• 명은이는 자신이 원하는 대로 되지 않으면 큰 소리를 내며 울어 버린다. • 명은이는 친구들과 놀이할 때 자신이 원하는 대로 되지 않으면 장난감을 던지거나 친구를 때린다. • 명은이는 앉아 있으라고 하면 선생님의 지시를 기억하고 따른다.

(2) 표본식 기술의 장 · 단점

표본식 기술의 장점은 모든 장면을 자세히 기록하므로 관찰대상에 대한 자세한 정보를 많이 얻을 수 있고 다른 특별한 도구가 필요 없이 필기도구만 구비하면 되기 때문에 관찰하기가 간편하다.

그러나 단점은 시간이 많이 걸리고 관찰자의 주관적인 해석이나 추론이 나타날 수 있다. 또한 관찰대상 영유아를 주시하고 기록해야 하기 때문에 한번에 적은 인원 밖에 관찰하지 못한다.

3) 시간표집법

시간표집법은 관찰자가 관심을 갖는 행동 측면을 미리 선정해 놓고 정해진 시간 동안 일정한 간격으로 여러 회에 걸쳐 관찰하는 방법이다. 서술식 관찰기록과 달리 언제, 어디서, 무엇을 기록할 것인지를 미리 결정하고 관찰자가 정해 놓은 시간에 관찰하고자 하는 행동이 몇 번 나타나는지를 기록하는 것이다. 시간의 간격은 관찰하고자 하는 행동의 유형, 관찰시간, 관찰결과를 기록하는 시간에 따라 달라질 수 있다.

시간표집법을 사용한 유명한 초기 연구 중의 하나는 아동들의 놀이에 관한 Mildred B. Parten 연구로 6가지 범주를 사용하였다. 즉 아무것도 하지 않는 행동, 방관자적 행동, 단독놀이, 병행놀이, 평행놀이, 연합놀이 등으로 분류하였다. 연구결과 Parten은 아동들은 처음에는 혼자 놀고, 다음에는 평행놀이를 하고, 좀 더 나이가 들면 연합놀이나 협동놀이를 하는 경향이 있음을 발견하였다(전남련 · 백향기 · 김인자 · 송영선 · 이미향 · 김경신 · 황연옥 · 권인향 · 장유정, 2014).

(1) 시간표집법의 작성요령

시간표집법은 자주 나타나는 행동(최소한 15분에 1회 이상)의 연구에만 가능하며, 행동이 외적으로 관찰 가능해야만 사용할 수 있다. 또한 관찰대상이 되는 행동을 다른 사람들이 이해할 수 있도록 정확하게 정의해야 한다.

시간표집법은 관찰하기 쉽고 자주 일어나는 행동에 초점을 맞추어야 하고 관찰자가 각 관찰 범주의 정의를 충분히 이해하고 대표적인 예를 기억하고 있어야 한다.

시간표집시에 기록해야 하는 관찰양식은 다음과 같다.

- 행동의 출현 유무
- 행동이 나타나는 빈도수 표시
- 행동의 지속시간을 추가
- 일반적으로 행동범주, 관찰대상 이름, 관찰횟수 기록할 수 있으면 됨
- 대체로 가로줄은 행동범주를, 세로줄은 관찰 간격을 나타냄
- 기타, 비고란 등을 두고 질적인 정보를 추가하여 수집할 수 있음

관찰아동		김성훈		생년월일		2012. 3. 24	
관찰자		조미수		관찰일		2015. 1. 20	
놀이 유형 / 횟수	아무것도 안하는 행동	방관자적 행동	단독놀이	평행놀이	연합놀이	협동놀이	기타
1		√					
2	√	√					
3		√					
4			√				
5			√				
6			√	√			
7		√					
8			√				
9			√				
10				√			

* 1분간 관찰한 후 나타나는 놀이행동을 모두 표시하고, 10회 관찰 · 기록한다.

(2) 시간표집의 장 · 단점

시간표집법은 관찰자가 관찰하기 전 관찰대상의 행동범주를 나누고, 행동을 조작적으로 정의 내리며 부호화하는 기록양식을 만들어야 하기 때문에 관찰을 계획하는 단계에서 시간과 노력이 필요하다. 시간표집의 장점은 시간의 한계가 분명하고 관찰행동에 대한 정의가 분명하며 한꺼번에 많은 수의 대상을 관찰할 수 있어 효율적이다. 또한 부호화를 통해 기록하므로 관찰결과 해석의 시간이 적게 들며 개인 혹은 집단의 행동을 체계적으로 관찰하는데 적합하다. 그러나 자주 일어나는 행동만 관찰하기에 관찰행동의 범주에 한계가 있고 영유아 내면의 감정, 생각들의 관찰에는 부적합하다. 또한 행동의 원인이나 사건의 전모, 일어난 순서, 인과관계를 알기 어려운 단점이 있다.

4) 사건표집법

사건표집법은 어떤 행동의 발생 유무만을 관찰하기보다 행동이 일어나게 된 원인과 결과를 알아내는데 관찰의 목적이 있다. 하나의 특정한 행동이나 사건이 일어나면 자세히 관찰하여 특정행동이나 사건이 발생되는 조건이나 반복되는 행동패턴을 기술한다. 사건표집법은 관찰하고자 하는 행동이 나타날 때까지 기다렸다가 관찰하므로 관찰 시간이나 간격에 특별한 제한을 두지 않아도 된다.

(1) 사건표집법의 작성요령

사건표집법은 관찰대상 행동이나 사건을 결정하고 그것을 자세히 정의, 세분화해야 한다. 또한 관찰 행동이나 사건의 성격을 충분히 이해하고 관찰자가 주의 깊게 보아야 하는 장면이나 장소를 결정하기 위해 예비 관찰을 실시해야 한다. 관찰결과를 보다 자세히 기록하기 위해서는 녹음기, 캠코더 등을 사용할 수 있다

〈사건표집 관찰양식의 예〉

사건표집법

관찰영아 : 최명주　　　　　　생년월일 : 2012. 11. 20 (만 2세 / 여)
관 찰 일 : 2015. 2. 11
관찰행동 : 명주의 무는 행동

시간	사건 전	사건	사건 후
오후 4시	명주는 점심을 먹고 난후부터 낮잠을 자지 않을거라고 교사에게 말한다. 교사가 낮잠을 자기 싫으면 자지 않아도 되지만 오후에 신나게 놀려면 낮잠을 자는게 좋다고 얘기하자 '싫어' 라고 얘기한다. 명주는 한 참을 뒤척이다가 가장 늦게 잠이 들어 오후 간식이 시작되는 시간에 짜증을 내며 가장 늦게 일어났다.	연주가 소꼽놀이 영역에서 소꼽그릇을 가방에 잔뜩 집어 넣고 있다. 옆에서 지켜보던 명주가 그 가방을 빼앗으려 잡아당긴다. 연주는 안 빼앗기려고 움켜 쥐자 명주가 연주 손을 물어 버린다. 교사가 다가오자 명주는 교사를 쳐다보면서 가방을 연주에게 슬그머니 준다.	교사가 '명주 이리 오세요' 하자 쳐다보고 있다가 다가온다. 교사가 '가방이 갖고 싶었어?'라고 묻자 고개를 끄덕인다. 교사가 '그래도 빼앗으면 안 되고 빌려 줘라고 하는거야' 하니 '빌려 줘'라고 말한다. 연주를 물어서 연주가 울고 있으니 '호' 해 주라고 하니 다가가 '호'해 주고 연주에게 미안해라고 말하고 꼭 안아준다.
요약	* 명주는 낮잠 자기를 어려워한다. * 명주는 자기 뜻대로 되지 않으면 문다. * 명주는 낮잠을 충분히 자지 않으면 오후에 무는 행동이 자주 나타난다. * 명주는 교사가 잘못한 행동을 얘기하면 뉘우치는 행동을 보인다.		

(2) 사건표집법의 장 · 단점

사건표집법은 사건의 전후관계가 그대로 기록되고 행동의 배경을 알 수 있으며 빈번한 행동이나 사건뿐 아니라 드문 행동, 사건 등 다양한 관찰이 가능하다. 또한 자연스러운 상황에서 관찰이 가능하고 영유아의 질적인 정보를 제공해 줄 수 있다. 그러나 관찰한 행동에 대한 원인을 파악하기 어렵고 영유아의 행동에만 관심을 가지게 되어 교사가 편견을 가질 수 있으며 자료를 수량화하지 못해 신뢰도에 의문을 가질 수 있다.

5) 평정척도법

평정척도법은 관찰된 자료를 수량화하기 위해 고안된 방법으로 관찰된 행동의 질적인 차이를 평가할 때 사용한다. 평정척도법은 영유아의 성격이나 특성을 정해진 범주에 따라 평가하는 관찰도구이므로 관찰하려는 행동영역에 대해 잘 알고 있어야 한다. 평정척도법은 수량화된 점수나 가치를 부여하여 평정하는 것이므로 일화기록이나 표본식 기술에서 얻어진 자료를 바탕으로 할 수 있다.

(1) 평정척도의 작성요령

평정척도법은 각 항목의 기록 시 직접적인 관찰이나 기존에 수집된 자료를 바탕으로 판단하고 개인적인 편견이나 오류의 개입 가능성에 대하여 주의해야 한다.

〈기술 평정척도 관찰양식의 예〉

영유아 건강생활 관찰척도
관찰영아: 김소연　　생년월일: 2011. 11. 21 (만 3세 / 여) 관 찰 자: 이민주　　관 찰 일: 2015. 2. 10
관찰지침
영유아에 대한 관찰결과를 다음의 보기와 같이 1, 2, 3, 4 단계 중의 하나로 평정하여 그 번호 앞에 V 표시를 한다. 이때 유아의 행동이 어느 단계의 평정기준과 가장 비슷한지에 따라 결정하며, 여러 단계의 행동을 보일 때는 더 많이 나타나는 행동에 따라 판단한다. 네 단계 중의 하나로 판단이 불가능하거나 관찰이 덜된 문항은 일단 빈 칸으로 남겨 놓았다가 추가 관찰을 통해 평정한다. 놀잇감 정리하기 (　　) 1. 교사가 지시해도 놀잇감을 정리하지 않는다. (　　) 2. 교사가 지시할 때만 놀잇감을 정리한다. (　　) 3. 스스로 놀잇감을 정리한다. (　　) 4. 스스로 놀잇감과 함께 주변을 깨끗이 정리한다.

(2) 평정척도법의 장 · 단점

평정척도법의 장점은 만들기가 쉽고 사용하기가 편리하고 시간이 많이 걸리지 않으며 발달영역을 한꺼번에 평가할 수 있다는 점이다. 특별한 훈련이 없이도 사용하기 편리하여 전문가가 아니어도 사용할 수 있다. 또한 행동의 질적인 평가를 할 수 있기 때문에 영유아의 특성을 정확하게 파악할 수 있다. 단점은 일정기간 관찰을 통해 관찰자가 판단하는 과정에서 편견이나 오류가 있을 수 있으며 행동의 수준만을 기록하기 때문에 행동의 전후사정을 알 수 없다. 또한 관찰자가 나타내고자 하는 내용을 정확하고 객관적으로 개발하기가 어렵다.

6) 표준화된 검사

표준화된 검사란 검사의 실시, 채점, 해설과정이 표준화되어 있어 신뢰도와 타당도를 갖춘 검사로 누가 사용하더라도 검사의 실시와 채점, 결과 및 해석이 동일하도록 모든 절차와 방법을 일정하게 만들어 놓은 검사이다. 이 검사는 개인이 가지고 있는 신체적, 심리적 특성의 질과 양을 측정할 목적으로 일정한 조건하에 특정한 문제나 작업을 부과하여 피검사자가 나타내는 반응을 체계적으로 관찰하는 절차를 말한다. 표준화검사는 제시되어 있는 규준에 따라 다른 영유아들과 상대적으로 비교할 수 있는 검사이다.

(1) K-CDR Ⅱ

K-CDR Ⅱ(김정미, 신희선)는 온라인 적용과 어린이집 아동에 적합하도록 K-CDR을 수정 · 보완하여 2009년 온라인 개정판으로 개발된 것이다. K-CDR Ⅱ는 만 0세에서 아동의 발달지표를 제시하고 있으며, 5개 발달영역에 거쳐 총 113문항으로 구성되었다. K-CDR Ⅱ의 장점은 다음과 같다.

① 친숙한 곳에서 부모와 함께 즐거운 놀이를 하거나 일생생활의 모습을 통해 검사할 수 있다

② 미국에서 도입하여 한국의 영유아 발달에 적절하게 표준화하였다.

③ 짧은 시간에 발달을 체크할 수 있다.

④ 우리 아이 발달에 대한 중요한 정보를 제공해 준다.

(2) 영아선별 교육진단검사(e-DEP)

영아선별 교육진단검사는 실시간 온라인상에서 어린이집 또는 가정에서 영아를 양육하고 교육을 전담하고 있는 전문가(교사, 부모 등)가 일과 안에서 영아의 자연스러운 행동과 발달적 특성을 쉽게 관찰하고 평가할 수 있는 신뢰롭고 타당한 표준화된 발달선별-교육진단의 도구이다. 영아선별 교육진단검사는 영아 또는 미숙아로 태어난 아기들을 출생 전, 출생 시 선천적 요인이나 환경적 요인으로 정상적인 발달을 보이지 못할 가능성을 관찰하여 정상적인 발달을 돕기 위함이다. 영아선별 교육진단검사의 목적은 ① 영아의 현행 발달수준을 확인하고 발달수준에 적합한 교육과정의 적용을 위하여, ② 영아의 발달영역별 장점과 취약점을 파악하고 영아의 발달을 촉진할 수 있는 교육과정을 실시하고자 한다.

e-DEP는 대근육운동, 소근육운동, 의사소통, 사회정서, 인지, 기본생활의 발달을 한눈에 확인하여 볼 수 있다는 장점이 있다.

표 8-1

DEP지표 4~6개월용

4~6개월		시행날짜 :	현재개월 :	이름 :
번호	영역	지표		
1	신체	엎드린 자세에서 20초 이상 머리를 들고 있는다.		
2		바로 누운 상태에서 엎드렸다가 다시 돌아눕는다.		
3		최소 5분 정도 베개나 이불 등에 기대어 눕는다.		
4		발을 볼 수 있을 만큼 다리를 들어 올린다.		
5		배를 바닥에 대고 움직이기 시작한다. 배밀이를 시작한다.		
6		손과 무릎을 바닥에 대고 몸을 일으켜 기는 자세를 취한다.		
7		서도록 도와주었을 때 대부분 발바닥 전체를 바닥에 대고 있다.		
8		앉은 자세로 안고 있거나 엎드려 누웠을 때 자신의 손가락을 쥐거나 만지작거린다.		

4~6개월		시행날짜 :	현재개월 :	이름 :
9		영아의 손에 올려진 물건을 의도적으로 잡는다.		
10		엎드린 자세에서 가까이에 있는 장난감을 향해 손을 뻗어 잡는다.		
11		장난감을 집어들 때 장난감을 손 가운데에 놓고 손가락으로 감싸 쥔다.		
12		보통 한쪽 손만을 사용하여 큰 장난감(예: 한 손으로 잡을 수 있을 정도 크기의 공, 모형 자동차, 모형 과일 등)을 집는다.		
13		양손에 하나씩 물건 2개를 쥔다.		
14		엄지와 다른 손가락을 이용하여 물체를 잡기 시작한다.		
15		옷을 붙잡거나 할퀼 수 있다.		
16	의사소통	물체나 사람을 쳐다볼 때 소리를 낸다.		
17		엄마 목소리를 들으면 울음을 그친다.		
18		아이가 놀면서 크게 웃는다.		
19		엄마가 장난감을 보고 옹알이를 한다.		
20		아이가 내는 소리를 엄마가 따라하면, 아이가 다시 그 소리를 따라한다.		
21		목소리, 표정, 몸짓을 보고 자기를 예뻐하는지, 야단치는지의 의미를 이해하고 적절히 반응한다(예: 예뻐하면 웃거나 야단을 치려고 하면 울려고 하기).		
22		말하는 것처럼 억양있는 소리를 낸다.		
23		욕구(예: 배고픔, 졸림 등)를 표현하기 위해 운다.		
24		아이에게 이야기를 하거나 아기를 보고 웃으면 소리를 낸다.		
25	인지	엄마가 젖이나 우유병을 보였을 때, 젖이나 우유병 쪽으로 고개를 돌려서 젖/우유를 먹이려는 것을 알아차린다.		
26		아기에게 우거나 이야기하기 전에, 가까이 있는 엄마를 보고 웃는다.		
27		커다란 거울 앞에 있을 때 자신을 보고 웃거나 옹알거린다.		
28		가족에게는 웃고, 낯선 사람에게는 뚫어지게 쳐다보거나, 찡그리거나, 위축되거나 우는 반응을 보인다.		
29		엄마가 손을 눈에 대었다가 떼는 행동을 보면서 웃으며 좋아한다. 까꿍놀이를 즐긴다.		
30		엄마에게 안아 달라고 팔을 벌린다.		
31		소리를 내거나, 웃거나, 눈맞추거나, 몸짓으로 관심을 끌려고 노력한다.		
32		즐거울 때는 웃고 지겨울 때는 칭얼거리거나 우는 것과 같은 감정을 나타낸다.		
33	사회관계	부분적으로 숨겨진 물체를 찾아낸다.		
34		평소에 싫어하거나 무서워하는 물건을 보여주면 밀쳐 버리거나 운다.		
35		손에 닿지 않는 곳에서 구르고 있는 물체를 쳐다보고 잡으려고 한다.		
36		아이가 누워있을 때, 자신이 볼 수 있는 곳에 장난감을 떨어뜨리면 그것을 가지려고 한다.		
37		앉혀 놓았을 때, 자신 앞에 있는 딸랑이를 흔들어서 소리를 낸다.		
38		특별한 요구를 표시하기 위해 상황에 따라 다른 형태의 울음을 보인다(예: 배고플 때, 안아달라고 할 때, 졸릴 때, 기저귀가 젖었을 때, 아플 때 등).		
39		우유나 젖을 먹을 때 우유병이나 엄마의 가슴에 손을 대고 만지작거린다.		

4~6개월		시행날짜 :	현재개월 :	이름 :
40	기본 생활	양손을 같이 입에 갖다 댄다.		
41		음식을 입에 놓기 위해 입을 벌리고, 음식이 입에 들어가면 입을 다문다.		
42		입 안에 있는 음식을 움직이기 위해 혀를 의도적으로 움직인다.		
43		숟가락으로 음식을 주면 받아먹는다.		
44		혼자 아기용 비스켓을 먹는다.		

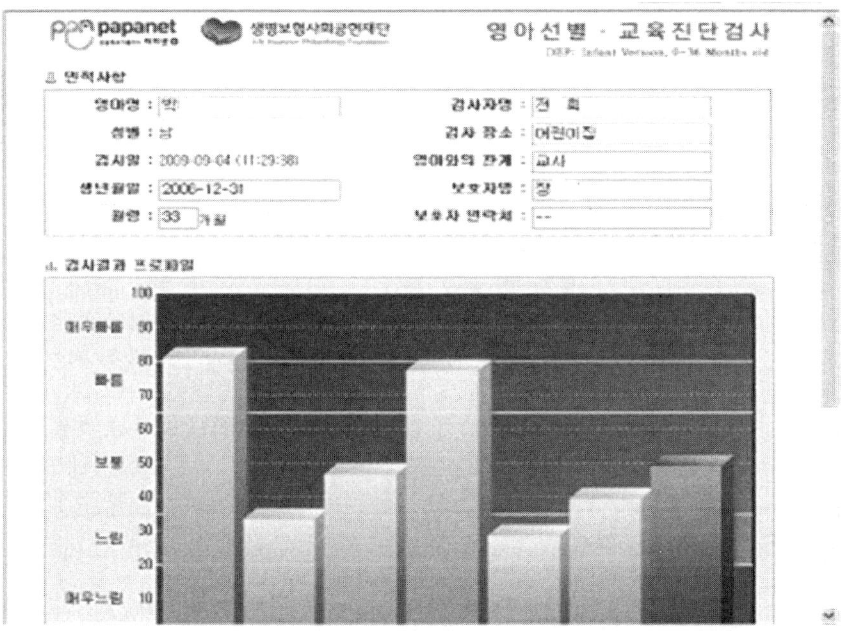

(3) 1~2세 영아발달 평가도구

영아발달에 적절한 프로그램의 계획 및 운영을 위해서 평가가 요구되며, 프로그램 운영과정에서 관찰에 의해 영아의 발달 정도를 평가하고 이 결과를 영아를 위한 프로그램 계획에 반영하여야 한다. 영아는 놀이를 하는 동안 자신의 기술과 능력을 나타내므로 다양한 놀이 상황에서 평가할 수 있는 도구가 필요하다. 1, 2세 영아의 발달평가를 위해서는 검사자에 의한 한 번의 검사보다 여러 번의 관찰과 상호작용에 의하여 평가하는 것이 보다 정확하고 부모의 평가는 주관적일 가능성이 높으므로 교사가 프로그램 속에서 영아와 놀이하면서 수시로 평가하는 것이 바람직하다. 1, 2세 영아발달 평가도구는 대 · 소근육, 자조기술, 사회-의사소통, 사회-정서, 인지영역별로 특징적인 요소를 평가할 수 있고 어린이집의 일과 시간대에 관찰이 가능하도록 구성되었다. 또한 평가도구의 표준화 자료를 위하여 수집된 해당 월령에서 행동이 나타난 비율을 제시하여 평정결과를 이에 비추어 해석할 수 있도록 하였다(교사용 1, 2세 영아발달 평가도구. 이영자 · 이종숙 · 신은수, 다음세대).

표 8-2

1, 2세 영아발달 평가도구에 의한 관찰의 예

영아이름	김 ○○		생년월일	2008년 1월 5일
관찰일자	발달영역	관찰기록	관찰지표	교사지원
5월 14일 (28M)	신체운동	○○에게 색연필을 제시하자 색연필을 바로 잡아 쥐고 긁적거리기를 시도한다. 교사가 '동그라미 동그라미' 노래를 불러주자 어설프지만 동그라미를 그린다.	선, 원과 같은 간단한 모양을 따라 그린다(영아발달 필기도구-25~30개월 43% 획득함).	○○에게 다양한 질감의 종이를 제시하여 다양한 질감의 종이에 자신의 의도에 따라 근육을 조절하며 긁적거리기를 시도할 수 있도록 도와주어야겠다.
5월 20일 (28M)	사회관계	○○와 □□가 띠블록으로 기차놀이를 하고 있다. 옆에서 띠블록을 들고 서 있던 △△를 보고 "같이 같이"하고 이야기를 한다.	자신이 하고 있는 재미있는 놀이에 다른 영아를 끌어들인다(영아발달 평가도구-31~36개월 60% 획득함).	○○가 친구들과 함께 동요를 부르며 기차놀이를 할 수 있도록 도와주어야겠다.
5월 28일 (28M)	의사소통	○○가 교사와 함께 공굴리기 놀이를 하고 있다. 공이 교구장 밑으로 들어가자 교사를 쳐다보며 "여기 공 들어갔어" 이야기 한다.	삼어문 이상의 문장을 말한다(영아발달 평가도구-25~30개월 45% 획득함).	○○에게 "공이 교구장 밑으로 들어갔네?" 하고 공이 들어간 상황을 이야기로 하며 ○○가 스스로 공이 들어가고 나온 상황을 이야기로 표현할 수 있도록 유도해야겠다.

3. 영유아 관찰실습

영유아 관찰은 일상생활 속에서 진행되는 자연스런 행동을 연구하는데 가장 적합하고 오래된 방법이다. 영유아 관찰을 하는 목적은 영유아들의 흥미를 파악할 수 있고, 발달수준을 알 수 있으며, 수준에 맞는 적절한 교육과정을 계획하는데 도움을 준다. 또한 보육실에서 일어나는 다양한 문제들의 원인을 분석하는데 도움을 주고 관찰결과들은 동료교사나 부모와의 상담자료로 활용될 수 있다.

1) 관찰실습의 절차

관찰에는 어린이집의 제반조건 및 운영, 보육과정의 계획 · 실행 · 평가과정, 영유아발달 및 놀이 관찰 등이 포함된다.

2) 관찰실습의 과정

관찰 전 활동	관찰활동	관찰 후 활동
– 관찰할 대상 선정 – 관찰목적 – 관찰시간 및 공간 – 적합한 관찰 방법 정하기 – 필요한 자료 준비하기(기록표, 녹음기 등)	– 관찰 및 기록하기 – 다양한 감각기관으로 관찰	– 자료정리 및 기록 – 자료 해석하기 – 보육실습 지도교사의 지도(관찰과정, 해석내용) – 다음 관찰수업 계획하기

3) 관찰실습시 실습교사의 유의사항

① 영유아의 행동은 장소, 시간, 환경, 타인 등에 따라 심리적 · 물리적 영향을 받으므로, 이러한 상황을 고려하여 관찰한다.

② 정확한 목적을 가지고 관찰한다. 자연적인 상황에서 어린이집의 일과나 영유아의 행동은 매우 복잡하므로, 관찰이 미숙한 예비보육교사는 미리 무엇을 관찰할지 정한 후 관찰할 필요가 있다.

③ 예비보육교사는 한꺼번에 많은 유아나 여러 영역을 관찰하기 어렵다. 유아별 관찰은 하루에 2~3명, 흥미 영역은 1~2개 영역을 선택하여 집중적으로 관찰하는 것이 좋다.

④ 관찰자이기에 앞서 예비보육교사로서 어떤 행동이 기대되는지를 알아야 한다. 일반적으로 실습지도 계획이 동일한 것은 아니므로, 보육실습 지도교사의 지도에 따라 관찰실습을 한다.

⑤ 관찰 시 개인적인 편견이나 정서에 영향을 받지 않도록 유의한다.

⑥ 관찰한 사항은 바로 기록하는 것이 좋으나, 여의치 않을 때는 키워드만 기록해 두었다가 일과가 끝나면 정리한다.

⑦ 관찰 및 해석 내용은 보육실습 지도교사와의 평가시간 이외에는 함부로 누설하지 않아야 한다(전남련(2006). 보육실습의 이론과 실제).

4. 보육환경 관찰

어린이집의 보육환경은 영유아의 성장과 발달에 많은 영향을 미친다. 어린 시기일수록 환경의 영향을 많이 받으며, 영유아가 어린이집에서 장시간 생활하고 있으므로 어린이집의 환경은 매우 중요하다. 특히 영유아는 환경과 끊임없이 상호작용을 통해 스스로 지식을 구성하므로 바람직한 환경을 구성해 주는 것은 보육과정의 출발이다.

영유아를 위한 어린이집의 실내·외 환경은 가정과 같이 편안하고 쾌적해야 하며, 영유아의 일상생활이나 놀이를 적극 격려하도록 계획하고 구성하여야 한다. 예를 들면 영유아가 쉬고 싶을 때나 혼자 놀이를 하고 싶을 때 적절한 장소나 공간을 마련해 주어야 한다. 한편 영유아는 구체적인 사물을 스스로 보고, 만지고, 느끼며, 놀이를 통해 새로운 지식을 습득한다. 따라서 영유아의 흥미나 연령, 발달 수준에 적합한 놀잇감을 다양하게 마련해 주고, 영유아 수에 맞추어 충분하게 제공해 주어야 한다. 놀잇감이 충분하다는 의미는 영유아들이 각 영역별로 동시에 놀잇감을 갖고 분쟁 없이 놀 수 있는 정도의 수량을 의미하며, 각 영역에서 놀이하는 영유아 수의 1.5배 내외 정도의 놀잇감을 갖추어 놓는 것이 바람직하다(보건복지부, 2011).

1) 보육환경의 구성 원리

영유아들의 성장 · 발달에 도움을 줄 수 있는 바람직한 보육환경의 구성 원리는 다음과 같다.

첫째, 영유아를 위한 환경은 영유아들과 교사들이 활동하기에 충분한 실내 · 외 공간이 마련되어야 한다. 영유아의 사회성, 독립성, 놀이의 참여정도에 따라 공간을 구성해야 한다.

둘째, 물리적 환경은 영유아의 발달에 적합해야 한다. 영유아의 발달적 특징, 욕구, 흥미, 개인차를 고려하여 불편함이 없고 교사의 도움이 없이도 쉽게 사용하고 정리할 수 있도록 해야 한다.

셋째, 영유아 신체 크기에 맞는 환경이어야 한다. 영유아의 신체에 적절한 환경은 일상생활에서 자신감과 자립기술이 발달하고 심리적으로 안정감을 가지며 독립적 행동이 증가한다.

넷째, 하루일과 중 의식주를 위한 일상적인 양육과 놀이활동이 균형있게 이루어질 수 있는 환경이어야 한다.

다섯째, 영유아에게 심미적이고 매력적인 보육환경을 제공해야 한다.

여섯째, 영유아의 연령이 낮을수록 일상적이고 개별적인 보살핌을 위한 환경에서 점차 탐색 등 교육적인 환경으로 구성한다.

(1) 영아를 위한 환경구성

영아를 위한 환경을 구성할 때는 영아가 하루일과를 가정과 같이 편안하게 지낼 수 있도록 가정과 같은 분위기가 나도록 구성하는 것이 바람직하다. 영아의 신체 리듬에 따라 잠을 자거나 수유하고 쉴 수 있도록 융통성 있는 환경을 구성하고 안전하고 청결한 환경을 제공해야 한다. 조용한 영역에 깔개와 쿠션 등을 마련해 주고 영아 개인사물함이나 물건에는 이름이나 사진을 붙여 주어 자신의 존재를 확인하고 친숙함을 느끼도록 하여 준다. 또한 일상적인 양육과 놀이활동이 균형을 이룰 수 있도록 환경을 구분하여 주어야 한다. 0~1세반은 수유, 낮잠, 기저귀 갈이 등 일상생활이 편안하게 이루어지도록 일생생활 영역과 함께 놀이활동 영역을 구성하고 2세반은 놀이활동 영역을 중심으로 구성한다. 영아들은 특성상 신체활동이 활발하게 일어나고 실내 · 외로 자주 이동하기 어려운 점을 감안하여 신체영역을 보육실 내에 구성해야 한다. 영아를 위한 영역은 다음과 같이 구성할 수 있다(어린이집 표준보육과정의 이해. 보건복지부, 2013).

구분	영아반 보육환경 구성							
	일상생활영역		놀이영역					
0세반	수유	기저귀 갈이	신체	언어	감각 · 탐색	–	–	–
1세반	간식	기저귀 갈이	신체	언어	감각 · 탐색	역할 · 쌓기	–	–
2세반	–	–	신체	언어	감각 · 탐색	역할 · 쌓기	음률	미술

(2) 유아를 위한 보육환경

유아의 성장 · 발달의 증진을 위하여 다양한 경험과 자극을 줄 수 있는 자료를 제공하고 개인의 능력에 따라 자발적으로 선택하고 참여할 수 있는 환경을 구성해야 한다. 유아를 위한 영역은 언어영역, 수 · 과학 · 조작영역, 역할영역, 쌓기영역, 음률영역, 미술영역으로 구성할 수 있다. 영역을 구분 시 낮은 교구장을 이용하여 사각지대의 관찰하지 못하는 영유아가 있지 않도록 동선을 고려하여 영역 배치하고 영역을 융통성 있게 운영한다.

교재 · 교구는 유아가 쉽게 선택할 수 있도록 전시, 비치하고 정리정돈을 위해 그림, 사진으로 자리 표시해 준다. 또한 교재 · 교구는 주제나 계절에 따라 주기적으로 교체해 주고 자주 세척하여 청결에 유의해야 한다.

유아의 성장 · 발달을 위한 바람직한 환경구성은 다음과 같다.

첫째, 유아의 발달적인 특징, 성숙도, 욕구, 흥미, 개인차를 고려한다.

둘째, 유아의 학습방법을 고려하여 구체적인 경험과 직접적인 실험활동을 통한 학습활동을 전개한다.

셋째, 다양하고 충분한 공간을 주어 유아가 자유스럽게 주위환경을 탐색하도록 한다.

넷째, 유아에게 건강하고 안전한 환경을 제공하여 공동생활 및 자립심, 창의성 등이 증진될 수 있는 환경을 구성한다.

다섯째, 유아와 교사, 유아와 유아의 기본적인 신뢰감과 안정된 분위기를 가질 수 있는 심리적인 환경구성도 중요하다.

영유아의 발달에 적합한 실내흥미영역의 구성을 위하여 다음과 같은 점을 고려한다(아동관찰 및 행동연구, 황해익 외 3인, 2014).

① 언어영역

- 연령와 발달을 고려한 듣기, 말하기, 읽기, 쓰기활동의 자료와 설비가 적절한가?
- 소음이 발생하는 영역과 분리되어 조용한 곳에 배치되었는가?
- 안락하고 편안하며 햇빛이 잘 드는 곳에 배치되었는가?
- 생활주제와 관련된 듣기, 말하기, 읽기, 쓰기활동의 자료가 충분히 제공되었는가?

② 수 · 조작 · 과학영역

- 연령 및 발달을 고려한 교재 · 교구가 충분히 확보되었는가?

• 탐색 · 조작을 위한 시설설비(책상 등)가 마련되었는가?
• 퍼즐조각들이 분실되거나 흩어지지 않도록 보관하였는가?
• 동식물을 키울 수 있는 햇볕이 잘 드는 곳에 배치하였는가?
• 생활주제, 계절 등을 고려한 다양한 자연물이나 실물을 제시하였는가?
• 과학사전, 그림책, 사진 등을 충분히 배치하였는가?
• 비치된 자료가 영유아의 호기심과 탐색욕구를 자극하였는가?

③ 역할놀이영역
• 영유아가 많이 참여할 수 있는 충분한 공간이 확보되었는가?
• 쌓기놀이영역과 인접하여 놀이의 확장이 이루어지도록 하였는가?
• 모든 자료는 청결하게 관리하고 파손된 자료는 없는가?
• 알맞은 소품을 적절하게 제시함으로 적극적인 참여를 돕는가?

④ 쌓기놀이영역
• 공간이 충분하며 통행이 빈번하지 않은 곳에 배치되었는가?
• 연령 및 발달을 고려한 블록, 소품이 충분히 제공되었는가?
• 교구장 아래 무거운 블록, 위에는 가벼운 블록이 정리되어 있는가?
• 역할놀이영역과 인접하여 통합적인 활동이 활발히 이루어지는가?

⑤ 음률영역
• 음률교구 외에 다양한 생활악기, 전통악기가 충분히 제공되었는가?
• 조용한 영역과 거리를 두고 배치하였는가?
• 다양한 창의적인 음률활동을 할 수 있는 교구가 제공되었는가?

⑥ 미술영역
• 창의적인 미술활동을 할 수 있는 다양한 재료가 구비되었는가?
• 영유아가 손쉽게 자료를 꺼내어 쓸 수 있도록 배치되었는가?
• 물이나 물감놀이 등 물을 쓸 수 있는 곳과 가깝게 배치되었는가?

• 게시판 등 영유아의 작품을 전시할 공간을 마련하였는가?

2) 어린이집 평가인증 보육환경 평가지표

영유아는 환경과의 긴밀한 상호작용을 통해 학습, 발달하므로 어린이집에서 보육환경을 어떻게 구성하는가는 매우 중요하다. 보육환경은 영유아의 놀이와 학습에 영향을 미치는 공간 및 시설과 설비의 종합적 내용물로, 영유아 뿐만 아니라 보육교직원 및 부모를 위한 환경을 모두 포함한다. 따라서 어린이집에서는 영유아와 부모가 편안하고 쾌적하게 어린이집을 이용하고 영유아의 일상생활이나 놀이를 격려할 수 있도록 보육환경을 구성, 유지하여야 한다.

'보육환경' 영역은 총 8개의 지표로 구성되어 있다. 보육실의 공간배치가 흥미영역으로 구성되어 있는지, 실내 공간은 영유아와 보호자가 편리하게 사용할 수 있도록 조성되어 있는지 평가한다. 옥외놀이터는 다양한 놀이가 가능하도록 조성되어 있는지, 실내 · 외 설비와 가구는 영유아가 편리하게 사용하도록 마련되어 있는지, 보육교사를 위한 공간, 가구, 비품은 쉽게 이용할 수 있도록 마련되어 있는지를 살펴본다. 또한 각 반의 보육활동 자료가 영유아의 발달수준과 흥미를 반영하고 있는지, 영역별로 다양하고 충분하게 구비되어 관리되고 있는지를 평가한다.

안전한 보육환경에서 영유아가 건강하게 양육되는 목적을 가진 어린이집 평가인증의 보육환경 평가지표는 다음과 같다(2015 3차 어린이집평가인증지표).

1	보육실은 영유아의 자율적 선택과 능동적 참여를 촉진하는 흥미영역으로 구성되어 있다.
2	실내 공간(보육실 외)은 영유아와 보호자가 편리하게 사용할 수 있도록 조성되어 있다.
3	옥외놀이터는 자연을 느끼며 다양한 놀이를 할 수 있도록 조성되어 있다.
4	각 반의 크기와 인원은 원활한 운영이 이루어지도록 적절하게 구성되어 있다.
5	실내 · 외 설비와 가구는 영유아가 편리하게 사용하도록 마련되어 있다.

6	어린이집의 보육활동 자료는 영역별로 다양하고 충분하게 구비되어 관리된다.
7	각 반의 놀잇감과 활동자료는 영유아의 발달 수준과 흥미를 반영하고 있다.
8	보육교사를 위한 공간, 가구, 비품은 쉽게 이용할 수 있도록 마련되어 있다.

제9장

평 가

1. 보육실습 평가의 목적과 목표
2. 보육실습의 평가방법 및 내용
3. 보육교직원의 평가
4. 보육실습 평가회
5. 실습 사후관리

보육실습생 실습의 평가는 중요한 의미를 가지고 있다. 실습을 성공적으로 운영하려면 확정적인 평가의 유아교육과정을 세밀하게 준비해야 한다. 대체적으로 평가를 실습의 마지막 단계로 생각하지만 사실상 보육실습의 목적(목표) 설정, 실습계획과 운영, 보육실습 평가 교육과정마다 평가활동은 계속적으로 이루어지고 있다. 보육실습 평가는 실습생들이 양성교육기관, 대학(교)에서 습득한 인식, 기술, 태도를 보육현장실습에 얼마나 반영할 수 있는지를 객관적으로 파악하기 위한 활동이다. 이러한 평가는 실습생들에게 전반적으로 기본적인 교사의 자질과 역할을 확인하는 기회를 제공하고, 개인적인 차원에서 영유아 보육의 역량을 증진할 수 있도록 해 준다. 실습기관(어린이집)의 원장 및 교직원은 실습생이 보육현장실습에서 수행하는 실습의 과정을 지도 · 관리하며, 보육실습생은 반성적인 사고를 통해 성공적이고 효과적인 보육실습을 수행할 수 있는 개선 방안을 모색하는 데 도움이 되어 전문적인 자질을 기르고 성장시키기 위해 보육실습생 자신에 대해 평가하는 것이다(한국보육진흥원, 2013).

보육실습생 평가와 관련한 역할을 표로 정리하면 다음과 같다.

표 9-1

보육실습 평가에 대한 역할 분담표

구 분	실습생	실습지도교사	기관장(원장)
내 용	• 성실한 실습태도 • 보육교직원 직무이해 • 보육계획안과 실습일지 작성과 수행 • 교재 · 교구 제작 • 보육환경 구성	• 보육실습생 태도 관찰 • 실습 단계별 지도 • 보육계획안 수정 • 실습생 활동 평가 • 보육실습 결과 보고서 작성	• 보육실습 방향 제시 • 보육실습 과정 관리 • 지도교사와 실습생 심리적 · 행정적 지원 • 보육일지 작성 점검 • 보육실습 전체 평가
서류 준비물	• 보육실습일지 • 일일/반일보육계획안 • 보육활동 계획안 • 교재 · 교구 제작서 • 보육실습자기평가표	• 보육실습일지 • 출근부 • 보육실습경가서	• 보육실습일지 • 출근부 • 보육실습확인서 • 보육실습평가서

출처 : 한국보육진흥원(2013).

1. 보육실습 평가의 목적과 목표

실습생 평가는 세 가지 입장에서 접근할 수 있다. 보육실습기관(어린이집)의 기관장(원장) 입장에서는 실습의 수행 정도를 파악할 수 있는 보육실습생 관리의 기능이 있으며, 실습지도 교사는 실습생이 매일 어떠한 근무태도로 실습에 임하는지, 어떻게 실습을 준비하여 일일보육을 실천하는지를 지켜보며 세부적이고 실제적인 지도를 해 줄 수 있다. 마지막으로 보육실습은 실습생에게 보육교사의 전문성 확보를 위해 필수적으로 이수해야 하는 교과인 동시에 자신의 보육 역량에 대한 이해를 높이는 실습생 본인 평가의 능력에 도움을 준다.

보육실습 평가는 세부적으로 다음과 같은 취지를 갖는다((재)한국보육진흥원, 2013).

1) 보육실습 평가의 목적

- 이론과 실습을 겸비하여 영유아에 대해 깊어지게 이해를 돕는다.
- 보육실습의 진행정도를 파악하여 실습의 질을 진단한다.
- 실습생의 보육 역량을 강화하여 특성을 확보할 수 있다.
- 예비보육교사의 발달과정을 이해하며 반성적 사고를 빠르게 한다.
- 보육교사의 역할 수행에 대해 바람직한 태도를 기른다.

2) 보육실습 평가의 목표

- 보육실습의 목표달성 여부를 확인한다.
- 보육실습생의 보육실습 성취도를 구체화한다.
- 보육실습생에게 보육교직원으로서의 향후 진로에 도움을 준다.
- 실습생에게 보육교직원의 능력 여부에 대한 자신의 이해에 도움을 받는다.

• 보육실습 결과를 확인하여 자신에 필요한 보완점을 파악한다.
• 국가자격증 부여의 조건인 학과목 이수 인정의 근거자료가 된다.

2. 보육실습의 평가방법 및 내용

보육실습생을 체계적으로 평가하기 위하여 보육실습의 전체 과정에 대한 평가가 이루어져야 하며 보육실습생과 담당실습지도 교직원의 평가방법 및 평가내용에 대하여 합의하여야 한다. 실습생이 실습을 통하여 예비보육교사로서의 역할 수행이 얼마나 향상되었는지, 업무에 반영하였는지에 초점을 맞추어 평가해야 한다((재)한국보육진흥원, 2013).

1) 보육실습 평가 내용과 영역

실습에 대한 평가는 영역과 내용에 대한 배점표에 기준하여 주관성을 가지고 공정하게 수행해야 한다. 실습지도 보육교직원 자신이 평가하는 영역은 보육실습생이 제출한 다양한 자료와 보육실습의 이행 정도에 기초하여 믿음으로 합당한 평가가 되어야 한다. 실습생 각 영역별 평가 영역과 내용 배점기준은 다음과 같다.

표 9-2
보육실습생 각 영역별 평가 영역 및 내용 배점기준

평가영역	배점	세부배점	평가내용
근무태도 와 자질	20	5	근무사항 (출석, 결석, 지각, 조퇴 등)
		5	태도 (성실성, 근면성, 친절, 적극성, 복장 및 용모, 예절)
		5	자질 (영유아 존중, 책임감, 인성, 열의, 언행)
		5	관계형성 (실습지도교사와의 관계, 동료실습생과의 관계)

평가영역	배점	세부배점	평가내용
보육활동 계획과 실행	30	15	보육활동 계획 (영역별, 반일 또는 일일보육활동계획의 적합성과 충실한 준비)
		15	보육활동 실행 (영역별, 반일 또는 일일보육활동의 효과적이고 적절한 실행 정도)
예비보육 교사로서 역할수행	30	5	영유아 행동 및 놀이 관찰, 보육환경 관찰
		10	보육일과 진행 보조 및 일상생활지도
		15	영유아 상호작용과 놀이 참여
보육실습 일지 작성	10	10	구체적이고 충실한 보육실습일지 작성과 일일자기평가 및 지도교사 평가 반영
총평	10	10	실습기간 동안 예비보육교사로서 향상된 정도
총 실습 점수	100		

출처: (재)한국보육진흥원(2013).

2) 실습생 자기의 평가

보육실습생에게 실습기관(어린이집)에 의한 평가뿐만 아니라, 실습단계 중과 실습 종료 후에 실습기간을 회고하며 자신에 대해 평가해 보는 것이 요구된다. 보육실습생은 실습 후의 자기평가를 통해 보육교사로서의 본인의 장점이 무엇인지, 단점이 무엇인가를 효과적으로 확인해 볼 수 있다(김선영 외, 2009; 정연희 외, 2013). 학생은 실습생으로서 4주 동안 보육실습기관의 원장이나 지도교사에게 지속적으로 평가를 받는다. 학생은 실습을 통해 평가의 대상이기도 하면서 자신을 스스로 평가해 볼 수 있는 기회를 갖기도 한다.

실습생이 스스로 하는 자기평가는 보육실습의 과정과 결과에 기초하여 자신을 객관적으로 평가하는 것이며, 보육교사로서 특별히 요구되는 태도,자질, 역할, 능력 면에서 자신을 파악할 수 있다.

보육실습의 주체는 실습생 자신이므로 이러한 실습의 기회가 자신의 역량을 발견하는데 도움을 주는 중요한 계기로 삼아야 한다. 그러므로 이러한 실습의 기회가 자신의 역량을 발견하는데 도움을 주는 중요한 계기로 삼아야 한다. 그러므로 항상 연구하는 자세로 보육실습에 임해야 하고 실습을 완료하는 단계에 이르면 자신을 스스로 평가하고 진단하는 시간이 반드시 필요하다((재)한국보육진흥원, 2013).

(1) 실습생의 자기평가표

실습생 자기평가표는 실습전반적인 사항에 대해 구체적인 내용으로 자기를 평가하는 것으로 보육실습을 잘 수행하고 있는지를 자신의 힘으로 알아보는 것이다. 실습생의 자기평가표의 예시자료이다. 평가척도는 다음과 같다(박영양 외, 2013).

〈평정척도〉

1점	2점	3점	4점	5점
매우 탐탁하게 처리하였으며, 성과에는 뉘우친다.		보통이다		매우 열심히 하였으며 결과에 흡족해 하였다.

표 9-3

실습생 평가척도에 의한 자기평가표(예시 1)

평가항목	평가 척도				
	1	2	3	4	5
(1) 원아들의 발달과 행동에 대한 이해를 위하여					
① 자신이 맡은 반의 전체 원아의 이름을 기억하였다.					
② 자신이 맡은 반 원아들의 개인 신상카드를 작성하였다.					
③ 자유놀이 시간에 원아들이 놀이에 열중하는 모습을 관찰 · 기록하였다.					
④ 자신이 맡은 반 원아들의 개인적인 문제들을 파악하고 지도교사와 협의하였다.					
( ) ÷ 4 = ( )					
(2) 교수-학습활동의 기술 향상을 위하여					
① 기관(어린이집) 교육활동을 올바르게 이해하였다.					
② 실제 교수-학습활동에 있어서 적합하다고 생각되는 새로운 방법을 사용하여 보았다.					

③ 직접 제작한 학습자료가 원아들의 학습활동에 유용하였고 원아들도 무척 좋아하였다.					
④ 교수–학습활동의 내용과 방법을 매일 분석하여 시정하려고 하였다.					
⑤ 교수–학습활동에 늘 최선을 다하였다.					
⑥ 교수–학습활동계획안과 자료의 준비에 시간을 적절하게 활용하였다.					
⑦ 언어는 표준말로서 음의 고저, 장단을 충분히 고려하였으며, 원아 모두가 이해하였다.					
⑧ 정밀하고 정확하며 요령 있는 학습지도안을 작성하였다.					
( ) ÷ 8 = ( )					
(3) 개인차를 발견하고 심리적 원리를 활용하기 위하여					
① 활동에 있어 동기유발을 적시에 적절하게 사용하였고 하루하루 동기유발 기술이 늘어갔다.					
( ) = ( )					
(4) 감정의 조절과 올바른 배움을 위하여					
① 원아가 원내의 규칙이나 학습의 어느 기준에 위배되었어도 사적인 감정에 말려들지 않았다.					
② 지도교사나 지도교수의 조언를 늘 기쁘게 받아들여 실천토록 하였다.					
( ) ÷ 2 = ( )					
(5) 학급 진단의 구조에 대한 이해를 위하여					
① 학급 내에서의 인기아 · 고립아 · 배척아를 찾아냈으며, 그 이유를 알아냈다.					
② 고립아 · 배척아를 개별 지도함으로써 학급집단 속에 더 잘 어울리게 하였다.					
( ) ÷ 2 = ( )					
(6) 학습자료의 효율적인 사용을 위하여					
① 원아들의 학습효과를 보다 높게 하기 위하여 나의 기술과 능력으로 학습자료를 만들어 사용하였다.					
② 학습자료를 실제 교수–학습활동의 장에서 충분히 적절하게 사용하였다.					
③ 보육 목적과 관련된 학습자료의 선택 · 제작에 많은 신경을 썼다.					
( ) ÷ 3 = ( )					
(7) 학급 경영의 기술 향상을 위하여					
① 충실한 일과운영을 위하여 일과운영 계획을 실천에 옮기고자 노력하였다.					

② 일과활동 중 늘 흥미롭고 새로운 화제로 원아에게 다양한 경험과 자극을 받도록 하였다.					
③ 교수–학습활동 전에 학습자료가 준비되고, 늘 그 제시방법에 있어서 서두르는 일이 없었다.					
④ 교실의 통풍 · 채광 · 청소 등 위생 환경의 배려에 늘 힘썼다.					
⑤ 교실 내 · 외의 정돈과 미화에 힘썼다.					
⑥ 어린이집의 각종 장부와 기록물의 작성 · 기입을 면밀히 하고 그 보관에 신중을 기했다.					
( ) ÷ 6 = ( )					
(8) 원아의 조화로운 성장 · 발달을 돕기 위하여					
① 원아 개개인의 학습활동 목표선정에 대한 조력이 성공적이었다.					
② 목표 달성을 위한 원아의 활동을 잘 도왔다.					
③ 목표 달성을 위한 활동을 자기 스스로 올바르게 평가내릴 수 있도록 도왔다.					
④ 원아 개개인의 능력을 잘 파악하여 뒤떨어지는 면의 보완을 위해 노력하였다.					
( ) ÷ 4 = ( )					
(9) 올바른 평가를 위하여					
① 적당한 평가방법을 적당한 시기에 유효적절하게 활용하였다.					
② 원아에 대한 평가결과를 충분히 분석 · 연구하고 그것을 원아지도에 충분히 활용하였다.					
③ 유아교육 실습을 성시키기 위하여 늘 원아의 반응 발달도를 누가 기록하였다.					
④ 교사로서의 원만한 성장을 위하여는 보육실습으로 자기평가가 중요하다는 것을 깨닫고 있었다.					
⑤ 유능한 교사로서의 발전을 위한 비판을 늘 달게 받으며, 나의 단점을 고치고자 노력하였다.					
( ) ÷ 5 = ( )					
(10) 유아교육기관의 원활한 유대를 위하여					
① 유아교육기관 인사행정의 계열을 잘 이해하였다.					
② 원장 · 원감 · 지도교사의 이름과 성격 · 교직원을 알았고 좋은 인간관계를 맺었다					
③ 보육실습 기간 중 웃는 얼굴로 먼저 인사하는 일을 잊지 않았다.					
④ 내가 맡은 학급 내에서 일어난 일을 지도교사나 지도교수 외에 함부로 다른 사람에게 이야기하지 않았다.					
( ) ÷ 4 = ( )					
(11) 교사직의 동료로 참여키 위하여					
① 이번의 보육실습이 나의 보육교사 훈련에 도움이 되었다.					
② 내가 자평하기로 나는 보육담당교사로서의 자질과 기술을 가졌다.					
③ 모든 원아를 진심으로 사랑할 수 있었으며 원들로부터 신뢰와 존경을 받았다.					
( ) ÷ 3 = ( )					
(12) 기타					

평가항목	1	2	3	4	5
① 유아교육기관에서 부모교육이 어떻게 이루어지는지를 알았고 부모교육에 적극 참여하였다.					
② 기관(어린이집) 교직원 회의나 연수회, 사례회 등에 적극 참여하였다.					
③ 지도교사의 어린이 생활지도, 특히 상담활동에 대한 사례를 충실히 관찰하고 실행하였다.					
④ 유아교육기관에서 이루어지는 행사를 올바르게 이해하였으며 적극 참여하였다.					
( ) ÷ 4 = ( )					
총계 ( ) ÷ 46 = ( )					

출처 : 한국교사연구회.

표 9-4

실습생 평가척도에 의한 자기평가표(예시 2)

번호	평가항목	척도				
		1	2	3	4	5
1	교육 목표를 달성할 수 있는 교육 내용을 영유아의 흥미, 수준에 근거하여 적합하게 선정하였는가?					
2	영유아의 흥미와 능력, 사전 경험을 잘 관찰하여 영유아 지도 계획에 활용할 수 있었는가?					
3	교육활동계획안이 적절하게 계획, 준비되어 실행에 무리가 없었는가?					
4	교육활동계획에 따라 자료를 충실히 준비하였는가?					
5	영유아의 행동을 민감하게 파악하며 상호작용에 최선을 다했는가?					
6	다양한 흥미영역에 고루 참여하여 영유아의 놀이가 지속되고, 확장되도록 놀이를 촉진하였는가?					
7	영유아의 기본생활습관이 스스로 형성되도록 동기를 잘 유발하였는가?					
8	집단활동 시 교사로서 다양한 교수법을 활용하여 효과적으로 집단을 이끌었는가?					
9	영유아의 부정적 정서나 갈등적 상호작용을 잘 파악하여 긍정적으로 수용하고 적절하게 해결되도록 지도하였는가?					
10	영유아의 개별적 특성, 개인차를 고려하여 적절한 지도를 하였는가?					
11	영유아의 존중하는 언어를 사용하고, 영유아가 잘 알아들을 수 있도록 발음, 음성의 고저, 빠르기 등에 노력을 기울였는가?					
12	교육실습일지에 활동계획, 관찰, 평가 등을 성실히 기록하였는가?					
13	영유아의 안전, 위생에 각별히 신경을 썼는가?					
14	영유아의 활동 참여, 놀이 참여 유형, 또래 간 관계 등을 관찰하여 그 결과를 지도에 활용하였는가?					

15	교육실의 통풍, 채광, 정리정돈 등 청결한 환경 구성을 하였는가?					
16	교육실습기관의 지도 방침에 적극 협력하였는가?					
17	교육실습 지도교사와의 관계를 원만히 유지하여 성실히 임했는가?					
18	영유아의 수준과 흥미에 적합한 활동을 계획하고 지도하고자 다양한 관련 문헌이나 자료를 찾아보고 연구하고자 노력하였는가?					
19	교육실습 동료들과 잘 협력하였는가?					
20	영유아들과 친밀해지고 신뢰받게 되었는가?					
합계						

출처 : 한국보육진흥원(2010). 표준보육실습 지도지침.

표 9-5

실습생 평가척도에 의한 자기평가표(예시 3)

평가요령	1-아주 못함. 2-못함. 3-보통. 4-잘함. 5-아주 잘함					
평가영역	평가 항목	척도				
		1	2	3	4	5
근무 태도	근무시간을 잘 지켰는가?					
	교육실습일지, 활동계획안, 과제 등을 기간 내에 제출하였는가?					
교육자로서의 일반자질	교사에 대한 긍정적인 신념을 지니고 있었는가?					
	영유아에 대해 민감하고 존중하는 태도를 지녔는가?					
	용모, 복장이 단정하고 언행이 바람직했는가?					
교육 활동 지도 능력	지도 내용에 대해 이해를 잘하고 있었는가?					
	준비성이 있었고 계획을 잘 하였는가?					
	영유아 중심적이고 자율적 분위기에서 활동을 진행하였는가?					
	영유아가 스스로 탐색하고 호기심을 발휘하도록 동기유발을 적절히 하였는가?					
	영유아의 기본생활습관이 향상되도록 적절한 상황에서 이들의 수준에 맞는 지도를 하였는가?					
	활동자료 제시가 적절하고 융통성이 있었나?					
	영유아와 상호작용은 질적으로 우수하고 효과적이었는가?					
	교육실에서의 행동이나 활동 진행, 놀이 참여가 적극적이고 융통적이었는가?					
	영유아를 지도함에 있어 자신 있게 임하였는가?					
	영유아의 활동에 대한 관찰이나 평가가 적절하였는가?					
연구 조사 활동	관찰활동과 활동계획에 대한 연구를 충실히 하였는가?					
	교사의 역할과 직무에 대한 제반사항을 스스로 알려고 노력하였는가?					

	알고 있는 이론을 적절히 현장에 적용한 후, 이를 다시 이론적으로 검토하고자 애를 썼는가?					
학습경영 및 사무 처리능력	보육실을 합리적으로 운영하고자 하는 노력을 다하였는가?					
	교육 지도교사의 제반 지시 및 사무처리 사항을 기간 내에 성실히 수행하였는가?					
전체 평가						

출처: 한국보육진흥원(2010), 표준보육실습 지도지침.

(2) 실습생의 활동평가표

실습생의 활동평가표는 활동에 대한 평가로 수업활동 목적(목표), 내용, 방법 등 본인의 활동에 대하여 평가를 함으로써 효율적인 수업활동이 뜻 한대로 될 수 있다.

보육실습생의 ( ) 활동평가표			
생활주제		실습생명	
활 동 명		활동유형	
대상연령		소요시간	
활동목표			
표준보육 관련요소			
평가항목	평 가 내 용	실행정도	활동 내용
활동목표	목표가 영유아에게 적합하였는가?		
활동내용	주제에 맞는 내용이었는가?		
활동방법	영유아의 발달에 적합한 방법이었는가?		
활동자료	활동을 위한 자료제시가 적절하였는가?		

활동시간	활동을 위한 소요시간이 적절하였는가?		
활동장소	활동장소가 적합(안전, 청결)하였는가?		
	활동에 따른 자리배치는 적절하였는가?		
활동도입	도입은 영유아에게 흥미유발이 되었는가?		
활동전개	영유아들이 적극적으로 참여하였는가?		
	수업과정에서 상호작용이 활발하게 일어났는가?		
	영유아들이 흥미를 잃지는 않았는가?		
활동 마무리	마무리 활동방식은 적절하였는가?		
활동평가	활동평가는 잘 이루어졌는가?		

출처: 오영희 외(2012). 영유아보육, 교육기관실습의 이론과 실제, 21세기사, 재인용.

표 9-6

실습생 평가서

보육실습생 평가서			
실습생 성명		실습지도교사	
실습기간	년 월 일 ~ 월 일		

평가 영역	평가 항목	평 가 내 용	평정척도 1	2	3	4	5	소계	환산 점수
근무 태도	출근	출근한 날 (일)							
	결근	결근한 날 (일)							
	그외	지각, 조퇴, 외출횟수 (회)							
일반 자질	직무 책임	직무에 대한 책임감이 강하며 매사에 성실하게 임한다.							
		교사, 동료, 영유아로부터 신뢰를 받는다.							
		보육교사라는 직업에 흥미와 열의를 가진다.							
	용모	용모가 단정하다.							
		일반교양이 풍부하며, 교사로서의 품위를 갖추고 있다.							
		언행이 예의 바르다.							
	보육 신념	바람직한 아동관과 교직관을 가지고 있다.							
		교직을 자신의 천직으로 여기고 있다.							

보육 활동 능력	준비 계획	교재 연구는 잘 되어 있다.							
		교구를 잘 준비한다.							
		보육활동계획안은 내용이 적절하고 충실하게 작성하였다.							
	지도	보육활동을 자신 있게 진행한다.							
		영유아의 상태를 잘 파악하고 영유아와 협력으로 활동을 전개한다.							
		사용하는 용어와 설명방법이 적절하다.							
	평가	영유아에 대한 평가도구와 방법이 적절하다.							
		영유아의 활동을 평가한 결과 다음 보육활동계획 시 활용한다.							
연구 조사 활동	연구 태도	교직에 대한 제반사항을 스스로 알고자 노력한다.							
		현장실습에 제반사항을 철저히 기록하고 반성적인 검토를 한다.							
	연구 능력	제반업무 실행에서 창의성을 발휘한다.							
		제반 상황을 철저히 기록하고 반성적인 검토를 한다.							
	보육 이론	보육이론에 대한 기초가 잘 되어 있다.							
		보육이론을 실제에 적용하려고 노력하며 보육활동에 대하여 교육적인 검토를 한다.							
학급 경영 및 사무 처리 능력	환경 구성	학급 환경구성을 창의적으로 한다.							
		학급 경영안의 작성요령 및 경영방침 등을 잘 습득하였다.							
	관리 지도	영유아의 개성을 잘 파악하고 개인차를 고려하여 지도하였다.							
		영유아를 잘 지도하며 바람직한 분위기를 조성한다.							
	사무 능력	제반 처리사항을 잘 이해하고 기한 내에 수행한다.							
		지도교사 및 기타 교직원에게 협조적이다.							
합계								점	/100

년 월 일

0 0 0 어린이집 원장 ◇ ◇ ◇

출처: 전남련(2002). 보육실습의 실제. 형설출판사.

(3) 실습 평가 시 유의사항

- 실습생은 보육실습 기간 동안 보육실습생을 주의 깊게 관찰하여 연속적으로 정확히 평가하여 내용을 기록하여 보존한다.
- 보유한 평가 자료를 충실히 내용을 분석하여 신뢰성과 타당성 있는 평가를 한다.
- 인간적인 감정 및 개인적 느낌에 근거하여 평가하지 않도록 주의하며 공평하고 객관적인 기준에 따라 평가한다.
- 실습을 시작할 때부터 마치는 순간까지 계속적으로 평가가 이루어지도록 하며, 여러 종류의 자료 및 도구를 사용하여 평가한다.
- 보육실습 평가를 빌미로 보육실습 계획에도 없는 교재 · 교구를 더 만들게 하거나 보육실습 이외의 기간에 출근하여 어린이집 행사를 돕도록 하는 등 보육실습 평가를 다른 목적으로 이용하지 않도록 한다.
- 보육교사 양성기관의 지도교수가 실습기관(어린이집)을 방문할 시, 보육실습생에 대한 전반적인 평가 의견을 안내하여 양성교육기관의 보육교사교육에 기초자료를 공급할 수 있다((재)한국보육진흥원, 2013).

3. 보육교직원(교사)의 평가

1) 보육실습기관의 평가

보육실습기관에서는 실습생의 보육실습 과정을 철저히 지도 · 감독하고 실습기관(어린이집) 원장 및 실습지도교사가 실습 평가서를 기록(작성)한 후 보육실습 확인서와 함께 대학(교) 및 보육교사교육원에 제출한다.

실습기관(어린이집) 및 실습지도교직원이 실습생을 평가할 때 참고해야 할 사항은 다음과 같다((재)한국보육진흥원, 2013).

(1) 실습기관(어린이집) 원장 평가

- 실습기관(어린이집)의 원장은 실습생과 실습지도 교직원의 실습 지도에 대해 객관성 있게 평가를 하고 바람직한 실습의 방향을 제시해 준다.
- 어린이집 원장은 실습 지도가 합당하게 이루어지고 있는지 실습의 전 과정을 관리 및 감독해야 한다.
- 원장은 실습 지도 보육교직원이 열의를 가지고 보육실습생을 지도할 수 있도록 보육실습 지도 보육교직원을 지지해 주며 업무상 힘든 점을 파악하여 조언해 주어야 한다.
- 보육실습일지 점검이나 실습생과의 상담을 통해 보육실습생의 힘들고 불편한 점을 경청하고 해결방안을 찾도록 도움을 준다.
- 어린이집 원장은 실습지도 보육교직원과의 합의를 통해 실습에 대하여 전반적인 평가를 한다.

(2) 보육실습 지도 보육교직원(교사)의 평가

- 실습지도 보육교직원은 보육실습생의 행동과 태도를 관찰하여 기록 및 평가하고 예비보육교사로서의 역할 수행을 잘 할 수 있도록 지도한다.
- 보육실습생의 바른 언어(언행)사용, 영유아를 존중하는 태도, 성실성, 책임감 등을 관찰하여 미숙한 점과 부족한 점을 평가하고 성심성의껏 조언한다.
- 보육실습생의 보육활동계획안을 검토하여 교사로서의 전문성 향상에 초점을 맞추어 실제적으로 제안을 해 준다.
- 실습을 진행하는 동안 보육실습생의 언행(언어), 태도(행동)와 자세, 직접 작성한 자료와 보육일지 등을 세심하게 검토하여 타당하고 신뢰성 있는 평가를 실시한다.
- 보육실습생의 보육활동 실습에 대해 계획 및 준비부터 결과까지 구체적인

평가를 시행한다.

- 지도교사의 객관적인 평가를 통해 보육실습생의 자기 반성적 사고에 도움을 줄 수 있는 합리적인 평가가 이루어지도록 한다.
- 실습을 시작할 때부터 끝날 때까지 다양한 영역을 포함하여 꾸준하고 연속적인 평가가 이루어지도록 한다.
- 지도교사는 보육실습평가서를 객관적으로 정확히 작성한다((재)한국보육진흥원, 2013).

표 9-7

보육실습 지도교사 평가서

보육실습 지도교사 평가서						
평가항목	평 가 내 용	평정척도				
		1	2	3	4	5
기본태도 지도	1. 지도교사로서의 품위(용모)					
	2. 지도교사로서의 성실성					
	3. 지도교사로서의 책임감					
	4. 지도교사로서의 협력성					
	5. 건강관리					
인간관계 지도	1. 영유아와의 관계					
	2. 학부모와의 관계					
	3. 보육실습생과의 관계					
	4. 동료교사와의 관계					
	5. 원장, 원감(주임)과의 관계					
영유아 지원	1. 활동유형별 절차에 대한 이해					
	2. 전체 영유아의 집중 유지					
	3. 적절한 발문 사용					
	4. 재미있고 역동적인 수업 연출					
	5. 적절한 수업자료 준비					
	6. 영유아에 대한 수용적인 태도					
	7. 영유아의 요구에 대한 민감성					
	8. 영유아 건강관리					
교수지도 지원	1. 영유아의 발달과 개인차에 대한 적절한 교수지원					
	2. 일과계획의 효과적인 운영능력					
	3. 영유아 관찰지도					

	4. 기본생활습관 지도					
	5. 문제행동에 대한 적절한 지도					
	6. 실습생에 대한 전문적인 지도(수업지도)					
	7. 실습생에 대한 교재 · 교구 지도					
학급운영 지도	1. 실내 · 외 안전관리					
	2. 실내 · 외 청결 및 위생관리					
	3. 교수자료 및 환경구성					
	4. 교재 · 교구 관리					
	5.사무관리					
합계	120 이상 적합 / 120 미만~90 이상 보통 / 90 미만 부적함	총점 :				

출처: 이대균 외(2009). 유아교육실습. 공동체.

(3) 보육교사 양성기관 및 대학(교)의 평가

보육교사 양성기관 및 대학(교)에서는 실습생의 실습결과에 대한 최종적인 평가를 한다. 보육교사 양성기관 및 대학(교) 보육교사 양성기관의 실습 지도교수는 실습이 끝난 후에 실습기관에서 작성한 실습 결과보고서(보육실습 평가서 포함)와 보육실습생이 제출한 각종 과제물과 자료, 그리고 지도교수 자신이 평가 · 기록한 자료에 근거해서 최종적인 평가를 실시한다.

보육교사 양성기관 및 대학(교)에서도 실습기관(어린이집)의 실습생 평가기준을 그대로 동일하게 사용할 수 있다. 이외에도 실습 지도교수는 실습과목을 실시하는 과정에서 다양한 평가기준을 활용하여 실습생에 대한 평가를 실시하게 된다(이소희 외, 2005).

4. 보육실습 평가회

실습의 과정 중 또는 실습을 종결한 후, 보육교직원과 실습생이 함께 참여하여 실습에 대한 평가회를 갖는다. 평가회는 실습생에게 보육실습 시작부터 끝까지 예비교사로서 본인의 변화된 정도를 재확인하고, 반성적 사고의 기회를 제고하여 예비보육교사의 역할을 수행할 수 있었던 경험을 되돌아보도록 한다. 또한 본인의 장점과 단점을 파악하여 향후 보육교사로서의 진로에 확신을 갖도록 도움을 줄 수 있다.

보육실습 지도교사는 보육실습생을 지도하는 개인의 역량을 보육실습생과 인간적 관계를 유지하면서 동시에 보육교사의 역할에 기반한 업무 수행을 통하여 피드백의 역할 및 사무적인 관계를 형성할 수도 있다.

실습기관(어린이집)의 원장은 보육실습 지도교사와 보육실습생의 인간관계와 직무관계를 통합적으로 아우르는 지원자이자 관리자의 역할을 수행하고, 또한 보육실습생이 좀 더 객관적이고 포괄적인 관점에서 실습을 바라보고 학생으로 다시 돌아가서 이론을 배울 때 현장 경험의 중요성을 재인식할 수 있도록 격려해 준다.

평가회는 이러한 보육교직원의 입장에 보육실습생에게 유익한 조언과 제안을 해주며 더 나아가 미래의 보육교사에게 보육의 비전을 제시하는 시간이 될 수 있도록 한다((재)한국보육진흥원, 2013).

보육실습기관에서의 보육실습이 끝나게 되면 보육실습생은 실습생에서 예비교사의 위치로 돌아오게 되며, 보육실습을 끝낸 예비보육교사는 대학(교) 및 양성교육기관에 돌아와 여러 가지 보육실습기관(어린이집)에서 보육 실습한 동료들과 실습지도교수와 함께 보육실습에 대한 종합적인 평가를 받게 된다. 이와 같은 평가시간을 통해 예비보육교사들은 여러 가지 교육시설에서의 보육실습 경험을 제공할 뿐만 아니라 보육교사의 전문성에 대하여 다시 한 번 생각할 수 있다.

5. 실습 사후관리

1) 실습 관련자료 송부 및 보관

실습기관(어린이집)에서는 보육실습이 끝난 후 보육실습생이 소속된 양성기관 및 대학(교)에 보육실습 관련 서류를 발송하고, 보육실습생에 관련한 서류를 기관에 보관한다.

(1) 양성기관 및 대학(교)에 보내야 하는 서류

실습기관(어린이집)에서는 실습 종료 후 14일 이내에 다음과 같은 서류를 양성교육기관 및 대학(교)에 송부한다.

- 보육실습확인서
- 보육실습평가서
- 보육실습비 영수증
- 보육실습생 출근부
- 보육실습일지(보육실습생이 양성교육기관에 직접 제출)
- 보육실습 지도교사 자격증 사본
- 보육실습기관 인가증 사본 또는 어린이집 위탁계약증서 사본(보육실습 당시 계약일시가 명시된 위탁계약증서)

(2) 보육실습기관(어린이집)에서 보관해야 하는 서류

보육실습기관(어린이집)에서는 보육실습과 관련한 다음의 문서를 이후 5년 동안 보관한다.

- 보육실습확인서 사본
- 보육실습평가서 사본
- 보육실습비 영수증 사본
- 보육실습 지도교사 자격증 사본

※ '어린이집 지원시스템'에서 보육실습확인서 출력(단, 유치원의 경우 제외)

2) 실습 기록대장

실습생과 관련된 세부사항을 '보육실습기관 보관용 보육실습 기록대장'에 정확히 기록하여 영구 보존한다. 보육실습 기록대장에는 보육실습생의 개인 정보가 수록되므로 실습기관에서는 보관에 특별히 유의해야 한다.

부 록

1. 0~1세 보육과정의 영역별 목표와 내용
2. 2세 보육과정의 영역별 목표와 내용
3. 3~5세 보육과정(누리과정)의 영역별 목표와 내용
4. 보육실습 관련 서식
5. 영유아 관찰양식

1. 0~1세 보육과정의 영역별 목표와 내용

1) 기본생활

(1) 목표

- 건강하고 안전한 일상생활을 경험한다.
  - 건강하고 편안한 일상생활을 경험한다.
  - 안전한 생활을 경험한다.

(2) 내용체계

내용범주	내 용
건강하게 생활하기	몸을 깨끗이 하기
	즐겁게 먹기
	건강한 일상생활하기
안전하게 생활하기	안전하게 지내기
	위험한 상황에 반응하기

(3) 세부내용

<table>
<tr><th>내용범주</th><th>내 용</th><th>1수준</th><th>2수준</th><th>3수준</th><th>4수준</th></tr>
<tr><td rowspan="10">건강하게 생활하기</td><td rowspan="3">몸을 깨끗이 하기</td><td colspan="4">몸이 깨끗해졌을 때 기분이 좋음을 안다.</td></tr>
<tr><td colspan="4">도움을 받아 손을 씻는다.</td></tr>
<tr><td colspan="4">도움을 받아 이를 닦는다.</td></tr>
<tr><td rowspan="3">즐겁게 먹기</td><td>편안하게 안겨서 우유(모유)를 먹는다.</td><td>이유식에 적응한다.</td><td>고형식에 적응한다.</td><td>다양한 음식을 먹어 본다.</td></tr>
<tr><td colspan="2"></td><td colspan="2">도구로 음식을 먹어 본다.</td></tr>
<tr><td colspan="4">즐겁게 먹는다.</td></tr>
<tr><td rowspan="4">건강한 일상생활 하기</td><td colspan="4">수면을 충분히 취한다.</td></tr>
<tr><td colspan="4">편안하게 쉰다.</td></tr>
<tr><td colspan="4">하루 일과에 편안하게 참여한다.</td></tr>
<tr><td colspan="2"></td><td colspan="2">배변 의사를 표현한다.</td></tr>
<tr><td rowspan="4">안전하게 생활하기</td><td rowspan="3">안전하게 지내기</td><td colspan="3">안전한 상황에서 놀이한다.</td><td>놀잇감을 안전하게 사용한다.</td></tr>
<tr><td colspan="4">안전한 장소에서 놀이한다.</td></tr>
<tr><td colspan="4">차량 승하차 시 안전 장구를 착용한다.</td></tr>
<tr><td>위험한 상황에 반응하기</td><td></td><td>위험하다는 말에 반응을 보인다.</td><td colspan="2">위험하다고 알려주면 주의한다.</td></tr>
</table>

2) 신체운동

(1) 목표

- 감각 및 기본 신체운동 능력을 기른다.
  - 감각기능을 발달시키고 자신의 신체를 탐색한다.
  - 대·소근육을 조절하고 걷기 등의 능력을 기른다.
  - 규칙적으로 신체활동에 참여한다.

(2) 내용체계

내용범주	내용
감각과 신체 인식하기	감각적 자극에 반응하기
	감각기관으로 탐색하기
	신체 탐색하기
신체조절과 기본운동하기	신체 균형잡기
	대근육 조절하기
	소근육 조절하기
	기본운동하기
신체활동에 참여하기	몸 움직임 즐기기
	바깥에서 신체 움직이기
	기구를 이용하여 신체활동 시도하기

(3) 세부내용

<table>
<tr><th>내용범주</th><th>내용</th><th>1수준</th><th>2수준</th><th>3수준</th><th>4수준</th></tr>
<tr><td rowspan="4">감각과 신체 인식하기</td><td rowspan="2">감각적 자극에 반응하기</td><td colspan="4">시각, 청가, 촉각, 후각, 미각으로 자극을 느낀다.</td></tr>
<tr><td colspan="4">시각, 청각, 촉각, 후각, 미각으로 자극에 반응한다.</td></tr>
<tr><td>감각기관으로 탐색하기</td><td colspan="4">감각기관으로 주변 환경을 탐색한다.</td></tr>
<tr><td>신체 탐색하기</td><td>손과 발 등을 바라보며 탐색한다.</td><td colspan="3">주요 신체 부분의 움직임을 탐색한다.</td></tr>
<tr><td rowspan="5">신체 조절과 기본운동 하기</td><td>신체 균형잡기</td><td>몸의 균형을 잡기 위한 자세를 시도한다.</td><td>붙잡고 서 있기 등의 자세를 취한다.</td><td colspan="2">안정되게 서 있기 등의 자세를 시도한다.</td></tr>
<tr><td>대근육 조절하기</td><td>뒤집기 등 몸을 조절하여 위치를 바꾼다.</td><td colspan="3">누웠다 앉기 등 몸의 소근육을 활용해 본다.</td></tr>
<tr><td>소근육 조절하기</td><td>보이는 물체에 손을 뻗는다.</td><td colspan="3">눈과 손을 협응하여 소근육을 활용해 본다.</td></tr>
<tr><td rowspan="2">기본운동 하기</td><td>배밀이 등 이동운동을 시도한다.</td><td>기기, 걷기 등 이동운동을 시도한다.</td><td colspan="2">걷기 등 이동운동을 시도한다.</td></tr>
<tr><td colspan="2">팔 다리 뻗기, 흔들기 등 제자리 운동을 시도한다.</td><td colspan="2">서 있기, 앉기 등 제자리 운동을 시도한다.</td></tr>
<tr><td rowspan="3">신체 활동에 참여하기</td><td>몸 움직임 즐기기</td><td colspan="2">몸을 활발히 움직인다.</td><td colspan="2">몸의 움직임을 다양하게 시도한다.</td></tr>
<tr><td>바깥에서 신체 움직이기</td><td colspan="2">규칙적으로 바깥환경을 경험한다.</td><td colspan="2">규칙적으로 바깥에서 신체활동을 한다.</td></tr>
<tr><td>기구를 이용하여 신체활동 시도하기</td><td></td><td colspan="3">간단한 기구를 이용하여 신체활동을 시도한다.</td></tr>
</table>

3) 의사소통

(1) 목표

- 말소리를 구분하고 의사소통의 기초를 마련한다.
  - 주변의 소리와 말소리 듣기에 관심을 보인다.
  - 표정, 소리, 몸짓으로 자신의 생각과 느낌을 표현한다.
  - 짧은 그림책이나 친숙한 환경 인쇄물에 관심을 가진다.
  - 끼적이기에 관심을 가진다.

(2) 내용체계

내용범주	내용
듣기	주변의 소리와 말소리 구분하여 듣기
	경험과 관련된 말 듣고 알기
	운율이 있는 말 듣기
	말하는 사람을 보기
말하기	발성과 발음으로 소리내기
	표정, 몸짓, 말소리로 말하기
	말할 순서 구별하기
읽기	그림책과 환경 인쇄물에 관심 가지기
쓰기	끼적이기

(3) 세부내용

<table>
<tr><th>내용범주</th><th>내용</th><th>1수준</th><th>2수준</th><th>3수준</th><th>4수준</th></tr>
<tr><td rowspan="7">듣기</td><td rowspan="3">주변의 소리와 말소리 구분하여 듣기</td><td colspan="3">여러 가지 소리와 말소리 듣기에 흥미를 보인다.</td><td>친숙한 낱말의 발음에 흥미를 보인다.</td></tr>
<tr><td colspan="4">익숙한 목소리를 듣고 그것에 반응한다.</td></tr>
<tr><td colspan="2"></td><td colspan="2">높낮이와 세기 등 말소리의 차이에 반응한다.</td></tr>
<tr><td rowspan="2">경험과 관련된 말 듣고 알기</td><td colspan="4">눈 앞에 보이는 경험과 관련된 말에 반응한다.</td></tr>
<tr><td></td><td colspan="3">자신의 이름이 불리면 듣고 반응한다.</td></tr>
<tr><td>운율이 있는 말 듣기</td><td colspan="4">운율이 있는 짧은 말소리를 관심 있게 듣는다.</td></tr>
<tr><td>말하는 사람을 보기</td><td colspan="2">말하는 사람의 눈을 마주 바라본다.</td><td colspan="2">말하는 사람의 표정, 몸짓을 관심 있게 본다.</td></tr>
<tr><td rowspan="5">말하기</td><td rowspan="3">발성과 발음으로 소리내기</td><td colspan="2" rowspan="2">여러 가지 소리를 내고 옹알이를 한다.</td><td colspan="2">여러 말소리를 즐겁게 내 본다.</td></tr>
<tr><td colspan="2">의미 있는 음절을 내 본다.</td></tr>
<tr><td colspan="2">옹알이와 말소리에 대해 말로 반응해 주면 모방하여 소리 낸다.</td><td colspan="2">교사의 말을 모방하여 발음한다.</td></tr>
<tr><td>표정, 몸짓, 말소리로 말하기</td><td>표정과 소리로 의사표현을 한다.</td><td>표정, 몸짓, 소리로 의사표현을 한다.</td><td colspan="2">표정, 몸짓, 말소리로 의사표현을 한다.</td></tr>
<tr><td>말할 순서 구별하기</td><td colspan="4">말할 순서에 따라 표정, 몸짓, 말소리로 반응한다.</td></tr>
<tr><td rowspan="3">읽기</td><td rowspan="3">그림책과 환경 인쇄물에 관심 가지기</td><td colspan="4">다양한 감각 책을 탐색해 본다.</td></tr>
<tr><td colspan="2"></td><td colspan="2">사물과 주변의 친숙한 환경 인쇄물에 관심을 가진다.</td></tr>
<tr><td colspan="4">읽어주는 짧은 그림책에 관심을 가진다.</td></tr>
<tr><td>쓰기</td><td>끼적이기</td><td></td><td colspan="3">끼적이기에 관심을 가진다.</td></tr>
</table>

4) 사회관계

(1) 목표

- 친숙한 사람과 관계를 형성한다.
  - 자신과 다른 사람을 구별된 존재로 인식한다.
  - 기본 정서를 표현하고 다른 사람의 감정에 주의를 기울인다.
  - 안정적인 애착을 형성하고 또래나 교사와 함께 지낸다.

(2) 내용체계

내용범주	내용
나를 알고 존중하기	나를 구별하기
	나의 것 인식하기
나와 다른 사람의 감정 알기	나의 감정을 나타내기
	다른 사람에게 주의 기울이기
더불어 생활하기	안정적인 애착형성하기
	또래에 관심 갖기
	자신이 속한 집단 알기
	사회적 가치를 알기

(3) 세부내용

<table>
<tr><th>내용범주</th><th>내용</th><th>1수준</th><th>2수준</th><th>3수준</th><th>4수준</th></tr>
<tr><td rowspan="3">나를 알고 존중하기</td><td>나를 구별하기</td><td colspan="2">거울 속의 나에게 관심을 가진다.</td><td colspan="2">거울 속의 나를 알아본다.</td></tr>
<tr><td rowspan="2">나의 것 인식하기</td><td colspan="4">자기 이름을 부르는 소리에 반응한다.</td></tr>
<tr><td colspan="2"></td><td colspan="2">친숙한 자기 물건을 안다.</td></tr>
<tr><td rowspan="2">나와 다른 사람의 감정 알기</td><td>나의 감정을 나타내기</td><td colspan="4">나의 욕구와 감정을 나타낸다.</td></tr>
<tr><td>다른 사람에게 주의 기울이기</td><td colspan="2">다른 사람의 말과 표정, 몸짓에 주의를 기울인다.</td><td colspan="2">다른 사람이 나타내는 여러 가지 감정에 주의를 기울인다.</td></tr>
<tr><td rowspan="6">더불어 생활하기</td><td rowspan="2">안정적인 애착형성 하기</td><td>양육자와 시선을 맞춘다.</td><td colspan="3">양육자에게 적극적으로 관심과 욕구를 표현한다.</td></tr>
<tr><td colspan="2">주변의 친숙한 사람의 얼굴과 목소리를 인식한다.</td><td colspan="2">주변의 친숙한 사람에게 애정을 표현한다.</td></tr>
<tr><td>또래에 관심 갖기</td><td colspan="4">다른 영아와 함께 지내는 것을 경험한다.</td></tr>
<tr><td>자신이 속한 집단 알기</td><td colspan="2">담임교사를 구별한다.</td><td colspan="2">자기 반에서 지내며 안정감을 가진다.</td></tr>
<tr><td rowspan="2">사회적 가치를 알기</td><td colspan="2"></td><td colspan="2">친숙한 물건의 자리를 안다.</td></tr>
<tr><td colspan="4">만나고 헤어지는 인사를 해 본다.</td></tr>
</table>

5) 예술경험

(1) 목표

- 아름다움에 관심을 가진다.
  - 자신의 신체와 주변의 감각 자극에 호기심을 가지고 반응한다.
  - 소리와 움직임으로 반응하고, 단순한 미술을 경험하며, 모방 행동을 즐긴다.
  - 친근한 소리나 노래를 즐겨 듣고, 자연물, 사물, 주변 환경에 관심을 가진다.

(2) 내용체계

내용범주	내용
아름다움 찾아보기	예술적 요소에 호기심 가지기
예술적 표현하기	리듬 있는 소리로 반응하기
	움직임으로 반응하기
	단순한 미술 경험하기
	모방행동 즐기기
예술 감상하기	아름다움 경험하기

(3) 세부내용

<table>
<tr><th>내용범주</th><th>내용</th><th>1수준</th><th>2수준</th><th>3수준</th><th>4수준</th></tr>
<tr><td rowspan="4">예술적 표현하기</td><td rowspan="2">움직임으로 반응하기</td><td colspan="4">손발 흔들기와 몸 움직임으로 반응한다.</td></tr>
<tr><td colspan="2"></td><td colspan="2">간단한 도구를 활용하여 움직인다.</td></tr>
<tr><td>단순한 미술 경험하기</td><td colspan="2">리듬 있는 소리에 관심을 가진다.</td><td colspan="2">감각적으로 단순한 미술경험을 한다.</td></tr>
<tr><td>모방행동 즐기기</td><td colspan="2">소리나 얼굴 표정, 몸 움직임 등을 모방한다.</td><td colspan="2">단순한 모방 행동을 놀이처럼 즐긴다.</td></tr>
<tr><td rowspan="2">예술 경험하기</td><td rowspan="2">아름다움 경험하기</td><td colspan="2">일상생활에서 반복되는 소리와 노래에 관심을 가진다.</td><td colspan="2">일상생활에서 리듬 있는 소리와 노래를 즐겨 듣는다.</td></tr>
<tr><td colspan="4">일상생활에서 자연이나 사물의 아름다움을 경험한다.</td></tr>
<tr><td rowspan="2">아름다움 찾아보기</td><td rowspan="2">예술적 요소에 호기심 가지기</td><td colspan="4">주변의 소리와 움직임에 호기심을 가진다.</td></tr>
<tr><td colspan="4">주변 환경에서 색, 모양에 호기심을 가진다.</td></tr>
<tr><td rowspan="2">예술적 표현하기</td><td rowspan="2">리듬 있는 소리로 반응하기</td><td colspan="2">리듬 있는 소리에 관심을 가진다.</td><td colspan="2">노래를 부분적으로 따라 부른다.</td></tr>
<tr><td colspan="2">리듬과 노래에 소리로 반응한다.</td><td colspan="2">리듬과 음높이에 맞추어 소리를 낸다.</td></tr>
</table>

6) 자연탐구

(1) 목표

• 보고, 듣고, 만지면서 주변 환경에 관심을 가진다.
 - 주변 사물에 대한 탐색을 시도한다.
 - 주변에서 일어나는 수학적 상황을 지각한다.
 - 감각과 조작을 통하여 주변 사물과 자연환경에 대해 지각한다.

(2) 내용체계

내용범주	내용
탐구하는 태도 기르기	사물에 관심 가지기
	탐색 시도하기
수학적 탐구하기	수량 지각하기
	주변 공간 탐색하기
	차이를 지각하기
	간단한 규칙성 지각하기
과학적 탐구하기	물체와 물질 탐색하기
	주변 동식물에 관심 가지기
	주변 자연에 관심 가지기
	생활도구 탐색하기

(3) 세부내용

<table>
<tr><th>내용범주</th><th>내용</th><th>1수준</th><th>2수준</th><th>3수준</th><th>4수준</th></tr>
<tr><td rowspan="2">탐구하는 태도 기르기</td><td>사물에 관심 가지기</td><td></td><td colspan="3">주변 사물에 관심을 가진다.</td></tr>
<tr><td>탐색 시도하기</td><td>나와 주변 사물을 감각으로 탐색한다.</td><td colspan="3">주변의 사물에 대해 의도적인 탐색을 시도한다.</td></tr>
<tr><td rowspan="5"></td><td>수량 지각하기</td><td></td><td>있고 없는 상황을 지각한다.</td><td>‘있다’와 ‘없다’를 구별한다.</td><td>‘한 개’와 ‘여러 개‘를 구별한다.</td></tr>
<tr><td rowspan="2">주변 공간 탐색하기</td><td></td><td colspan="3">도움을 받아 주변의 공간을 탐색한다.</td></tr>
<tr><td colspan="4">주변 사물의 모양을 지각한다.</td></tr>
<tr><td>차이를 지각하기</td><td colspan="2"></td><td colspan="2">주변 사물의 차이를 지각한다.</td></tr>
<tr><td>간단한 규칙성 지각하기</td><td colspan="2"></td><td colspan="2">일상과 놀이에서 간단한 규칙상을 경험한다.</td></tr>
<tr><td rowspan="5">과학적 탐구하기</td><td>물체와 물질 탐색하기</td><td colspan="4">일상생활 주변의 몇 가지 친숙한 것들을 양육자와 함께 탐색한다.</td></tr>
<tr><td>주변 동식물에 관심 가지기</td><td colspan="2"></td><td colspan="2">주변 동식물의 모양, 소리, 움직임에 관심을 가진다.</td></tr>
<tr><td rowspan="2">주변 자연에 관심 가지기</td><td></td><td colspan="3">생활 주변의 자연물을 감각으로 느껴 본다.</td></tr>
<tr><td></td><td colspan="3">바람, 햇빛, 비 등을 감각으로 느껴 본다.</td></tr>
<tr><td>생활도구 탐색하기</td><td colspan="2"></td><td colspan="2">도움을 받아 생활도구를 탐색한다.</td></tr>
</table>

2. 2세 보육과정의 영역별 목표와 내용

1) 기본생활

(1) 목표

- 건강하고 안전한 생활습관의 기초를 마련한다.
  - 건강한 생활습관의 기초를 경험한다.
  - 안전한 생활습관의 기초를 경험한다.

(2) 내용체계

내용범주	내용
건강하게 생활하기	몸을 깨끗이 하기
	바르게 먹기
	건강한 일상생활하기
	질병에 대해 알기
안전하게 생활하기	안전하게 놀이하기
	교통안전 알기
	위험한 상황알기

(3) 세부내용

<table>
<tr><th>내용범주</th><th>내용</th><th>1수준</th><th>2수준</th></tr>
<tr><td rowspan="10">건강하게 생활하기</td><td rowspan="2">몸을 깨끗이 하기</td><td colspan="2">스스로 손과 몸씻기를 시도한다.</td></tr>
<tr><td colspan="2">스스로 이닦기를 시도한다.</td></tr>
<tr><td rowspan="3">바르게 먹기</td><td colspan="2">음식을 골고루 먹는다.</td></tr>
<tr><td colspan="2">도구를 사용하여 스스로 먹는다.</td></tr>
<tr><td colspan="2">정해진 자리에서 먹는다.</td></tr>
<tr><td rowspan="4">건강한 일상생활하기</td><td colspan="2">일과에 따라 규칙적으로 잠을 잔다.</td></tr>
<tr><td colspan="2">정해진 시간에 알맞게 휴식한다.</td></tr>
<tr><td colspan="2">하루 일과에 즐겁게 참여한다.</td></tr>
<tr><td>정해진 곳에서 배변한다.</td><td>화장실에서 배변한다.</td></tr>
<tr><td>질병에 대해 알기</td><td colspan="2">질병의 위험을 안다.</td></tr>
<tr><td rowspan="5">안전하게 생활하기</td><td rowspan="2">안전하게 놀이하기</td><td colspan="2">놀이기구나 놀잇감을 안전하게 사용한다.</td></tr>
<tr><td colspan="2">안전한 장소에서 놀이한다.</td></tr>
<tr><td>교통안전 알기</td><td>교통수단의 위험을 안다.</td><td>교통수단의 위험을 알고 조심한다.</td></tr>
<tr><td rowspan="2">위험한 상황알기</td><td>위험한 상황과 위험한 것을 안다.</td><td>위험한 상황과 위험한 것을 알고 조심한다.</td></tr>
<tr><td colspan="2">위험한 상황 시 어른의 지시에 따른다.</td></tr>
</table>

2) 신체운동

(1) 목표

- 감각, 신체조절 및 기본 운동 능력을 기른다.
  - 감각능력을 기르고, 자신의 신체 움직임을 탐색한다.
  - 안정된 자세로 대소근육을 조절하고 기본운동 능력을 기른다.
  - 규칙적으로 신체활동에 참여한다.

(2) 내용체계

내용범주	내용
감각과 신체 인식하기	감각능력 기르기
	감각기관 활용하기
	신체를 인식하고 움직이기
신체조절과 기본운동하기	신체 균형잡기
	대근육 조절하기
	소근육 조절하기
	기본운동하기
신체활동에 참여하기	신체활동에 참여하기
	바깥에서 신체활동하기
	기구를 이용하여 신체활동하기

(3) 세부내용

내용범주	내용	1수준	2수준
감각과 신체 인식하기	감각능력 기르기	다양한 감각적 차이에 반응한다.	
	감각기관 활용하기	감각기관으로 주변 환경을 탐색한다.	
	신체를 인식하고 움직이기	신체 각 부분의 명칭을 안다.	
		신체 각 부분의 움직임을 탐색한다.	
신체 조절과 기본운동하기	신체균형 잡기	안정된 자세를 취하려고 시도한다.	
	대근육 조절하기	팔, 다리, 목, 허리 등 움직임을 조절한다.	
	소근육 조절하기	눈과 손을 협응하여 소근육을 조절해 본다.	
	기본운동하기	걷기, 계단 오르기 등 이동운동을 한다.	
		제자리에서 몸을 움직여 본다.	
신체 활동에 참여하기	신체활동에 참여하기	신체활동에 자발적으로 참여해 본다.	
	바깥에서 신체활동하기	규칙적으로 바깥에서 신체활동을 한다.	
	기구를 이용하여 신체활동하기	간단한 기구를 이용하여 신체활동을 한다.	

3) 의사소통

(1) 목표

- 의사소통 능력의 기초를 기른다.
  - 다른 사람의 말과 짧은 이야기 듣는 것을 즐긴다.

- 자신의 생각과 느낌을 말로 주고받기를 즐긴다.
- 그림책이나 환경 인쇄물에 관심을 가지며 글의 내용에 흥미를 가진다.
- 글자 형태 끼적이기에 관심을 가진다.

(2) 내용체계

내용범주	내용
듣기	말소리 구분하여 듣고 의미알기
	짧은 문장 듣고 알기
	짧은 이야기 듣기
	말하는 사람을 주의 깊게 보기
말하기	낱말과 간단한 문장으로 말하기
	자신이 원하는 것을 말하기
	상대방을 바라보며 말하기
읽기	그림책과 환경 인쇄물에 흥미 가지기
쓰기	끼적이며 즐기기

(3) 세부내용

<table>
<tr><th>내용범주</th><th>내용</th><th>1수준</th><th>2수준</th></tr>
<tr><td rowspan="4">듣기</td><td rowspan="2">말소리 구분하여 듣고 의미알기</td><td>친숙한 낱말의 발음에 흥미를 보인다.</td><td>친숙한 낱말의 발음에 관심을 가지고 듣는다.</td></tr>
<tr><td colspan="2">다양한 말소리의 차이를 구분한다.</td></tr>
<tr><td rowspan="2">짧은 문장 듣고 알기</td><td>낱말을 듣고 친숙한 사물과 사람을 찾아본다.</td><td>일상생활과 관련된 친숙한 낱말을 듣고 뜻을 이해한다.</td></tr>
<tr><td colspan="2">친숙한 짧은 문장을 듣고 반응한다.</td></tr>
</table>

<table>
<tr><th>내용범주</th><th>내용</th><th>1수준</th><th>2수준</th></tr>
<tr><td rowspan="2"></td><td>짧은 이야기 듣기</td><td colspan="2">짧은 사람의 표정, 몸짓, 억양 등을 주의 깊게 보고 듣는다.</td></tr>
<tr><td>말하는 사람을 주의 깊게 보기</td><td colspan="2">말하는 사람의 표정, 몸짓, 억양 등을 주의 깊게 보고 듣는다.</td></tr>
<tr><td rowspan="7">말하기</td><td rowspan="3">낱말과 간단한 문장으로 말하기</td><td>눈앞에 보이는 친숙한 사물의 이름을 발음해 본다.</td><td>친숙한 낱말을 발음해 본다.</td></tr>
<tr><td colspan="2">일상생활에서 경험한 새로운 낱말에 관심을 가진다.</td></tr>
<tr><td colspan="2">일상생활의 반복적인 일이나 친숙한 상황을 한두 낱말이나 간단한 문장으로 말해 본다.</td></tr>
<tr><td rowspan="2">자신이 원하는 것을 말하기</td><td colspan="2">표정, 몸짓, 말소리로 의사표현을 한다.</td></tr>
<tr><td>자신이 원하는 것을 한두 낱말로 말해 본다.</td><td>자신이 원하는 것을 낱말이나 짧은 문장으로 말해 본다.</td></tr>
<tr><td>상대방을 바라보며 말하기</td><td colspan="2">말할 순성에 상대방을 바라보며 말을 주고받는다.</td></tr>
<tr><td rowspan="3">읽기</td><td rowspan="3">그림책과 환경 인쇄물에 흥미 가지기</td><td colspan="2">그림책과 환경 인쇄물에 있는 그림과 내용에 관심을 가진다.</td></tr>
<tr><td colspan="2">친숙한 그림과 환경 인쇄물을 보고 읽는 흉내를 내 본다.</td></tr>
<tr><td colspan="2">선호하는 그림책들을 읽어 주면 집중하여 듣는다.</td></tr>
<tr><td rowspan="2">쓰기</td><td rowspan="2">끼적이며 즐기기</td><td colspan="2">의도적으로 끼적인다.</td></tr>
<tr><td colspan="2">자기 이름 끼적이기에 관심을 가진다.</td></tr>
</table>

4) 사회관계

(1) 목표

- 나를 인식하고 다른 사람과 더불어 생활하는 경험을 한다.
  - 자기 존중감을 형성한다.
  - 자신의 감정을 알고 다른 사람의 감정에 반응을 보인다.
  - 가족을 사랑하고 또래, 교사와 즐겁게 지내며 간단한 규칙 등을 지킨다.

(2) 내용체계

<table>
<tr><th>내용범주</th><th>내용</th></tr>
<tr><td rowspan="2">나를 알고 존중하기</td><td>나를 구별하기</td></tr>
<tr><td>좋아하는 것 해 보기</td></tr>
<tr><td rowspan="2">나와 다른 사람의 감정 알기</td><td>나의 감정을 나타내기</td></tr>
<tr><td>다른 사람의 감정에 반응하기</td></tr>
<tr><td rowspan="4">더불어 생활하기</td><td>내 가족 알기</td></tr>
<tr><td>또래와 관계하기</td></tr>
<tr><td>자신이 속한 집단 알기</td></tr>
<tr><td>사회적 가치를 알기</td></tr>
</table>

(3) 세부내용

내용범주	내용	1수준	2수준
나를 알고 존중하기	나를 구별하기	나와 다른 사람의 모습을 구별한다.	
	좋아하는 것 해 보기	내가 좋아하는 것을 찾아본다.	
		좋아하는 놀이나 놀잇감을 선택해 본다.	스스로 선택한 놀이나 놀잇감을 즐긴다.
나의 다른 사람의 감정 알기	나의 감정을 나타내기	여러 가지 감정을 말과 행동으로 나타낸다.	
	다른 사람의 감정에 반응하기	다른 사람이 나타내는 여러 가지 감정에 반응을 보인다.	
더불어 생활하기	내 가족 알기	내 가족에게 애정을 표현한다.	내 가족에게 모습과 행동을 모방한다.
	또래와 관계하기	또래에게 관심을 보인다.	또래의 모습과 행동을 모방한다.
		또래의 이름을 안다.	또래가 있는 곳에서 놀이를 한다.
	자신이 속한 집단 알기	자신이 속한 반과 교사를 안다.	자신이 속한 반의 활동에 즐겁게 참여한다.
	사회적 가치를 알기	도움 받아 물건을 정리한다.	스스로 물건을 정리한다.
		자기 순서를 안다.	순서를 기다린다.
		바른 태도로 인사한다.	
		간단한 약속을 지킨다.	

5) 예술경험

(1) 예술경험

- 아름다움에 관심을 가지고 예술경험을 즐긴다.
  - 주변 생활에서 예술적 요소를 발견하고 흥미롭게 탐색한다.
  - 간단한 리듬이나 노래, 움직임, 자발적인 미술활동을 자유롭게 시도하고 모방이나 상상놀이로 표현한다.
  - 주변의 환경과 자연 및 다양한 표현에서 예술적 요소를 관심 있게 보고 즐긴다.

(2) 내용체계

내용범주	내용
아름다움 찾아보기	예술적 요소 탐색하기
예술적 표현하기	리듬 있는 소리와 노래로 표현하기
	움직임으로 표현하기
	자발적으로 미술활동하기
	모방과 상상놀이하기
예술 감상하기	아름다움 즐기기

(3) 세부내용

내용범주	내용	1수준	2수준
아름다움 찾아보기	예술적 요소 탐색하기	주변 환경에서 나는 다양한 소리와 움직임을 탐색한다.	
		주변 환경에서 색, 모양을 탐색한다.	
예술적 표현하기	리듬 있는 소리와 노래로 표현하기	친근한 노래를 따라 부른다.	
		신체, 사물,리듬악기 등을 이용하여 간단한 리듬과 소리를 만든다.	
	움직임으로 표현하기	노래나 리듬에 맞춰 몸으로 표현한다.	
		간단한 도구를 활용하여 몸으로 표현한다.	
	자발적으로 미술활동하기	자발적으로 그리기, 만들기를 한다.	
		간단한 도구와 미술재료를 다룬다.	
	모방과 상상놀이하기	모방행동을 놀이처럼 즐긴다.	일상생활 경험을 상상놀이로 즐긴다.
예술 감상하기	아름다움 즐기기	자연이나 생활의 소리나, 움직임, 친근한 음악과 춤을 관심 있게 듣거나 본다.	
		일상생활에서 자연과 사물의 아름다움에 관심을 가지고 즐긴다	
		자신과 또래가 표현한 노래, 춤, 미술품 등에 관심을 가지고 즐긴다.	

6) 자연탐구

(1) 목표

• 주변 환경에 호기심을 갖고 탐색하기를 즐긴다.

- 호기심을 가지고 주변 세계에 대해 다양하게 탐색한다.
- 주변에서 경험하는 수학적 상황을 인식한다.
- 다양한 탐색을 통하여 주변 사물과 자연환경을 인식한다.

(2) 내용체계

내용범주	내용
탐구하는 태도 기르기	호기심 가지기
	반복적 탐색 즐기기
수학적 탐구하기	수량 인식하기
	공간과 도형에 관심 가지기
	차이에 관심 가지기
	단순한 규칙성에 관심 가지기
	구분하기
과학적 탐구하기	물체와 물질 탐색하기
	주변 동식물에 관심 가지기
	자연을 탐색하기
	생활도구 사용하기

(3) 세부내용

내용범주	내용	1수준	2수준
탐구하는 태도 기르기	호기심 가지기	주변 사물과 자연 세계에 호기심을 가진다.	
	반복적 탐색 즐기기	관심 있는 사물을 반복하여 주도적으로 탐색하기를 즐긴다.	
수학적 탐구하기	수량 인식하기	많고 적음을 구별한다.	
		두 개 가량의 수 이름을 말해 본다.	세 개 가량의 구체물을 말하며 세어 본다.
		구체물을 일대일로 대응해 본다.	

<table>
<tr><th>내용범주</th><th>내용</th><th>1수준</th><th>2수준</th></tr>
<tr><td rowspan="6">수학적 탐구하기</td><td rowspan="2">공간과 도형에 관심 가지기</td><td colspan="2">나를 중심으로 익숙한 위치, 장소를 인식한다.</td></tr>
<tr><td colspan="2">주변 사물의 모양에 관심을 가진다.</td></tr>
<tr><td>차이에 관심 가지기</td><td colspan="2">주변 사물의 크기(속성의 차이)에 관심을 가진다.</td></tr>
<tr><td>단순한 규칙성에 관심 가지기</td><td colspan="2">주변에서 단순하게 반복되는 규칙성에 관심을 가진다.</td></tr>
<tr><td>구분하기</td><td colspan="2">주변 사물의 같고 다름에 따라 구분한다.</td></tr>
<tr><td rowspan="6">과학적 탐구하기</td><td>물체와 물질 탐색하기</td><td colspan="2">친숙한 물체의 물질을 능동적으로 탐색한다.</td></tr>
<tr><td>주변 동식물에 관심 가지기</td><td colspan="2">주변 동식물의 모양, 소리, 움직임에 관심을 가진다.</td></tr>
<tr><td rowspan="2">자연을 탐색하기</td><td colspan="2">돌, 물, 모래 등의 자연물을 탐색한다.</td></tr>
<tr><td colspan="2">날씨를 감각으로 느낀다.</td></tr>
<tr><td rowspan="2">생활도구 사용하기</td><td colspan="2">생활 속에서 간단한 도구에 관심을 가진다.</td></tr>
<tr><td colspan="2">간단한 도구를 사용한다.</td></tr>
</table>

3. 3~5세 보육과정(누리과정)의 영역별 목표 및 내용

1) 신체운동 · 건강

(1) 목표

기본운동능력과 건강하고 안전한 생활습관을 기른다.

- 감각 능력을 기르고, 자신의 신체를 긍정적으로 인식한다.
- 신체를 조절하고 기본운동 능력을 기른다.
- 신체활동에 즐겁게 참여한다.
- 건강한 생활습관을 기른다.
- 안전한 생활습관을 기른다.

(2) 세부내용

내용범주	내용	세부내용		
		3세	4세	5세
신체 인식하기	감각능력 기르고 활용하기	감각적 차이를 경험한다.	감각적 차이를 구분한다.	감각으로 대상이나 사물의 특성과 차이를 구분한다.
		감각기관을 인식하고, 활용해 본다.	여러 감각기관을 협응하여 활용한다.	여러 감각기관을 협응하여 활용한다.
	신체를 인식하고 움직이기	신체 각 부분의 명칭을 알고, 움직임에 관심을 갖는다.	신체 각 부분의 특성을 이해하고 활용하여 움직인다.	신체 각 부분의 특성을 이해하고 활용하여 움직인다.
		자신의 신체를 긍정적으로 인식하고 움직인다.	자신의 신체를 긍정적으로 인식하고 움직인다.	자신의 신체를 긍정적으로 인식하고 움직인다.

내용범주	내용	세부내용		
		3세	4세	5세
신체 조절과 기본 운동하기	신체 조절하기	신체균형을 유지해 본다.	다양한 자세와 움직임에서 신체균형을 유지한다.	다양한 자세와 움직임에서 신체균형을 유지한다.
		공간, 힘, 시간 등의 움직임 요소를 경험한다.	공간, 힘, 시간 등의 움직임 요소를 활용하여 움직인다.	공간, 힘, 시간 등의 움직임 요소를 활용하여 움직인다.
		신체 각 부분의 움직임을 조절해 본다.	신체 각 부분을 협응하여 움직임을 조절한다.	신체 각 부분을 협응하여 움직임을 조절한다.
		눈과 손을 협응하여 소근육을 조절해 본다.	눈과 손을 협응하여 소근육을 조절해 본다.	눈과 손을 협응하여 소근육을 조절해 본다.
	기본 운동하기	걷기, 달리기 등 이동운동을 한다.	걷기, 달리기, 뛰기 등 다양한 이동운동을 한다.	도구를 활용하여 여러 가지 조작운동을 한다.
		제자리에서 몸을 움직여 본다.	제자리에서 몸을 다양하게 움직인다.	걷기, 달리기, 뛰기 등 다양한 이동운동을 한다.
신체 활동에 참여하기	자발적으로 신체 활동에 참여하기	신체활동에 자발적으로 참여한다.	신체활동에 자발적이고 지속적으로 참여한다.	제자리에서 몸을 다양하게 움직인다.
		다른 사람과 함께 하는 신체 활동에 참여한다.	다른 사람과 함께 하는 신체 활동에 참여한다.	신체활동에 자발적이고 지속적으로 참여한다.
	바깥에서 신체 활동하기	규칙적으로 바깥에서 신체 활동을 한다.	자신과 다른 사람의 운동능력의 차이에 관심을 갖는다.	다른 사람과 함께 하는 신체활동에 참여한다.
	기구를 이용하여 신체활동하기	여러 가지 기구를 이용하여 신체활동을 한다.	규칙적으로 바깥에서 신체 활동을 한다.	자신과 다른 사람의 운동능력의 차이를 이해한다.
건강하게 생활하기	몸과 주변을 깨끗이하기	손과 이를 깨끗이 하는 방법을 알고 실천한다.	여러 가지 기구를 이용하여 신체활동을 한다.	규칙적으로 바깥에서 신체 활동을 한다.
		주변을 깨끗이 한다.	손과 이를 깨끗이 하는 방법을 알고 실천한다.	여러 가지 기구를 이용하여 신체활동을 한다.

내용범주	내용	세부내용		
		3세	4세	5세
안전하게 생활하기	바른 식생활하기	음식을 골고루 먹는다.	주변을 깨끗이 하는 습관을 기른다.	스스로 몸을 깨끗이 하는 습관을 기른다.
		몸에 좋은 음식에 관심을 갖는다.	음식을 골고루 먹는다.	주변을 깨끗이 하는 습관을 기른다.
		바른 태도로 식사한다.	몸에 좋은 음식을 알아본다.	적당량의 음식을 골고루 먹는다.
	건강한 일상생활하기	규칙적으로 잠을 자고, 적당한 휴식을 취한다.	음식을 소중히 여기고 식사예절을 지킨다.	몸에 좋은 음식을 선택할 수 있다.
		하루 일과에 즐겁게 참여한다.	규칙적으로 잠을 자고, 적당한 휴식을 취한다.	음식을 소중히 여기고 식사예절을 지킨다.
		스스로 화장실에서 배변한다.	하루 일과에 즐겁게 참여한다.	규칙적으로 잠을 자고, 적당한 휴식을 취한다.
	질병 예방하기	질병의 위험을 알고 주의한다.	바른 배변습관을 가진다.	하루 일과에 즐겁게 참여한다.
		날씨에 맞게 옷을 입는다.	질병을 예방하는 방법을 알고 실천한다.	규칙적인 배변습관을 가진다.
	안전하게 놀이하기	놀이기구나 놀잇감, 도구를 안전하게 사용한다.	날씨와 상황에 알맞게 옷을 입는다.	질병을 예방하는 방법을 알고 실천한다.
		안전한 놀이장소를 안다.	놀이기구나 놀잇감, 도구를 안전하게 사용한다.	날씨와 상황에 알맞게 옷을 입는다.
		TV, 인터넷, 통신기기 등을 바르게 사용한다.	안전한 장소를 알고 안전하게 놀이한다.	놀이기구나 놀잇감, 도구의 바른 사용법을 알고 안전하게 사용한다.
	교통안전 규칙지키기	교통안전 규칙을 안다.	TV, 인터넷, 통신기기 등의 위해성을 알고, 바르게 사용한다.	안전한 장소를 알고 안전하게 놀이한다.
		교통수단을 안전하게 이용한다.	교통안전 규칙을 알고 지킨다.	TV, 인터넷, 통신기기 등의 위해성을 알고, 바르게 사용한다.
	비상 시 적절히 대처하기	학대, 성폭력, 실종, 유괴상황을 알고 도움을 요청한다.	교통수단을 안전하게 이용한다.	교통안전 규칙을 알고 지킨다.

내용범주	내용	세부내용		
		3세	4세	5세
		재난 및 사고 등 비상 시 적절하게 대처하는 방법을 안다.	학대, 성폭력, 실종, 유괴상황 시 도움을 요청하는 방법을 알고 행동한다.	교통수단을 안전하게 이용한다.

2) 의사소통

(1) 목표

일상생활에 필요한 의사소통 능력과 바른 언어 사용 습관을 기른다.

- 다른 사람의 말을 주의 깊게 듣는 태도와 이해하는 능력을 기른다.
- 자신의 생각과 느낌을 말하는 능력을 기른다.
- 글자와 책에 친숙해지는 경험을 통하여 글자 모양을 인식하고 읽기에 흥미를 가진다.
- 말과 글의 관계를 알고 자신의 생각, 느낌, 경험을 글로 표현하는 데 관심을 가진다.

(2) 세부내용

내용범주	내용	세부내용		
		3세	4세	5세
듣기	낱말과 문장 듣고 이해하기	낱말의 발음에 관심을 가지고 듣는다.	낱말의 발음에 관심을 가지고 듣는다.	낱말의 발음에 관심을 가지고 비슷한 발음을 듣고 구별한다.
		일상생활과 관련된 낱말과 문장을 듣고 뜻을 이해한다.	일상생활과 관련된 낱말과 문장을 듣고 뜻을 이해한다.	다양한 낱말과 문장을 듣고 뜻을 이해한다.

내용범주	내용	세부내용		
		3세	4세	5세
	이야기 듣고 이해하기	다른 사람의 이야기를 관심 있게 듣는다.	다른 사람의 이야기를 듣고 이해한다.	다른 사람의 이야기를 듣고 이해한다.
	동요, 동시, 동화 듣고 이해하기	동요, 동시, 동화를 다양한 방법으로 듣고 즐긴다.	이야기를 듣고 궁금한 것에 대해 질문한다.	이야기를 듣고 궁금한 것에 대해 질문한다.
	바른 태도로 듣기	말하는 사람을 바라보며 듣는다.	동요, 동시, 동화를 다양한 방법으로 듣고 즐긴다.	동요, 동시, 동화를 다양한 방법으로 듣고 이해한다.
말하기	낱말과 문장으로 말하기	친숙한 낱말을 발음해 본다.	전래 동요, 동시, 동화를 듣고 우리말의 재미를 느낀다.	전래 동요, 동시, 동화를 듣고 우리말의 재미를 느낀다.
		새로운 낱말에 관심을 가진다.	다른 사람의 이야기를 주의 깊게 듣는다.	다른 사람의 이야기를 끝까지 주의 깊게 듣는다.
		일상생활에서 일어나는 일들을 간단한 문장으로 말한다.	친숙한 낱말을 정확하게 발음해 본다.	정확한 발음으로 말한다.
	느낌, 생각, 경험 말하기	자신의 느낌, 생각, 경험을 말해본다.	다양한 낱말을 사용하여 말한다.	다양한 낱말을 사용하여 상황에 맞게 말한다.
	상황에 맞게 바른 태도로 말하기	상대방을 바라보며 말한다.	일상생활에서 일어나는 일들을 간단한 문장으로 말한다.	일상생활에서 일어나는 일들을 다양한 문장으로 말한다.
		바르고 고운 말을 사용한다.	자신의 느낌, 생각, 경험을 말한다.	자신의 느낌, 생각, 경험을 적절한 낱말과 문장으로 말한다.
읽기	읽기에 흥미 가지기	주변에서 친숙한 글자를 찾아본다.	주제를 정하여 함께 이야기를 나눈다.	주제를 정하여 함께 이야기를 나눈다.
		읽어 주는 글의 내용에 관심을 가진다.	이야기를 지어 말한다.	이야기 지어 말하기를 즐긴다.

내용범주	내용	세부내용		
		3세	4세	5세
	책 읽기에 관심 가지기	책에 흥미를 가진다.	듣는 사람의 생각과 느낌을 고려하여 말한다.	듣는 사람의 생각과 느낌을 고려하여 말한다.
		책의 그림을 단서로 내용을 추측해 본다.	차례를 지켜 말한다.	때와 장소, 대상에 알맞게 말한다.
쓰기	쓰기에 관심 가지기	말을 글로 나타내는 것에 관심을 보인다.	바르고 고운 말을 사용한다.	바르고 고운 말을 사용한다.
		자기 이름의 글자에 관심을 가진다.	주변에서 친숙한 글자를 찾아본다.	주변에서 친숙한 글자를 찾아 읽어 본다.

3) 사회관계

(1) 목표

자신을 존중하고 다른 사람과 더불어 생활하는 능력과 태도를 기른다.

- 자신을 소중히 여기며 자율성을 기른다.
- 자신과 타인의 감정을 알고, 자신의 감정을 적절하게 표현하고 조절한다.
- 가족과 화목하게 지내며 서로 협력한다.
- 친구, 공동체 구성원들과 서로 돕고, 예의·규칙 등 사회적 가치를 알고 지킨다.
- 우리 동네, 우리 나라, 다른 나라에 관심을 가진다.

(2) 세부내용

내용범주	내용	세부내용		
		3세	4세	5세
나를 알고 존중하기	나를 알고, 소중히 여기기	나에 대해 관심을 갖는다.	나에 대해 알아본다.	나에 대해 알아본다.
		나와 다른 사람의 차이에 관심을 갖는다.	나와 다른 사람의 차이점을 알아본다.	나와 다른 사람의 신체적, 사회적, 문화적 차이를 존중한다.

내용범주	내용	세부내용		
		3세	4세	5세
		나를 소중하게 여긴다.	나에 대해 긍정적으로 생각하고 나를 소중하게 여긴다.	나에 대해 긍정적으로 생각하고 나를 소중하게 여긴다.
	나의 일 스스로 하기	내가 할 수 있는 일을 알아본다.	내가 할 수 있는 일을 해 본다.	내가 할 수 있는 일을 스스로 한다.
		내가 하고 싶은 일을 선택해 본다.	하고 싶은 일을 계획하고 해 본다.	하고 싶은 일을 계획하고 해 본다.
나와 다른 사람의 감정 알고 조절하기	나와 다른 사람의 감정 알고 표현하기	자신에게 여러 가지 감정이 있음을 안다.	자신의 감정을 알고 표현한다.	자신의 감정을 알고 표현한다.
		다른 사람의 감정에 관심을 갖는다.	다른 사람의 감정을 안다.	다른 사람의 감정을 알고 공감한다.
	나의 감정 조절하기	자신의 감정을 조절해 본다.	자신의 감정을 조절해 본다.	자신의 감정을 상황에 맞게 조절한다.
가족을 소중히 여기기	가족과 화목하게 지내기	가족의 소중함을 안다.	가족의 소중함을 안다.	가족의 의미와 소중함을 안다.
	가족과 협력하기	가족 구성원을 알아본다.	가족 구성원의 역할에 대해 알아본다.	가족과 화목하게 지낸다.
		가족을 위하여 내가 할 수 있는 일을 알아본다.	가족을 위하여 내가 할 수 있는 일을 알아보고 실천한다.	다양한 가족구조에 대해 알아본다.
다른 사람과 더불어 생활하기	친구와 사이좋게 지내기	친구와 함께 놀이한다.	친구와 협동하며 놀이한다.	가족은 서로 도와야 함을 알고 실천한다.
		나와 친구의 의견에 차이가 있음을 안다.	친구와의 갈등을 긍정적인 방법으로 해결한다.	친구와 협동하며 놀이한다.
	공동체에서 화목하게 지내기	교사 및 주변 사람과 화목하게 지낸다.	도움이 필요할 때 다른 사람과 도움을 주고받는다.	친구와의 갈등을 긍정적인 방법으로 해결한다.
	사회적 가치를 알고 지키기	다른 사람의 소유물을 존중한다.	교사 및 주변 사람과 화목하게 지낸다.	다른 사람과 도움을 주고받고, 서로 협력한다.
		약속과 규칙을 지켜야 함을 안다.	정직하게 말하고 행동한다.	교사 및 주변 사람과 화목하게 지낸다.

내용범주	내용	세부내용		
		3세	4세	5세
사회에 관심 갖기	지역사회에 관심 갖고 이해하기	우리 동네의 이름을 안다.	다른 사람의 생각, 행동을 존중한다.	정직하게 말하고 행동한다.
		우리 동네 사람들에 관심을 갖는다.	친구와 어른께 예의 바르게 행동한다.	다른 사람을 배려하여 행동한다.
	우리나라에 관심 갖고 이해하기	우리나라를 상징하는 것에 관심을 가진다.	다른 사람과 한 약속이나 공공규칙을 지킨다.	친구와 어른께 예의 바르게 행동한다.
		우리나라의 전통놀이와 풍습에 관심을 갖는다.	자연과 자원을 아끼는 습관을 기른다.	다른 사람과 한 약속이나 공공규칙을 지킨다.

4) 예술경험

(1) 목표

아름다움에 관심을 가지고 예술 경험을 즐기며, 창의적으로 표현하는 능력을 기른다.

- 자연과 주변 환경에서 발견한 아름다움과 예술적 요소에 관심을 갖고 탐색한다.
- 자신의 생각과 느낌을 음악, 움직임과 춤, 미술, 극놀이를 통해 창의적으로 표현하는 것을 즐긴다.
- 자연과 다양한 예술 작품을 감상하며, 풍부한 감성과 심미적 태도를 기른다.

(2) 세부내용

내용범주	내용	세부내용		
		3세	4세	5세
아름다움 찾아보기	음악적 요소 탐색하기	다양한 소리, 음악의 셈여림, 빠르기, 리듬 등에 관심을 갖는다.	다양한 소리, 음악의 셈여림, 빠르기, 리듬 등에 관심을 갖는다.	다양한 소리, 악기 등으로 음악의 셈여림, 빠르기, 리듬 등을 탐색한다.

내용범주	내용	세부내용		
		3세	4세	5세
	움직임과 춤 요소 탐색하기	움직임과 춤의 모양, 힘, 빠르기 등에 관심을 갖는다.	움직임과 춤의 모양, 힘, 빠르기 등에 관심을 갖는다.	움직임과 춤의 모양, 힘, 빠르기, 흐름 등을 탐색한다.
	미술적 요소 탐색하기	자연과 사물의 색, 모양, 질감 등에 관심을 갖는다.	자연과 사물의 색, 모양, 질감 등에 관심을 갖는다.	자연과 사물에서 색, 모양, 질감, 공간 등을 탐색한다.
예술적 표현하기	음악으로 표현하기	간단한 노래를 듣고 따라 부른다.	노래로 자신의 생각과 느낌을 표현한다.	노래로 자신의 생각과 느낌을 표현한다.
		전래동요를 즐겨 부른다.	전래동요를 즐겨 부른다.	전래동요를 즐겨 부른다.
		리듬악기로 간단한 리듬을 표현해 본다.	리듬악기를 연주해 본다.	리듬악기를 연주해 본다.
		간단한 리듬과 노래를 즉흥적으로 만들어 본다.	간단한 리듬과 노래를 즉흥적으로 만들어 본다.	리듬과 노래 등을 즉흥적으로 만들어 본다.
	움직임과 춤으로 표현하기	신체를 이용하여 주변의 움직임을 자유롭게 표현한다.	신체를 이용하여 주변의 움직임을 자유롭게 표현한다.	신체를 이용하여 주변의 움직임을 다양하게 표현하며 즐긴다.
		움직임과 춤으로 자신의 생각과 느낌을 표현한다.	움직임과 춤으로 자신의 생각과 느낌을 표현한다.	움직임과 춤으로 자신의 생각과 느낌을 표현한다.
		도구를 활용하여 다양한 움직임으로 표현한다.	도구를 활용하여 다양한 움직임으로 표현한다.	다양한 도구를 활용하여 창의적으로 움직인다.
	미술활동으로 표현하기	다양한 미술활동을 경험해 본다.	다양한 미술활동으로 자신의 생각과 느낌을 표현한다.	다양한 미술활동으로 자신의 생각과 느낌을 표현한다.
		미술활동에 필요한 재료와 도구에 관심을 가지고 사용한다.	협동적인 미술활동에 참여한다.	협동적인 미술활동에 참여하여 즐긴다.
	극놀이로 표현하기	일상생활의 경험을 극놀이로 표현한다.	미술활동에 필요한 재료와 도구를 다양하게 사용한다.	미술활동에 필요한 재료와 도구를 다양하게 사용한다.
	통합적으로 표현하기	예술활동에 참여하여 표현과정을 즐긴다.	일상생활의 경험이나 간단한 이야기를 극놀이로 표현한다.	경험이나 이야기를 극놀이로 표현한다.

내용범주	내용	세부내용		
		3세	4세	5세
예술 감상하기	다양한 예술 감상하기	다양한 음악, 춤, 미술작품, 극놀이 등을 듣거나 본다.	소품, 배경, 의상 등을 사용하여 협동적으로 극놀이를 한다.	소품, 배경, 의상 등을 사용하여 협동적으로 극놀이를 한다.
		나와 다른 사람의 예술 표현을 소중히 여긴다.	음악, 움직임과 춤, 미술, 극놀이 등을 통합하여 표현한다.	음악, 움직임과 춤, 미술, 극놀이 등을 통합하여 표현한다.
	전통예술 감상하기	우리나라의 전통예술에 관심을 갖는다.	예술활동에 참여하여 표현과정을 즐긴다.	예술활동에 참여하여 창의적으로 표현하는 과정을 즐긴다.

5) 자연탐구

(1) 목표

호기심을 가지고 주변 세계를 탐구하며, 일상생활에서 수학적 · 과학적으로 생각하는 능력과 태도를 기른다.

- 주변의 사물과 자연 세계에 대해 알고자 하는 호기심을 가지고 탐구하는 태도를 기른다.
- 생활 속의 여러 상황과 문제를 논리 · 수학적으로 이해하고 해결하기 위한 기초 능력을 기른다.
- 주변의 관심 있는 사물과 생명체 및 자연현상을 탐구하기 위한 기초능력을 기른다.

(2) 세부내용

내용범주	내용	세부내용		
		3세	4세	5세
탐구하는 태도 기르기	호기심을 유지하고 확장하기	주변 사물과 자연세계에 대해 호기심을 갖는다.	주변 사물과 자연세계에 대해 지속적으로 호기심을 갖는다.	주변 사물과 자연세계에 대해 지속적으로 호기심을 갖고 알고자 한다.
	탐구과정 즐기기	궁금한 점을 알아보는 과정에 흥미를 갖는다.	궁금한 점을 알아보는 탐구과정에 관심을 가지고 참여한다.	궁금한 점을 알아보는 탐구과정에 참여하고 즐긴다.
수학적 탐구하기	수와 연산의 기초개념 알아보기	생활 속에서 수에 관심을 갖는다.	일생생활의 문제를 해결하는 과정에서 탐색, 관찰 등의 방법을 활용해 본다.	탐구과정에서 서로 다른 생각에 관심을 갖는다.
		구체물 수량의 많고 적음을 비교한다.	생활 속에서 사용되는 수의 여러 가지 의미를 안다.	일상생활의 문제를 해결하는 과정에서 탐색, 관찰, 비교, 예측 등의 탐구기술을 활용해 본다.
		다섯 개 가량의 구체물을 세어보고 수량에 관심을 갖는다.	구체물 수량에서 '같다', '더 많다', '더 적다'의 관계를 안다.	생활 속에서 사용되는 수의 여러 가지 의미를 안다.
	공간과 도형의 기초개념 알아보기	나를 중심으로 앞, 뒤, 옆, 위, 아래를 알아본다.	열 개 가량의 구체물을 세어 보고 수량을 알아본다.	구체물 수량의 부분과 전체 관계를 알아본다.
		물체의 모양에 관심을 갖는다.	위치와 방향을 여러 가지 방법으로 나타내 본다.	스무 개 가량의 구체물을 세어 보고 수량을 알아본다.
	기초적인 측정하기	두 물체의 길이, 크기를 비교해 본다.	기본 도형의 특성을 인식한다.	구체물을 가지고 더하고 빼는 경험을 해 본다.
	규칙성 이해하기	생활주변에서 반복되는 규칙성에 관심을 갖는다.	기본 도형을 사용하여 여러 가지 모양을 구성해 본다.	위치와 방향을 여러 가지 방법으로 나타내 본다.

내용범주	내용	세부내용		
		3세	4세	5세
	기초적인 자료 수집과 결과 나타내기	같은 것 끼리 짝을 짓는다.	일상생활에서 길이, 크기, 무게 등을 비교해 본다.	여러 방향에서 물체를 보고 그 차이점을 비교해 본다.
과학적 탐구하기	물체와 물질 알아보기	친숙한 물체와 물질의 특성에 관심을 갖는다.	생활주변에서 반복되는 규칙성을 알아본다.	기본 도형의 공통점과 차이점을 알아본다.
	생명체와 자연환경 알아보기	나의 출생과 성장에 대해 관심을 갖는다.	반복되는 규칙성을 인식하고 모방한다.	기본 도형을 사용하여 여러 가지 모양을 구성해 본다.
		주변의 동식물에 관심을 가진다.	필요한 정보나 자료를 수집한다.	일상생활에서 길이, 크기, 무게, 들이 등의 속성을 비교하고, 순서를 지어 본다.
		생명체를 소중히 여기는 마음을 갖는다.	한 가지 기준으로 자료를 분류해 본다.	임의 측정 단위를 사용하여 길이, 면적, 들이, 무게 등을 재 본다.
	자연현상 알아보기	돌, 물, 흙 등 자연물에 관심을 갖는다.	친숙한 물체와 물질의 특성을 알아본다.	생활주변에서 반복되는 규칙성을 알고 다음에 올 것을 예측해 본다.
		날씨에 관심을 갖는다.	물체와 물질을 여러 가지 방법으로 변화시켜 본다.	스스로 규칙성을 만들어 본다.
	간단한 도구와 기계 활용하기	생활 속에서 간단한 도구와 기계에 관심을 갖는다.	나의 출생과 성장에 대해 관심을 갖는다.	필요한 정보나 자료를 수집한다.
		도구와 기계의 편리함에 관심을 갖는다.	관심 있는 동식물의 특성을 알아본다.	한 가지 기준으로 분류한 자료를 다른 기준으로 재분류해 본다.

4. 보육실습 관련 서식

〈서식 4-1〉 보육실습 신청서

보육실습 신청서(계획서)

학 생 정 보			
성 명		생년월일	
집주소	우편번호)		
핸드폰		집/ (직장)	집 : 직장 :
e-mail 주소			

보육실습기관 정보			
보육관련 이수 교과목 (이수교과목을 모두 적으세요)	: 총 ( )개 과목 이수 (필수 : , 선택 :)		
실습기관명			
주 소			
시설장 명		실습지도 교사명	
연 락 처		팩 스 번 호	
현장실습 실시기간	□ 실습기간 년 월 일 ~ 년 월 일 (160시간 이상)		
	□ 실습요일 월요일 ~ 금요일		
	□ 실습시간		

〈서식 4-2〉 보육실습 동의서

보육실습 동의서

학 생 정 보					
성　명		학과		학번	
보육실습 기간	20 년 월 일 ~ 20 년 월 일 (연속 4주 160시간 이상)				
집 주 소	우편번호)				
개인연락처		e-mail 주소			

보 육 실 습 기 관 정 보			
보육실습 기관명	(정원 : 명)	보육실습기관 원장명	
기관주소	우편번호)		
전화번호		팩스	
평가인증 여부	① 예( ), ② 아니오 ( )		
보육실습 지도교사	이름 :	보육교사 1급 ( ) 유치원정교사 1급 ( ) ※ 해당 자격에 'O'표 하세요.	

위 학생이 본 기관에서 보육실습을 수행함에 동의합니다.

20 년 월 일

보육실습기관 원장 : (서명 또는 인)

〈서식 4-3〉 보육실습생 신상카드

보육실습생 신상카드

<table>
<tr><td rowspan="2">성 명</td><td>한 글</td><td>(남, 여)</td><td rowspan="4">(사 진)</td></tr>
<tr><td>한 자</td><td></td></tr>
<tr><td>주민등록번호</td><td colspan="2"></td></tr>
<tr><td>소 속</td><td colspan="2"></td></tr>
<tr><td>집 주 소</td><td colspan="3"></td></tr>
<tr><td rowspan="3">학 력</td><td>. . ~ . .</td><td colspan="2">고등학교 입학 및 졸업</td></tr>
<tr><td>. . ~ . .</td><td colspan="2"></td></tr>
<tr><td>. . ~ . .</td><td colspan="2"></td></tr>
<tr><td>보육관련
이수 교과목
(이수교과목을
모두 적으세요)</td><td colspan="3">총 ( )개 교과목</td></tr>
<tr><td rowspan="3">비상연락처</td><td colspan="3">집전화 :</td></tr>
<tr><td colspan="3">본인휴대폰 :</td></tr>
<tr><td colspan="3">비상시 연락 휴대폰 : (관계 :)</td></tr>
<tr><td>e-mail 주소</td><td colspan="3"></td></tr>
</table>

위의 사항이 틀림없음을 확인합니다.

년 월 일

본인 서명 (인)

원 장 귀 하

개인정보 수집 · 이용 동의

보육실습생 관리를 위하여 '개인정보보호법'에 따라 개인정보 수집 · 이용에 대한 내용을 알려드리오니 동의하여 주시기 바랍니다.

[법률근거] 개인정보보호법 제15조 '개인정보의 수입 · 이용'에 관한 법률
[수집 · 이용 항목] 이름, 주민등록번호, 연락처(전화번호, 휴대폰번호), 이메일, 주소
[수집 · 이용 목적] 보육실습생 관리를 위한 목적으로 이용되며, 수집한 개인정보는 다른 목적으로 사용되지 않습니다.
[이용 및 보유기간] 보육실습이 종료되는 시점에 수집한 개인정보는 폐기됩니다.
[동의거부 및 불이익] 위의 개인정보 수집 · 이용에 관한 내용에 동의하지 않는 경우에는 보육실습이 불가합니다.

□ 동의함 □ 동의하지 않음

실 습 생 : (인)

〈서식 4-4〉 보육실습생 서약서

보육실습생 서약서

성 명 :
소 속 :

상기 본인은 귀 어린이집의 보육실습생으로서 보육실습의 목적과 중요성을 충분히 이해하고 어린이집의 제반 규정을 성실히 준수하여 보육능력 향상에 최선을 다할 것을 서약합니다.

년 월 일

보육실습생 : (인)

00000 어 린 이 집 원장 귀하

〈서식 4-5〉 보육실습비 영수증

영　수　증

보육실습비 : 일금 ○○만원 정(₩　　　　　)

성　　명 : ____________________

소　　속 : ____________________

위 금액을 위 실습생의 보육실습비로 정히 영수함.

20　년　월　일

0 0 0 어 린 이 집 원 장　　직인

〈서식 4-6〉 보육실습기관 현황

보육실습기관 현황

<table>
<tr><td>기관명</td><td colspan="3">○○○어린이집</td><td colspan="2">유형</td><td colspan="2"></td><td colspan="2">운영체</td><td colspan="3"></td></tr>
<tr><td>주 소</td><td colspan="12"></td></tr>
<tr><td>전화번호</td><td colspan="7"></td><td colspan="2">원장명</td><td colspan="3"></td></tr>
<tr><td>설립이념</td><td colspan="12"></td></tr>
<tr><td>연 혁</td><td colspan="12"></td></tr>
<tr><td>기관특성</td><td colspan="12">특수보육서비스(장애통합, 초등방과후, 야간, 연장, 휴일 보육 등)
기타 사항 : 평가인증 통과 연도 (　　　)</td></tr>
<tr><td>연령별 반</td><td>0세</td><td>1세</td><td>2세</td><td>3세</td><td>4세</td><td>5세</td><td rowspan="3">기타
종사자
수</td><td rowspan="2">사무원</td><td rowspan="2">취사부</td><td rowspan="2">영양사</td><td rowspan="2">간호사</td><td rowspan="2">기타</td></tr>
<tr><td>원아수</td><td></td><td></td><td></td><td></td><td></td><td></td></tr>
<tr><td>교사수</td><td></td><td></td><td></td><td></td><td></td><td></td><td></td><td></td><td></td><td></td><td></td></tr>
</table>

보육실습반 현황

반 명	반 (만 세)	보육실습 지도교사명	
영유아 수	총 명 (남아 명/여아 명)	보육교사 수	명

〈서식 4-7〉 보육실습생 출근부

보육실습생 출근부

소속 : 인천대학교 부설 평생교육원		학번 :	이름 : ○ ○○
보육실습기관	○○○어린이집 ○세 ○○반	보육실습 지도교사 : ○○○	
보육실습기간	20 . . ~ 20 . . (총 주간)		

구 분	월	화	수	목	금
보육실습생	㊞	㊞	㊞	㊞	㊞
보육실습 지도교사	㊞	㊞	㊞	㊞	㊞
날짜	월 일 시 분부터 시 분까지	월 일 시 분부터 시 분까지	월 일 시 분부터 시 분까지	월 일 시 분부터 시 분까지	월 일 시 분부터 시 분까지
보육실습생	㊞	㊞	㊞	㊞	㊞
보육실습 지도교사	㊞	㊞	㊞	㊞	㊞
날짜	월 일 시 분부터 시 분까지	월 일 시 분부터 시 분까지	월 일 시 분부터 시 분까지	월 일 시 분부터 시 분까지	월 일 시 분부터 시 분까지
보육실습생	㊞	㊞	㊞	㊞	㊞
보육실습 지도교사	㊞	㊞	㊞	㊞	㊞
날짜	월 일 시 분부터 시 분까지	월 일 시 분부터 시 분까지	월 일 시 분부터 시 분까지	월 일 시 분부터 시 분까지	월 일 시 분부터 시 분까지
보육실습생	㊞	㊞	㊞	㊞	㊞
보육실습 지도교사	㊞	㊞	㊞	㊞	㊞
날짜	월 일 시 분부터 시 분까지	월 일 시 분부터 시 분까지	월 일 시 분부터 시 분까지	월 일 시 분부터 시 분까지	월 일 시 분부터 시 분까지
보육실습생	㊞	㊞	㊞	㊞	㊞
보육실습 지도교사	㊞	㊞	㊞	㊞	㊞
날짜	월 일 시 분부터 시 분까지	월 일 시 분부터 시 분까지	월 일 시 분부터 시 분까지	월 일 시 분부터 시 분까지	월 일 시 분부터 시 분까지

* 결석 · 지각 · 조퇴는 불가하며, 불가피할 경우 위의 기재된 보육실습 기간 중 법적 이수 시간(160시간)을 채운다.

〈서식 4-8〉 보육실습일지

<table>
<tr><td colspan="3" rowspan="2">보육실습일지</td><td rowspan="2">결재</td><td>실습생</td><td>지도교사</td><td>원장</td></tr>
<tr><td>㊞</td><td>㊞</td><td>㊞</td></tr>
<tr><td>반 명</td><td colspan="2"></td><td>일 시</td><td colspan="3">년 월 일
요일</td></tr>
<tr><td>날 씨</td><td colspan="2"></td><td>결석 영유아</td><td colspan="3"></td></tr>
<tr><td>주 제</td><td colspan="2"></td><td>소주제</td><td colspan="3"></td></tr>
<tr><td>시간 및 일과</td><td colspan="3">활동계획 및 실행</td><td colspan="3">평가 및 유의점</td></tr>
<tr><td>~ 09:00
등원 및 맞이하기</td><td colspan="3"></td><td colspan="3"></td></tr>
<tr><td></td><td colspan="3"></td><td colspan="3"></td></tr>
<tr><td></td><td colspan="3"></td><td colspan="3"></td></tr>
<tr><td></td><td colspan="3"></td><td colspan="3"></td></tr>
<tr><td></td><td colspan="3"></td><td colspan="3"></td></tr>
<tr><td>~ 18:00
귀가 및 가정과의 연계</td><td colspan="3"></td><td colspan="3"></td></tr>
<tr><td>실습생 평가</td><td colspan="6"></td></tr>
<tr><td>지도교사
조언 및 평가</td><td colspan="6"></td></tr>
</table>

〈서식 4-9〉 영역별 보육활동계획안

<table>
<tr><td rowspan="2">제출일</td><td rowspan="2" colspan="2">년 월 일 요일</td><td rowspan="2">결재</td><td>실습생</td><td>지도교사</td><td>원장</td></tr>
<tr><td>㊞</td><td>㊞</td><td>㊞</td></tr>
<tr><td>실습생</td><td></td><td colspan="2">지도교사</td><td colspan="3"></td></tr>
<tr><td>반 명</td><td></td><td colspan="2">일 시</td><td colspan="3"></td></tr>
<tr><td>주 제</td><td></td><td colspan="2">소주제</td><td colspan="3"></td></tr>
<tr><td>활동명</td><td></td><td colspan="2">흥미영역/활동유형</td><td colspan="3"></td></tr>
<tr><td>활동목표</td><td colspan="6">*각 목표의 표준보육과정의 영역〉내용범주〉내용〉세부내용과 관련성을 제시</td></tr>
<tr><td colspan="6">활동방법</td><td>활동자료</td></tr>
<tr><td colspan="6"></td><td></td></tr>
<tr><td>확장활동</td><td colspan="6"></td></tr>
<tr><td>유의사항</td><td colspan="6"></td></tr>
<tr><td>계획안에 대한
지도교사 조언</td><td colspan="6"></td></tr>
<tr><td>실행 후
실습생평가</td><td colspan="6"></td></tr>
</table>

〈서식 4-10〉 반일(일일) 보육활동계획안

<table>
<tr><td rowspan="2">제출일</td><td rowspan="2">년　월　일　요일</td><td rowspan="2">결 재</td><td>실습생</td><td>지도교사</td><td>원장</td></tr>
<tr><td>㊞</td><td>㊞</td><td>㊞</td></tr>
<tr><td>반 명</td><td></td><td>일 시</td><td colspan="3"></td></tr>
<tr><td>날 씨</td><td></td><td>결 석
영유아</td><td colspan="3"></td></tr>
<tr><td>주 제</td><td></td><td>소주제</td><td colspan="3"></td></tr>
<tr><td>시간 및 일과</td><td colspan="2">활동계획 및 내용</td><td colspan="3">활동자료 및 유의점</td></tr>
<tr><td>~
등원 및
맞이하기</td><td colspan="2"></td><td colspan="3"></td></tr>
<tr><td>~
오전실내
자유놀이</td><td colspan="2"></td><td colspan="3"></td></tr>
<tr><td></td><td colspan="2"></td><td colspan="3"></td></tr>
<tr><td>~
귀가 및
가정과의 연계</td><td colspan="2"></td><td colspan="3"></td></tr>
<tr><td>유의사항</td><td colspan="5"></td></tr>
<tr><td>계획안에 대한
지도교사 조언</td><td colspan="5"></td></tr>
<tr><td>실행 후
실습생 평가</td><td colspan="5"></td></tr>
</table>

〈서식 4-11〉 영유아 행동관찰기록(일화기록)

<table>
<tr><td>영유아 이름</td><td>만 세)</td><td>성별</td><td></td><td>관찰일</td><td>. .</td></tr>
<tr><td>관찰자</td><td></td><td>관찰
시간</td><td colspan="3"></td></tr>
<tr><td>표준보육과정 영역
(누리교육과정)</td><td colspan="5"></td></tr>
<tr><td>관찰장면</td><td colspan="5"></td></tr>
<tr><td>기록</td><td colspan="5"></td></tr>
<tr><td>해석 및 평가</td><td colspan="5"></td></tr>
</table>

〈서식 4-12〉 교재 · 교구 제작 계획안

<table>
<tr><td rowspan="2">제출일</td><td rowspan="2">년 월 일 요일</td><td rowspan="2">결재</td><td>보육실습생</td><td>지도교사</td><td>원장</td></tr>
<tr><td>㊞</td><td>㊞</td><td>㊞</td></tr>
<tr><td>반</td><td></td><td>연령</td><td colspan="3"></td></tr>
</table>

<table>
<tr><td>교구명</td><td></td><td>활동의 영역</td><td></td></tr>
<tr><td>주제</td><td colspan="3"></td></tr>
<tr><td>활동의 목표</td><td colspan="3"></td></tr>
<tr><td>보육관련 요소</td><td colspan="3"></td></tr>
<tr><td>준비물(재료)</td><td colspan="3"></td></tr>
<tr><td>제작방법</td><td colspan="3">*제작과정 사진 첨부/ 완성품 사진 첨부*</td></tr>
<tr><td>활용방법</td><td colspan="3"></td></tr>
<tr><td>확장활동</td><td colspan="3"></td></tr>
</table>

〈서식 4-13〉 보육실습평가서

보육실습평가서

성 명 :
주민등록번호 :
보육실습기관명 :
보육실습기간 : 20 년 월 일 ~ 20 년 월 일

평가영역(배점)	평가항목		배점	점수
근무태도와 자질 (20점)	근무사항	출석, 결석, 지각, 조퇴 등	5	
	태도	성실성, 근면성, 친절, 적극성, 복장 및 용모, 예절	5	
	자질	영유아 존중, 책임감, 인성, 열의	5	
	관계형성	실습지도교사와의 관계, 동료실습생과의 관계	5	
보육활동 계획과 실행 (30점)	보육활동 계획	영역별, 반일(일일)보육활동 계획의 적합성과 충실한 준비	15	
	보육활동 실행	영역별, 반일(일일)보육활동의 효과적이고 적절한 실행 정도	15	
예비보육 교사로서 역할수행(30점)	영유아 행동 및 놀이 관찰, 보육환경 관찰		5	
	보육일과 진행 보조와 일상생활지도		10	
	영유아 상호작용과 놀이 참여		15	
보육실습일지 작성(10점)	구체적이고 충실한 보육실습일지 작성과 일일자기평가 및 지도교사 평가 반영		10	
총평(10점)	실습기간동안 예비보육교사로서 향상 정도		10	
총 점			100	

20 년 월 일

보육실습 지도교사 : (인)
어린이집 원 장 : (인)

〈서식 4-14〉 **보육실습 자기평가표**

보육실습생의 자기평가표

보육실습생 성명 :

번호	평 가 항 목	못함 1	2	3	4	잘함 5
1	보육목표를 달성할 수 있는 보육내용을 영유아의 흥미, 수준에 근거하여 적합하게 선정하였는가?					
2	영유아의 흥미와 능력, 사전경험을 잘 관찰하여 영유아 지도계획에 활용하였는가?					
3	보육활동계획안이 적절하게 계획되고 성실하게 준비되어 실행에 무리가 없었는가?					
4	보육활동계획에 따라 자료를 충실히 준비하였는가?					
5	영유아의 행동을 민감하게 파악하며 상호작용에 최선을 다했는가?					
6	다양한 흥미영역에 고루 참여하여 영유아의 놀이가 지속되고, 확장되도록 놀이를 촉진하였는가?					
7	영유아의 기본생활습관이 형성되도록 동기를 잘 유발하였는가?					
8	대 · 소집단 활동시 보육교사로서 다양한 교수법을 활용하여 효과적으로 활동을 이끌었는가?					
9	영유아의 부정적 정서나 갈등적 상황을 잘 파악하여 긍정적으로 수용하고 적절하게 해결되도록 지도하였는가?					
10	영유아의 개별적 특성, 개인차를 고려하여 지도하였는가?					
11	영유아를 존중하는 언어를 사용하고, 영유아가 잘 알아들을 수 있도록 어휘, 발음, 음성의 고저, 빠르기 등에 노력을 기울였는가?					
12	보육실습일지의 내용과 평가 등을 성실히 기록하였는가?					
13	영유아의 안전, 위생, 건강에 각별히 신경을 썼는가?					
14	영유아의 낮잠, 간식, 점심, 배변활동, 이닦기, 손닦기, 옷 입기 등 일상생활이 영유아 스스로 즐겁게 할 수 있도록 지도하였는가?					
15	보육실의 통풍, 채광, 정리정돈 등 청결한 환경을 위해 노력하였는가?					
16	보육실습기관의 지도 방침에 적극 협력하였는가?					
17	보육실습 지도교사와의 관계를 원만히 유지하며 성실히 임했는가?					
18	보육실습 동료들과 잘 협력하였는가?					
19	영유아의 수준과 흥미에 적합한 활동을 계획하고 다양한 행동을 적절히 지도하고자 관련 문헌이나 전문 서적을 찾아보고자 노력하였는가?					
20	실습기간을 통해 보육교사로서의 전문성이 스스로 향상되었다고 여겨지는가?					
합 계						

5. 영유아 관찰양식

표본식 기술

반　명 :　　　　　반　　　　　　　　　　관찰자:
관찰 영유아(성별):　　　　(남, 여)　　　　　생년월일:　　년　　월　　일 (만　　세)
관찰일시:　　　년　　　월　　　일(　시　　분~　　시　　분)
장　면 :

시 간	관찰 내용	해석

시간표집법

학급명 : 반 (만 세반) 관찰일시: 년 월 일(시 분~ 시 분)
관찰자 : 관찰방법: 명 유아를 순서대로 분석, 관찰하고 분 휴식

관찰 유아명 : (남아, 여아)

구 분		시간	: ~ :	: ~ :	: ~ :	: ~ :	: ~ :	: ~ :
놀이상황	놀이 공간							
	놀이 자료							
	놀이 상대							
놀이의 유형	기능놀이							
	구성놀이							
	극놀이							
	게임	테이블						
		신 체						
		언 어						
	거친 신체놀이							
사회적 형태	쳐다보기							
	혼자놀이							
	병행놀이							
	협동	짝						
		집단						
비참여/방관/전이								
비놀이 활동								

영유아의 놀이에 대한 활동 관찰 범주

<table>
<tr><th colspan="2">관찰 범주</th><th>정 의</th></tr>
<tr><td rowspan="3">놀이 상황</td><td>놀이 공간</td><td>흥미 영역의 구성, 자료의 배치가 유아의 놀이에 영향을 미친 경우</td></tr>
<tr><td>놀이 자료</td><td>놀잇감 및 놀이 자료 그 자체의 교육의 효과로 놀이가 진행되거나 놀이에서 중요한 매개체가 되는 경우</td></tr>
<tr><td>놀이 상대</td><td>놀이 상대와의 사회적 관계를 말하는 것으로 놀이 상대와의 친숙도가 놀이에 영향을 미친 경우, 또는 놀이 상대의 적극적 · 주도적 놀이 참여로 놀이에 영향을 미친 경우, 그 외에도 교사와 함께 놀이를 한 경우에는 교사가 놀이에 미친 영향을 말한다.</td></tr>
<tr><td rowspan="5">놀이의 유형</td><td>기능놀이</td><td>사물 혹은 사물 없이 하는 반복적인 근육 운동으로 달리기, 뛰어오르기, 나란히 줄 세우기 등이 포함된다.</td></tr>
<tr><td>구성놀이</td><td>사물(블록, 레고 팅커토이)이나 자료(모레, 점토, 물감)를 사용한 구성하기 등이 포함된다.</td></tr>
<tr><td>극화놀이</td><td>역할놀이와 가작화 변형, 예를 들어 부모, 아기, 소방관 등으로 가장하거나 눈에 보이지 않는 핸들을 움직이며 운전하는 척하기 등이 포함된다.</td></tr>
<tr><td>규칙 있는 게임</td><td>매우 구조화되어 있으며, 지켜야 할 특정한 규칙을 포함하는 놀이이다.
– 테이블 게임: 도미노, 로토, 카드, 주사위가 포함된 판게임 등과 간은 게임류이다.
– 신체 게임: 숨바꼭질, 줄넘기, 공놀이 등 특정한 규칙이 있으며 신체를 이용한 활동적인 게임류이다.
– 언어 게임 : 아무런 자료나 도구 없이 재지나 능변을 겨루는 게임으로 스무고개나 수수께끼, 끝말 이어가기 등의 언어 게임이다.</td></tr>
<tr><td>지친 신체놀이</td><td>구성적, 극적 및 게임의 요소를 포함하지 않는 대근육을 활용한 신체 활동이다. 잡기, 손으로 가볍게 치기, 쫓기, 밀고 당기기, 뛰기, 구르기 등의 활발한 신체 활동이다.</td></tr>
<tr><td rowspan="3">놀이의 사회적 형태</td><td>쳐다보기</td><td>다른 유아의 놀이를 쳐다보는 행동이다. 이 행동은 유아가 쳐다보고 있는 특정 놀이에 참여하고 싶은 마음을 표출하는 것이기도 하며, 즉시 또는 얼마 후에 그 놀이에 참여할 수도 있다.</td></tr>
<tr><td>혼자놀이</td><td>혼자서 자료를 가지고 여러 가지 놀잇감을 가지고 놀이한다. 그러나 다른 유아와 대화 및 상호작용이 없다.</td></tr>
<tr><td>병행놀이</td><td>다른 유아와 아주 근접한 거리에서 또래 유아들과 비슷하거나 다른 자료를 가지고 놀이한다. 다른 유아의 놀이 상황을 쳐다보거나 또는 상대의 존재를 인식하고 눈을 맞추거나 말을 하기도 한다. 그러나 다른 유아와 놀이하려는 시도가 없다.</td></tr>
</table>

관찰 범주		정 의
	협동놀이	두 명 또는 그 이상의 유아들이 한 가지 놀잇감이나 자료, 주제를 가지고 보완적으로 또 사회적인 상호작용을 수반하며 놀이를 한다. 서로의 역할을 수용하고 평가한다. 따라서 어떤 한 유아가 떠나면 놀이가 끝나거나 변화한다. – 짝 협동 : 다른 한 명의 유아와 협동하여 놀이를 한다. – 집단 활동 : 두 명 이상의 유아와 협동하여 놀이를 한다.
비참여/방관/전이		비참여적 행동, 방관적 행동, 활동에서 다른 활동으로의 전이 등이 포함된다.
비놀이 활동		학문의 활동이나 교사가 지정한 과제 등의 사전 설정된 유형대로 따라야 한다. 예를 들어 색칠하기, 학습지, 컴퓨터 등의 활동이다.

행동목록법

관찰자 : 관찰일 : 년 월 일
관찰 대상 : 영아 1(이름 . 개월(남 · 여)
영아 2(이름 . 개월(남 · 여)
영아 3(이름 개월(남 · 여)

6~14개월 영아

영역	내용	영아 1	영아 2	영아 3
신체 발달	1. 몸을 받쳐 주면 머리를 자유롭게 움직인다.			
	2. 누워서 몸을 좌우로 뒤집는다.			
	3. 도움을 받아 앉을 수 있게 되며 손으로 잡지 않고 앉는다.			
	4. 붙잡고 일어서며 양손을 떼고 서 있게 된다. 혼자 설 수 있다.			
	5. 아무렇게나 물건을 던진다.			
	6. 입, 눈, 손가락을 사용하여 사물의 성질을 이해하기 시작한다.			
	7. 최소한의 도움을 받고 걷게 되며 두 발로 걷기 시작한다.			
	8. 물건을 입 속에 넣을 수 있다.			
	9. 간단한 악기를 칠 수 있다(단지 두드리는 수준이다).			
	10. 한 번에 그림책을 여러 장 넘긴다.			
	11. 줄을 잡아당길 수 있다.			
	12. 한 손으로 물건을 잡으며 물건을 한 손에서 다른 손으로 옮길 수 있으나, 한 손에 하나를 쥐고 있는 상태에서 다른 것을 주면 쥐고 있던 것을 떨어뜨리고 새 것을 잡는다.			
	13. 엄지와 검지로 물건을 잡는다.			
	14. 나무토막을 얹는 정도의 활동을 할 수 있으며 블록을 2개 쌓는다.			
	15. 소리에 대한 관심이 높아지면서 입으로 소리를 내고 듣는다.			
	16. 손뼉을 친다.			
	17. 그릇 속에 작은 물건을 넣으며 서서히 바구니에서 물건을 꺼낼 수도 있게 한다.			
	18. 움직이는 물체를 시각적으로 추적한다.			
	19. 소리 나는 쪽으로 고개를 돌린다.			

영역	내용	영아 1	영아 2	영아 3
	20. 단맛과 단맛이 아닌 것을 구별한다.			
사회 정서 발달	1. 즐거운 표정이나 불쾌한 표정을 짓는다.			
	2. 음악과 리듬에 즐거운 표정을 짓는다.			
	3. 엄마에 대한 애착이 더욱 강해지게 되며, 보살핌을 받을 때 때때로 눈마주치기를 원한다.			
	4. 사람에 대해 특별한 관심을 갖게 되며 얼굴, 목소리로 사람을 접촉하게 되면 조용해진다. 사람의 얼굴을 그려 보여주면 웃는다.			
	5. 친숙한 사람에게 미소짓고 소리를 내며, 온몸을 움직여 기쁨을 표시하며 껴안거나 입을 맞추는 등 애정 표현을 한다.			
	6. 손을 내밀어 어른에게 장난감이나 물건을 건네준다.			
	7. 어른을 모방하여 손뼉을 치며 짝짜꿍을 한다.			
	8. 자기 이름에 대한 반응으로 바라보거나 가까이 온다.			
	9. 기분이나 감정의 변화를 표현하면서 정서를 더욱 분명하게 표현한다.			
	10. 타인의 주의를 끌며 주의를 끌기 위해 말을 하며 애정을 받고자 하는 사회적 신호가 나타난다. 사람과의 접촉도 많아져 인간관계가 확장되기 시작한다.			
	11. 격리불안이 나타나기 시작하며 낯선 사람을 두려워한다. 헤어졌던 엄마를 보면 반가워한다.			
	12. 부모의 도움을 받으려는 경향이 두드러진다.			
	13. 크게 소리 내며 놀기 시작한다.			
	14. 모방이나 인사, 청결, 배변 습관 등의 사회적 놀이를 할 수 있다.			
	15. 해서는 안 되는 것과 해도 되는 것을 안다.			
	16. 기분이 좋으면 엄마에게 뽀뽀한다. 화가 나면 엄마를 때리거나 물건을 집는다.			
	17. 무서우면 울거나 숨는 흉내를 낸다.			
	18. 심술이나 외고집이 나타난다.			
기본 생활 습관	1. 우유병을 혼자 잡고 먹을 수 있다.			
	2. 도움을 받아서 음식을 푼 숟가락을 입에 댄다.			
	3. 손가락을 스스로 먹는다.			
	4. 옷을 입혀 줄 때 팔, 다리를 벌린다.			
언어 발달	1. 혼자 옹알이를 하며 '어어, 우우, 무' 등의 소리를 낸다.			
	2. 우는 소리와 울지 않는 소리를 낸다.			
	3. 말하는 사람 쪽으로 고개를 돌리고 쳐다본다.			

영역	내용	영아 1	영아 2	영아 3
	4. 소리의 모방이 시작된다(예: 맘마, 싫어).			
	5. 단어를 사용하기 시작한다.(예: 엄마, 아빠, 맘마)			
	6. 선별적으로 단어를 구분한다.			
	7. 한 단어를 상황에 맞춰 여러 가지 뜻으로 표현한다.			
	8. 물건 혹은 사람에게 명칭을 붙이는 데 의미 있게 한 단어를 사용한다.			
	9. 소리를 모방하고 싶지만 발음이 잘 나오지 않는다.			
	10. 간단한 명령을 이해한다.			
	11. '안녕'하며 손을 흔들 수 있다.			
인지 발달	1. 새로운 물건을 바라보며, TV 화면에 관심을 보이고 사람의 얼굴에 관심을 보인다.			
	2. 주변에 대한 호기심이 나타난다. 가까이 있는 물건에 손을 뻗친다. 사물을 바라봄으로써 외부 세계를 이해한다.			
	3. 가지고 놀던 물건이 사라지면 사라진 쪽을 바라본다.			
	4. 자신의 몸을 이해하기 시작한다.			
	5. 사람, 사물, 사건에 있어서 신기한 것과 이상한 것을 깨닫기 시작한다.			
	6. 간단한 몸짓을 따라한다.			
	7. 시행착오의 반복을 통해 지식을 얻는다.			
	8. 무슨 일이 일어나는지를 알려고 의도적으로 실험을 한다. 장난감을 떨어뜨리고 집어 올린다.			
	9. 보이지 않는 물건에 대한 대상영속성 개념이 생긴다.			
	10. 무슨 일이 일어나려고 하는지 일상적인 일을 예측할 수 있다.			
	11. 책에 나와 있는 그림이나 사진 등에 관심을 보인다.			
	12. 가전제품, 장난감의 소리, 동물 소리를 흉내낸다.			
	13. 놀이에서 다른 영아의 소리를 흉내낸다.			

15~23개월 영아

영역	내용	영아 1	영아 2	영아 3
신체 발달	1. 혼자 걷는다.			
	2. 손이나 난간 등을 잡고 계단을 오른다.			
	3. 서 있는 자세에서 몸을 굽혀 물건을 집어 올릴 수 있다.			

영역	내용	영아 1	영아 2	영아 3
	4. 공을 굴리거나 차려고 하거나 던질 수 있다.			
	5. 무릎을 구부리고 쭈그리고 웅크리고 앉았다가 일어선다.			
	6. 기어 올라 가기를 즐기며 계단을 기어오른다.			
	7. 미숙하게 뛰기 시작한다.			
	8. 작은 의자에 혼자 앉는다. 목마나 흔들의자에서 몸을 앞뒤로 흔든다.			
	9. 근육의 발달로 들기, 밀기, 당기기, 두드리기, 오르기 등 운동가능 연습을 즐긴다. 모퉁이 돌기나 가다가 멈추기 등의 근육 조절 능력이 생긴다.			
	10. 한 발로 몸의 균형을 잡을 수 있다.			
	11. 장난감을 밀고 당길 수 있어 끈에 매달린 장난감을 끌면서 달린다.			
	12. 손가락을 사용하며 손의 조작 능력이 발달한다.			
	13. 뒷걸음질을 할 수 있다.			
	14 나무토막 2개를 잘 쌓을 수 있다.			
	15. 한 번에 두세 장씩 책장을 넘긴다.			
	16. 1~3조각 그림 맞추기가 가능하다.			
	17. 상자 안에 물건을 넣었다가 꺼낼 수 있다.			
	18. 손가락으로 그림을 그린다.			
	19. 낙서를 한다.			
	20. 가로 긋기가 가능하다.			
	21. 크레용이나 연필을 손으로 쥐고 긁적거린다.			
	22. 신문지나 종이를 손으로 찢는 것을 좋아한다.			
	23. 소리를 듣고 소리 나는 물체를 찾아낸다.			
	24. 먼 거리에서 아는 사람을 알아볼 수 있다.			
	25. 따뜻한 것과 높은 곳을 식별할 수 있다.			
사회 정서 발달	1. 격리불안이 나타나기 시작한다.			
	2. 가장 애착을 갖는 사람을 안전의 근거로 삼아 주변의 환경을 탐색한다.			
	3. 애정의 반응이 분화된다.			
	4. 웃음과 관심을 끌 행동을 반복한다.			
	5. 자기주장을 하기 시작한다.			
	6. 혼자서 지내는 비사회적인 활동 시간이 많아진다.			
	7. 걷거나 사물에 대한 관심이 이전보다 강해진다. 주변 사물이나 대상을 관찰하기를 좋아한다.			
	8. 사람에 대한 관심이 일시적으로 줄어든다.			

영역	내용	영아 1	영아 2	영아 3
	9. 사람들이 하는 일에 관심이 많으며 단순한 일에 어른을 모방한다. 집안일을 흉내내며 참여하고 싶어한다.			
	10. 자신을 보살펴 주는 사람들의 욕구를 깨닫고 행동을 통제할 수 있다(순간적인 통제이다).			
	11. 감정을 명확히 표현한다.			
	12. 사회성의 기본이 형성된다. 잘 아는 또래 아동이나 친숙한 어른들에게 인사를 하며, 성인이 얘기하면 다른 어린이와 물건, 음식을 나누어 갖거나 먹는다.			
	13. 다른 사람에게 어떤 행동이나 물건을 보여주기 위해 사람을 끌어당긴다.			
	14. 각기 별개의 행동을 하면서 다른 영아와 논다. 자기 것이나 마음에 드는 것에 집착하여 친구들과 싸운다.			
	15. 공놀이 같은 사회적 게임을 시작한다.			
	16. 즐거운 감정이 나타나며, 불안 및 공포의 감정도 나타난다.			
	17. 고집을 피우기도 하며 싫어하는 감정도 나타낸다. 형제에 대해 질투하는 감정이 나타난다.			
	18. 리듬에 맞춰 몸을 움직이거나 흥얼거린다.			
	19. 자신의 감정을 동작 또는 언어로 나타낼 수 있다.			
	20. 음악듣기, TV보기, 그림책 보기를 좋아한다.			
	21. 말이나 몸짓을 사용해 화장실 갈 의사를 표현한다.			
	22. 변기나 아기 변기에 잠시 동안 앉아 있으며 변기에서 소변을 보는 것을 꺼리지 않는다.			
	23. 모자를 쓰고 벗으며 양말을 벗는다.			
	24. 도움 없이 컵으로 마신다.			
	25. 혼자서 숟가락을 사용하여 음식을 먹는다.			
언어 발달	1. 특정한 음에는 특정한 의미가 있다는 것을 안다.			
	2. 혼자서 중얼거린다.			
	3. 사물의 명칭에 관심이 많음 친숙한 것을 가리키면서 이름을 말할 수 있다.			
	4. 자신을 가리킬 때 자신의 이름을 사용한다.			
	5. 단어와 소리의 이해력이 향상된다. 단어를 듣고 그 말을 반복할 수 있다.			
	6. 말을 연결시켜 문장을 만드려고 시도한다. 동사, 형용사(예 : 간다. 우와, 지지) 혹은 동사, 형용사를 명사와 결합하여 사용할 수 있다(예: 손 지지, 아빠 맴매, 빵 줘)			
	7. 두 단어의 문장을 사용한다.			

영역	내용	영아 1	영아 2	영아 3
	8. 동물소리를 내거나 동물 이름 대신에 그 소리를 사용한다.			
	9. 의사소통에 관심을 갖는다. 어른의 말이나 남의 말을 흉내내려고 한다.			
	10. "있다", "없다" 등과 같은 사물의 존재 여부를 확인할 수 있다.			
	11. "멈춰라", "앉아라" 등의 간단한 두 가지의 지시를 따를 수 있다.			
	12. 긍정 혹은 부정의 질문에 "예/아니오"로 대답한다.			
	13. 제법 어려운 성인의 말도 이해할 수 있다.			
	14. 그림책 보기와 듣기를 좋아한다.			
	15. 자신의 욕구를 말로 표현한다.			
인지 발달	1. 신체의 한 부분을 가리킨다.			
	2. 새로운 것을 탐색하려고 한다. 호기심을 갖고 사물을 계속 탐색한다.			
	3. 숨겨진 놀잇감에 흥미를 갖는다. 놀이하고 있는 장난감이 없어졌을 때 찾아낸다.			
	4. 갖고자 하는 물건에 다가가기 위해 방해물을 치울 줄 안다. 원인과 결과를 이해하기 시작한다.			
	5. 어떤 행동을 보고 그 행동을 재현하는 자연모방이 가능하다.			
	6. "누구는 어디 있니?"라고 물을 때 자신을 가리킨다.			
	7. 자신의 가족을 알게 된다.			
	8. 매일매일 달라지는 것에 관심을 갖는다.			
	9 그림을 그릴 수 있는 것과 없는 것을 구분할 수 있다.			
	10. 수를 세기 시작하며 둘(2)은 정확히 안다.			
	11. 같은 물건을 짝짓는다.			
	12. 종이에 끼적거리고 표시한다. 크레용이나 색연필로 아무렇게나 선을 긋는다.			
	13. 책에 나오는 물건을 알아보며 이름을 불러 주면 그림을 찾는다.			
	14. 약병을 들고 도망가거나 엄마의 외출시 따라 나서려는 행동을 보인다.			

24~35개월 영아

영역	내용	영아 1	영아 2	영아 3
신체 발달	1. 어른의 손이나 난간을 붙잡고 계단을 잘 올라가며 곧 어른의 도움 없이 난간을 붙잡지 않고 계단을 올라간다.			
	2. 넘어지지 않고 잘 달린다.			
	3. 양 발을 모으고 제자리에서 높이 점프한다.			
	4. 바닥에 있는 공을 앞으로 찬다.			
	5. 발끝으로 걷게 되며 서서히 뒤로도 걸을 수 있게 된다.			
	6. 1.5m 떨어진 곳에 있는 어른에게 공을 던진다.			
	7. 5~6개 블록으로 담을 쌓는다.			
	8. 그림책을 한 장씩 넘긴다.			
	9. 옷에 달린 똑딱 단추를 푼다.			
	10. 방문 손잡이나 꼭지를 돌린다.			
	11. 사탕이나 바나나의 껍질을 벗길 수 있다.			
	12. 종이 반접기를 모방한다.			
	13. 빨대 없이 음료수를 마신다.			
	14. 수도꼭지를 돌릴 수 있다.			
	15. 엄지 · 중지 · 집게손가락을 이용하여 연필을 잡는다.			
	16. 단추나 벨트를 풀어 주면 혼자서 옷을 입는다.			
	17. 무거운 것과 가벼운 것을 구별할 수 있다.			
	18. 밝고 어두운 것을 구별할 수 있다.			
	19. 단맛과 짠맛을 구별할 수 있다.			
사회 정서 발달	1. 간단한 집단놀이(박수치기, 춤, 노래 등)에 참여하며 다른 사람과 함께 협동적으로 놀이한다.			
	2. 성인의 간단한 지시에 잘 따른다.			
	3. 사랑, 분노, 슬픔, 즐거움 등과 같은 감정을 드러내 보인다.			
	4. 놀이할 때 친구들과 어울리는 즐거움을 알게 되며 지연 현상에 대해 불안 및 공포의 감정을 나타낸다.			
	5. 해야 할 일에 대해 고집을 피우기도 하며 형제에 대해 질투하는 감정도 보인다.			
	6. 방해받으면 싫어하고 저지당하면 화를 낸다.			
	7. "아냐", "싫어", "내 거야" 등의 거부적인 언행을 자주 보인다.			
	8. 낯선 사람에게 수줍은 감정을 나타낸다.			
	9. 엄마, 아빠 이외에 친척(할머니, 할아버지, 이모, 고모, 삼촌 등)을 따른다.			
	10. 교통 놀잇감을 좋아하며, 그림책을 좋아한다.			

	11. 이야기 듣기를 좋아하게 되며 약 10분 정도 음악이나 이야기를 들을 수 있다.			
	12. 다른 사람과 함께 협동적으로 놀이하기 시작한다.			
기본 생활 습관	1. 약간 흘리면서 숟가락이나 컵으로 스스로 먹는다.			
	2. 수건을 주었을 때 도움 없이 손을 닦는다. 손과 얼굴을 씻으려 한다.			
	3. 어른의 행동을 모방하여 이를 닦는다.			
	4. 낮 동안에 옷 입은 채로 변을 보기 전에 화장실에 가자고 한다.			
	5. 혼자서 옷을 입거나 벗으려고 한다.			
	6. 부모의 지시에 따라 인사할 수 있다.			
	7. 뾰족한 가구 모퉁이나 난간 없는 층계 등 위험물을 피한다.			
	8. 주전자에서 도움 없이 물을 컵에 붓는다.			
언어 발달	1. 간단한 질문(예: 누구, 어디에, 언제 등)에 답할 수 있다.			
	2. 소유를 표현하기 위해서 두 단어를 연결하여 말한다.			
	3. "이게 뭐야?"라고 질문을 할 수 있다.			
	4. 잘못 발성된 소리를 고쳐 주면 따라한다.			
	5 상황에 따라 음성 크기 및 음색의 강약을 조절할 수 있다.			
인지 발달	1. 동물의 소리와 사물의 소리를 흉내낼 수 있다.			
	2. 소리를 듣고 그 대상이나 물건의 명칭을 안다.			
	3. 줄긋기를 할 수 있으며, 점차 십자 긋기를 모방한다.			
	4. 물어 볼 때 큰 것과 작은 것을 가리킨다.			
	5. 지시할 때 물건을 "위"나 "아래"에 놓는다.			
	6. 외출 시간 및 실외놀이 시간을 안다.			
	7. 양이 많고 적음을 구별 할 수 있다.			

출처: 황해익 · 임재택 (1997).

평정척도법

유아 이름 : (남, 여) 연 령: 만 세 (생년월일: 년 월 일)
학 급 명: 반 관찰자:
관 찰 일: 년 월 일

유아용 놀이성 평가내용		5 아주 그렇다.	4. 대체로 그렇다.	3. 보통 이다.	2. 대체로 그렇지 않다.	1. 전혀 그렇지 않다.
신체적 자발성	놀이를 할 때 각 신체의 협응이 잘 이루어진다.					
	놀이를 하는 동안 적극적으로 신체를 움직인다.					
	정적인 놀이보다 동적인 놀이를 좋아한다.					
	놀이를 할 때 대근육 활동이 많다.					
사회적 자발서	놀이를 하는 동안 친구들의 접근에 쉽게 반응한다.					
	친구들과 협동적으로 놀이한다.					
	친구들과 놀잇감을 나누어 함께 놀이한다.					
	친구들과 쉽게 사귄다.					
	친구들과 놀이할 때 리더 역할을 하려고 한다.					
인지적 자발성	자기만의 독특한 놀이 방법을 만들어 낸다.					
	놀이를 할 때 창의적으로 놀잇감을 사용한다.					
	놀이를 할 때 다양한 역할을 하려고 한다.					
	다양한 놀이를 한다.					
즐거움의 표현	놀이를 하는 동안 즐거워한다.					
	놀이를 하는 동안 생기가 넘친다.					
	놀이에 열중한다.					
	놀이를 하는 동안 감정을 자유로이 표현한다.					
	놀이를 하면서 노래를 부르거나 이야기한다.					

유머 감각	친구들과 농담하는 것을 좋아한다.					
	놀이를 할 때 장난끼가 많다.					
	재미있는 이야기를 잘한다.					
	재미있고 우스운 이야기를 들으면 잘 웃는다.					
	놀이를 할 때 익살부리기를 좋아한다.					

출처: Barnet, L. A.(1990).

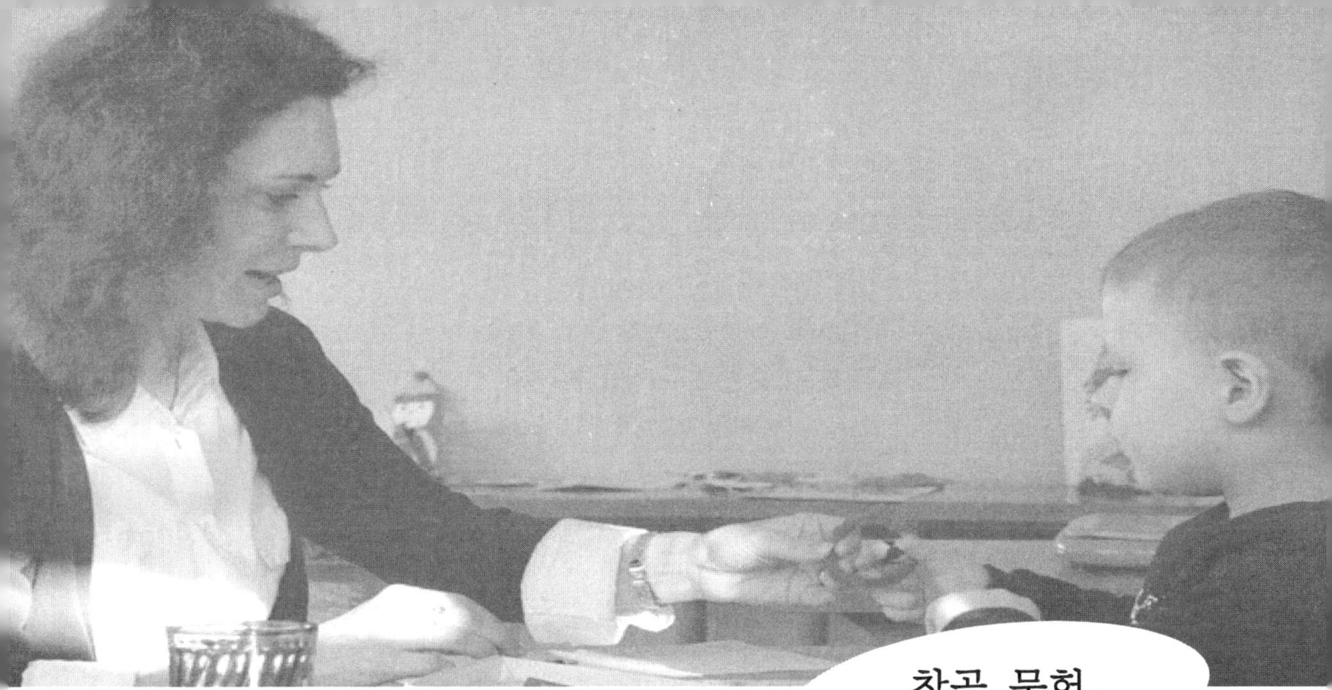

참고 문헌

권민균 · 문혁준 · 권희경 · 성미영 · 신유림 · 안선희 · 안효진 · 이경옥 · 천희영 · 한유미 · 한유진 · 황혜신 (2012). **아동발달**, 서울: 창지사.

공니숙 · 한미현. 김영주(2009). **보육학개론**. 서울: 교육과학사.

교육과학부, 보건복지부, 육아정책연구소(2012). 3~5세 연령별 누리가정 지원을 위한 자료집

김경희(1991). **아동심리학**, 서울: 박영사.

김재은(1997). **유아의 발달심리**, 서울: 창지사.

김지은(2014). **영유아 행동관찰의 이해**. 경기: 정민사.

김선영 · 김원경(2009). **보육실습**, 경기: 교문사.

김연진 · 이경화 · 김지혜(2014). **영아발달의 이해**. 서울: 태영출판사.

김영희 · 장문규 · 윤정란(2008). **보육실습의 이해와 실제**. 경기: 교문사.

김혜경(2002). **효과적인 영아보육을 위한 지침서**. 서울: 다음세대,

누리과정 교사 해설서(2015).

누리과정 지침서(2014).

도미향 · 이명숙 · 김주아(2014). **보육실습**. 서울: 도서출판 신정.

라은미(2010). 예비보육교사의 보육실습 불안과 지도교사의 실습지도 불안에 영향을 미치는 요인. 배재대학교 석사학위논문.

류왕효(2005). 보육실습에 관한 예비교사의 질문과 지도교사의 요구도 연구. 서울신학대학교

교수논총, 17, 103-132.

류왕효(2005). **예비교사를 위한 보육실습**. 서울: 신정.

류진희(2000). **유아교사를 위한 교육실습과 교육활동**. 경기: 양서원.

류칠선(1998). 유치원 교사 이미지 평가척도개발. **아동학회지**, 19(10), 183-192. 한국아동학회 학술논문.

박낭자(2006). **보육실습의 이해**. 서울: 창지사.

박영양 · 남윤희 · 신지혜 · 김선구 · 서진경(2013). **사이버 보육교사를 위한 보육실습의 이해**, 경기: 공동체.

박은주 · 박금희 · 오숙자 공저(2013). **보육실습: 매뉴얼 & 실습일지**. 서울: 동문사.

박은주(2008). **보육실습**. 서울 : 동문사.

보건복지부(2014). **2014년도 보육사업안내**.

교육과학부, 보건복지부, 육아정책연구소(2012). 3~5세 연령별 누리가정 지원을 위한 시도청 강사요원 중앙 연수 자료집.

성은영(2014). 예비보육교사가 보육실습에서 느끼는 어려움 탐색: 영아와 유아의 실습대상에 따라 겪게 되는 어려움의 차이를 중심으로. **아동보육연구**, 10(1), 39-55.

송준석 · 기은옥 공저(2010). **현장형 보육실습**. 서울: 동문사.

안영진(1997). **영아의 근육 및 운동발달, 영아발달의 이해**. 서울: 태영출판사.

염지숙(2000). 교육실습의 의미:예비교사들의 이야기. 교육인류학회 53차 월례발표회.

오영희 · 임영옥 · 서지원 · 서영선(2012). **영유아 보육 · 교육기관 실습의 이론과 실제**. 경기 : 21세기사.

우지선(2009). 보육실습생의 역할에 대한 현직보육교사와 예비보육교사의 인식비교. 숙명여자대학교 석사학위논문.

윤기영 · 배소연 · 조부경(1997). **유아교사를 위한 교육실습연구**. 서울: 창지사.

윤기영 · 정현숙(2000). **유아교육실습**. 경기: 정민사.

윤희경 · 최경애 · 조유나 · 조혜경 · 황혜경 · 오애순 · 이정란(2013). **보육실습**. 서울: 창지사.

이대균 · 이선정 · 임자영 · 박지선(2009). **유아교육실습**. 경기: 공동체.

이소희(2005). **보육실습**. 서울: 대왕사.

이명순(2000). 유치원 교사가 되어가는 과정에 관한 이야기. 중앙대학교 대학원 박사학위논문.

이숙재 · 이봉선(1999). **영유아의 발달과 교육**. 서울: 창지사.

이기숙 · 이영자 · 이정욱(2010). **영유아 교수학습방법**. 서울: 창지사.

이영자 · 이종숙 · 신은수(1991). **교사용 1, 2세 영아발달 평가도구.** 서울: 다음세대.
이윤경(2002). 교사의 상호작용유형과 영유아 발달의 관계. **교육발전**, 21(1), 199-215
이현중(2002). "유아교육 예비교사가 교육실습과정에서 느끼는 갈등 연구", 한국교원대학교 교육대학원 석사학위논문.
임승렬(1998). 유아교사 양성을 위한 교육실습 개선방안. 덕성여대 교육연구, 77-97.
임재택 · 고영인 · 김정신 공저(1997). **보육실습.** 경기: 양서원.
전남련(2002). **보육실습의 실제.** 서울: 형설출판사.
정연희 · 오임숙 · 이은숙(2013). **예비유아교사를 위한 교육 · 보육실습**. 서울: 창지사.
정용분 · 고영인(2003). **아동생활지도와 상담**. 서울: 학지사.
조은주 · 박은혜(2006). 유아교육 실습지도교사 교육 프로그램 모형개발. **유아교육연구**, 21(2), 273-298.
조인경(1992). 교생들이 인식한 유치원 교육실습 지도교사의 역할수행. 이화여자대학교 대학원 석사학위논문.
주운주 · 최일선(2014). **유아생활지도.** 서울: 창지사.
최경숙 · 박영아(2005). **초기언어 발달의 과정, 아동발달.** 서울: 창지사.
추정훈(2013). **보육실습.** 서울: 청목출판사.
한국보육진흥원(2010). 표준보육실습지도지침.
한국보육진흥원(2013). 어린이집에서의 보육실습 지도.
한상훈 · 강영식 · 임영옥 공저(2014). **보육실습 실무가이드: 영유아교사를 위한.** 서울: 청목출판사.
황혜경 · 김선희(2010). 교육실습의 어려움: 예비유아교사의 목소리. **영유아교육 · 보육연구**, 제3권 제1호, 87-102.
Barbara Kuczen(2002). **아동의 스트레스**. 경기: 양서원.
Bradley, R. H., Caldwell, B. M., & Roc, S. L.(1989). Home environment and school performance. Child Development, 59, 852 - 867.
Bernstein, B.(1961). Social class and linguistic develpoment: A theory of social learning. In A. H. Halsey, J. Floud, & C. A. Anderson.(Eds.). Education economy and society. New York: Free Press.
California Department of Education(2005). Desired results developmental profile. http://www.cde.ca.gov에서 2008년 6월 인출.
Coopersmith, S. C.(1967). The antecedents of self-esteem. New York: W. H. Freeman.
Copas, E. M.(1984). Critical requirements for cooperation teachers. Joumal of Teacher

Education, 35(6), 49-54.

Deaux, K.(1993). Sorry, wrong number - A reply to Gentile's call: Sex or sender? psycholog Science, 4, 125 - 126.

Erikson, E. H.(1968). Identity: Youtb and crisis. New York: W. W. Norton.

Elkind, D.(1970). Erik Erikson's eight ages of man. New York: Times Magazine.

Friwseixh, L. K., & Stein, A., H.(1975), Prosocial television and young children: The effects of verval labeling and role playing on learning and behavior, Child Development, 46, 27-36.

Gray, R., & Pirot, M.(1984). The effects of prosocial modeling on young children's nur - turing of a "sick" child. psychology and Human Develpoment, 1, 41 - 46.

Hawkey, K.(1998). Mentor pedagogy and Student teacher professional development: A Study of mentoring relationships. Teaching and Teacher Education, 14(6), 657-670.

Huesmann, L. R., Eron, D., Lefkowitz, M. M., &walder, L. O.(1984), Stability of aggression over time and generations, Developmental Psychology, 20, 1120-1134.

Hoge, D. D., Smit, E. K., & Hanson, S. L.(1990). School experiences predicting changes in self - esreem of sixty - and seventh - grade students. Journal of Education psychology, 82, 117-127.

Kemlie(1991). Preschool Childrens Peer acceptance and scciai interaction. (Young Children)

Ricord, O.(1986). A developmental study of the "teaching self" in student teaching. Journal of Education for teaching, 12(1), 65-76.

Saracho, O. N.(1998). A study of the roles of early childhood teachers. Early Child Development Care, 38, 53-81.

Serbin, L. A., Powlishta, K. K., & Gulko, J.(1993). The develpoment of sex typing in middle Childhood. Monigraph of the Society for Research in Child Develpoment, 58(2, Serial No. 232), 1 - 75.

Shaaffer, D. R.(1999). Develpomental psychology: Childhood and adolescence (5th ed.). Belmot, CA: Wadsworth Publishing.

Sroul, L. A.(1979). J. Osolsky, Handbook of lnfant Development. N.Y: Wiley.

Morrison, G. S.(2001). Early Childhood Education Today.(8th ed.). New Jersey: Merril Prentice Hall.

Papalia, D. E., & olds, S. W.(1982). A child's world: Infancy through adolescence. New York: McGraw-Hill.

Weiss, B., Dodge, K. A., Bates, J. E. & Pattit, G. S.(1992). Some consequences of carly harsh discipline; Child aggression and a maladaptve social information processing style. Child Development, 63, 1321-1335.

Quinn, R. A., Houts, A. C., & Graesser, A. A.(1994). Naturalistic conceptious of morality: A question - answering approach. Journal of Personality, 62, 260 - 267.

Zarbaany, L., Hartmann, D., & Gelfand, D.(1985). Why does children's generostity increase with ages: Susceptibility to experinmenter influnce or altruism? Child Develpoment, 56, 746 - 156.

보건복지부. http://www.mw.go.kr/

보육통합시스템. http://cpms.childcare.go.kr/

아이사랑보육포털. http://www.childcare.go.kr/

중앙보육정보센터. http://www.educare.or.kr/

한국보육진흥원. http://www.kcpi.or.kr/

저자 소개

✍ 우정순

성신여자대학교 일반대학원 유아교육과 박사(수료)
현) 경인여자대학교 겸임교수

✍ 한성희

연세대학교 대학원 아동학전공(박사)
현) 경인여자대학교 교수

✍ 김영옥

사랑어린이집 원장
현) 영유아교육연구소 연구위원

✍ 차승환

성신여자대학교 일반대학원 유아교육과 박사(수료)
현) 구립 보림 어린이집 원장
한국외국어 대학교 외래교수

✍ 전영희

한국외국어 대학교 교육대학원 석사(졸업)
현) 주은 어린이집 원장
명지 전문대학교 외래교수

✍ 이향숙

경희 대학교 교육대학원 사회복지 석사(졸업)
현) 구립 회기 어린이집 원장
경복 대학교 외래교수

유능한 교사의 첫 출발! **보육실습**

우정순
2016. 8.

초판발행 2015년 8월 30일
재판발행 2016년 8월 10일

저 자 우정순 · 한성희 · 김영옥 · 차승환 · 전영희 · 이향숙
발행인 김현태
발행처 태영출판사

주 소 (08301) 서울 구로구 구로동 104-10 동남오피스텔 201호
전 화 02 · 839-3757, 839-3752
팩 스 02 · 837-3754
등 록 2005년 5월 30일 제12-421호
홈페이지 http://www.taeyeongbook.co.kr
E-mail tys2005@hanmail.net
ISBN 978-89-6302-168-3 93370
정 가 16,000원

* 잘못 만들어진 책은 교환해 드립니다.